纪 念 蒋 天 枢 先 生 一 百 二 十 周 年 诞 辰

蒋天枢年谱

朱浩熙　著

团结出版社

图书在版编目（C I P）数据

蒋天枢年谱 / 朱浩熙著 . 一北京 : 团结出版社 , 2025. 3.
ISBN 978-7-5234-1294-7

Ⅰ . K825.6

中国国家版本馆 CIP 数据核字第 2024NQ6025 号

责任编辑：陈　婧
封面设计：阳洪燕

出　　版：团结出版社
（北京市东城区东皇城根南街 84 号　邮编：100006）
电　　话：（010）65228880　65244790（出版社）
（010）65238766　85113874　65133603（发行部）
（010）65133603（邮购）
网　　址：http://www.tjpress.com
电子邮箱：zb65244790@vip.163.com
经　　销：全国新华书店
印　　装：三河市东方印刷有限公司

开　　本：170mm × 240mm　16 开
印　　张：21　　字　数：288 千字
版　　次：2025 年 3 月　第 1 版　　印　次：2025 年 3 月　第 1 次印刷

书　　号：978-7-5234-1294-7
定　　价：68.00 元

1929 年在清华学校国学研究院读书时，摄于天津。

1931 年在沈阳。

1973 年 5 月摄于上海。

1982 年元旦在复旦大学寓舍。沈伟方摄

苏州凤凰山公墓蒋天枢先生夫妇墓。

復旦大学
FUDAN UNIVERSITY
SHANGHAI
PEOPLE'S REPUBLIC OF CHINA

坏，致衣食起居，感到不易安宁。这是我个人的想法，一般人未必如此。復旦近年来，天天在盖房子，见缝插针，附近已无空地。回想初来復旦时，附近的河浜常可提到鱼，今则到处是房子。有些人住市区内的感到拥挤，多迁来乡下。以致主者真是「人满为患」！大学之大，也以人多而著称了。

你如有机会来上海，能得长谈，实所切望。

您要的「事辑」一册，另封寄上。

关于「编年事辑」，近多年想增补、修改，想将某引用陈先生的信、书札、记的地方，全部删掉，而把近出有关陈先生记录，尽行採入。我已老迈无此精力，已将原增补粘贴本，寄给老朋友卞慧新，代为整理。卞係清华大学新第六届历史系毕业，也是陈先生学生。现任天津社会科学部研究员。我和他时交近廿年，他亦愿意接受此委托。将来搞好后，打算仍交上海古籍出版。届时出书，您将读到「增订本陈寅恪先生编年事辑」，看样子，可能年底整理好。另外，正在由陈先生许多学生，整理「陈寅恪先生读书札记」，我写了「编弁言」。也由上海古籍出版。可能今明年先出「隋唐史」一部分。不再写了，就此打住。顺颂

阖家均好！ 枢 七月廿日

蒋天枢先生 1987 年 7 月 20 日致朱浩熙信

前 言

蒋天枢先生（1903—1988），江苏丰县人，早年入无锡国学专修馆，师从唐文治先生；1927年考取清华学校国学研究院，为梁启超、陈寅恪先生及门弟子。一生从教，先后教授于东北大学、复旦大学，我国著名文史学家。

蒋先生一生坎坷，饱受磨难。早年家遭匪祸，叔、兄罹难；求学期间，双亲病殁；亲历九一八事变、七七事变；抗战期间避难三台，连殇二子；十年劫难，胞弟殒命；大地重光后，又痛失长女。忧患不已，先生仍一如既往，力行书生报国之志，矻矻於薪火传承，发扬中国固有文化。门下多秀木良材，广有建树。弟子咸以“严师”“恩师”称之。论著有《全谢山先生年谱》《全谢山先生著述考》《论学杂著》《楚辞章句考释》等。

先生尊师重道，狷介高洁，特立独行，淡泊名利，从不阿世媚俗。受陈寅恪先生之托，衰年抱病，仍不遗余力，从事陈先生遗稿的搜集、整理工作，编校出版了《陈寅恪文集》，世称蒋本，第一次将陈寅恪先生的著作比较完整地公诸於世，在国内外学术界引起强烈的反应。先生力主陈寅恪先生是中国历史文化的托命之人，广搜资料，复撰写《陈寅恪先生编年事辑》，为中国历史文化的续命，可谓费尽心力矣！

先生逝世后，学术界盛赞其“学殖似海，志节凌云”，对人和学术高度负责，但於其身世却所知甚少。我与先生累代姻亲，多年过从，遂自告奋勇，历十年奔走，于先生诞辰百年之际，在作家出版社出版了《蒋天枢传》，并於先生诞辰一百二十周年之际增订再版。之后，因发现新史料，复撰写《蒋天枢年谱》。

年谱《传略》，以章培恒所撰墓志铭代之。全书分四卷：卷一，先生成长、求学期；卷二，先生从教至上海解放；卷三，中华人民共和国成立至“文革”结束；卷四，一九七七年至先生逝世。谱后附先生生前未发表文章四篇。年谱与传记相参照，庶可见先生之一生行状，道德人品、学术见解与精神寄托，见其郁郁亲情、绵绵师友风情以及与生俱有、始终不渝的家国情怀。

《蒋天枢年谱》之所以能够出版，得力于复旦大学古籍整理研究所和团结出版社的大力支持，谨表由衷心谢忱。

限于眼界与水平，心长力短，书中错误之处，尚希明者指谬。

二〇二三年六月十六日朱浩熙于彭城

目　录

凡例 / 001

传略 / 001

前记 / 001

卷一（1903—1930）/ 001

卷二（1931—1949）/ 028

卷三（1950—1976）/ 069

卷四（1977—1988）/ 134

附录　崇廉论　/ 253

参之离骚以致其幽参之太史以著其洁论　/ 255

孙氏族谱序　/ 257

如何发扬中国固有文化　/ 259

主要参考书目 / 281

我与蒋天枢先生（代后记）/ 287

凡　例

一、书中编年据谱主所写《惜梦室主自订年表》，一九五三年后遵先生纪年法，年龄依照传统计虚龄。

二、凡引用先生《自订年表》，属某年，即置某年条下。

三、何佩刚《蒋天枢先生治学道路简述（初稿）》，系作者于先生去世前采访所写，其中生平部分，视为谱主自述。

四、编年记事凡引用先生著述，只举文章名，不注作者。

五、引用先生信札，写“与某某信”，括号内注明时间；亲友与先生信札，写“某某来信”，括号内注明时间。

六、谱中引用他人通信，写某某与某某信，括号内注明时间。他人与谱作者信，注明来信者，括号内注明时间。

七、年谱作者访谈，注明接受访谈者，括号内注明访谈时间。

八、连续引用同一人不同时间信札，中以分号或引号隔开，引文分别注明时间。

九、谱中引他人著述，仅注作者、著述名称，出版社、出版时间及发表刊物、时间，见书后所附参考文献书目。

十、引文原注，置于引文中。谱作者之注，另起一行。

十一、谱中“时事”，主要据马洪林、郭绪印编纂《中国近代史大事记》、董献吉编著《徐州百年大事记》、复旦大学校史编写组《复旦大学志》、孙华旭主编《辽宁高等学校沿革》、《三台县志》等历史文献。

传 略

蒋先生讳天枢，字秉南，江苏丰县人。

《古丰蒋氏族谱》："天枢，字若才，大学教授，生于光绪二十九年十月初八日。"先生字"若才"仅见于此。《无锡国专（民国）三十七年毕业生纪念刊·校史》载《国专职员名录》："前任职员：王保譿（慧言），太仓；蒋天枢（秉南），江苏丰县。"何佩刚《蒋天枢先生的治学道路简述（初稿）》："蒋先生是江苏丰县人，一九〇三年（癸卯）出生于丰县城南蒋寨门村。"

弱岁入清华学校研究院，为陈寅恪先生高弟。

《惜梦室主自订年表》"民国十六年丁卯 一九二七 二十五岁"："（七月，上海）交大考。九月由津浦北上，至京，清研。"刘青莲访谈录："秉南早就敬佩王国维先生，在无锡工作时，报考清华研究院，跑到设在上海交大的考场应试，考取后，回家对父亲讲了。父亲很开心，卖了三十亩地，送他去清华读书。"何佩刚《蒋天枢先生的治学道路简述（初稿）》："一九二七年七月，蒋先生报考清华研究院被录取。父亲卖了三十亩土地，才得以九月北上清华研究院读书，属第三届学生。蒋先生因景仰王国维先生而投考清华，但入校后，王先生已去世……在清华，听陈寅恪先生开课，又由梁启超指导论文写作，得阅丰富的藏书，着手研究全祖望。"

继教授河南、东北、复旦诸大学。

《惜梦室主自订年表》“中华民国二十四年（一九三五）”：“汴，河大，在六月。”何佩刚《蒋天枢先生的治学道路简述（初稿）》：“一九三五年起，在河南大学和已迁开封的东北大学兼课。”《惜梦室主自订年表》“中华民国二十五年（一九三六）”：“汴，高中、东大。”一九五二年三月十日《三反学习中关于贪污阶段中的书面交代》：“一九三六年十二月，东北大学迁到开封，友人介绍至该校任中文系专任教授，原任职之开封省立第一高中不让辞职，高中国文教员职仍兼至一九三七年七月。”《丁丑丙戌间论学杂著·序言》：“来三台已六年，连殇两儿，余又大病几死，亟思易地，友人介绍到北碚夏坝复旦任教。癸未（一九四三）秋，只身乘车经遂宁至青木关。稍休息，乘船转北碚至复旦。次年春，外甥朱子方护送妻女乘船来复旦。”

作育英才，绳以道义。

章培恒《我跟随蒋先生读书》：“1955 年开展反胡风斗争，我被卷了进去，开除了党籍安排去复旦图书馆工作。1956 年秋天调到中文系任助教。当时系里为每个助教指定了一个进修方向和一位导师，我的方向是先秦两汉文学，导师就是蒋天枢先生。这年 10 月，我到蒋先生家里去与他谈我的进修计划。虽然在这以前我曾听过蒋先生两三个星期的课，但在课堂上既未提问，也未在课后向他个别请教，蒋先生已经忘记了有这么一回事，把我看作是初次交往的青年。我向他汇报了自己的想法：拟花五年时间把从先秦到清代的文学名著认真读一遍。蒋先生却很直率地说：‘你这样学法，一辈子都学不出东西来。’接着，他告诉我：学中国古代文学，必须先打好历史与语言文字这两方面的基础；同时对目录版本校勘学也必须具有相应的知识，这是治古代文史者所必须具备的入门功；此外还应尽可能地扩大知识面，连理科的书也应读一些，特别是关于天文历法和中医的书。为此，他给我制订了前三年的进修计划：第一年，读《通鉴》和《说文》段注；第二年校点《史记》和读《尔雅注疏》；第三年校点《汉书》和读郝懿行的《尔雅义疏》。在这期间，还必须读一系列有关的著作作为辅助，从《汉书·艺文志》直到梁启超的《中国历史研究法》、唐兰的《中国文字学》。最后，蒋先生说：'你去年受了些委屈，但不要背包袱，好好地读书。'"查志华《一个品格高尚的学者——记复旦大学中文系蒋天枢教授》："章培恒对取得的成绩无暇多说，却对最困难的时候给予极大帮助的蒋天枢教授，言语话谈之间，常流露出永志不忘的深情。他说：'跟蒋先生的那几年，可以说我做学问的预备期。蒋先生不仅教我治学，还教我做人。他自己不重名利，也一直要求我不要追名逐利，不要去写那种骗钱的东西。'"

清介自守，粪土贵显，屡处否悔而不易其操。

郑逸梅《艺林散叶》记："蒋天枢先生平生颇傲俗流，世传其曾谓：'当今学术界，我只钦佩陈寅恪。'"隽雷《一稿多投的另一种》："文品体现着人品。我不由想起蒋天枢教授的一宗事迹：为了编辑《陈寅恪文集》，蒋教授耗费了巨大的心血，然而他把这看作对老师（陈寅恪）应尽的责任，'绝对、坚决'地拒收一千元稿酬，以致古籍出版社的一位编辑对此感叹说：'像蒋天枢教授这样不重名利、品格高尚的人是令人感佩的。'"先生早年，家中迭遭土匪之祸，伯父、父亲被虏，叔父、长兄死难。求学期间，父母去世。亲历"九一八"

事变、“七七”事变，流离入陕、入川，为躲避敌机轰炸，两儿不幸夭亡，痛不欲生，大病几死。“文革”初期，胞弟殉情自尽。为之奔走呼号，身患大病又几死。晚年，因长女英年早逝，又遭致命打击。尤最后十年，抱多病之身，多方搜集、编校陈师遗著，整理积年旧稿，带青年教师及研究生，薪火相传，耗尽心血，直至最后一息。朱子方《忆舅父蒋天枢先生》：“由于两个表弟的夭殇，舅父悲痛至极，失魂落生。时而哀声长叹，时而低声啜泣，不吃不喝多日，面容一天一天憔悴。为了驱除悲恸，聊以解忧，舅父把思虑引向学术，引向对《三国志》的研究。《〈三国志·魏书·陈思王传〉校记》就是在悲痛中写成的。”复旦大学古籍整理研究所挽联：“风雨如晦霰雪无垠遍历坎坷见本色 学殖似海志节凌云广滋兰蕙传明灯。”刘季高挽诗：“望之俨然即之温，长松千尺比精神。识荆四十年前事，名论依旧著耳根。青史洞观具只眼，葩经挥发古无伦。歌风英气依稀在，刚直一生式后生。”

所撰有全谢山年谱、论学杂著、楚辞论文集、楚辞章句校释。

《全谢山先生年谱》为就读清华国学研究院时论文，被收入何炳松主编的《中国史学丛书》，1932 年 12 月由上海河南路商务印书馆出版。《论学杂著》主要为抗日战争期间著述，1985 年 7 月由中州古籍出版社出版。《楚辞论文集》为二十世纪六十年代前后讲授专业课《楚辞》时所写论文，1982 年 7 月由陕西人民出版社出版。《楚辞章句校释》原为《楚辞新注》，为二十世纪五十年代末所撰，八十年代重新整理，1989 年 11 月由上海古籍出版社出版，出版时书名为《楚辞校释》。

复编次寅恪先生遗文。

陈寅恪先生诗《甲辰四月赠蒋秉南教授》："音候殷勤念及门，远来问疾感相存。郑王自有千秋在，尊酒惭难与共论。草间偷活欲何为，圣籍神皋寄所思。拟就罪言盈百万，藏山付托不须辞。

俗学阿时似楚咻，可怜无力障东流。河汾洛社同邱貉，此恨绵绵死未休（一九六四年六月）"。蒋先生致周扬信："一九六四年夏，我曾到广州看望陈师，师当面嘱我，他身后给他整理稿件，以故家属把收回的稿件都寄给我。"查志华《一个品格高尚的学者——记复旦大学中文系蒋天枢教授》："蒋天枢教授说：'我最后一次见到陈先生，是在六四年夏天。那时他不慎摔伤腿骨。就是那一次，他嘱咐我，将来为他编一套文集。想不到，一别竟成为永诀。悠忽蹉跎，光阴似流水消逝。粉碎'四人帮'后，差不多在陈先生逝世十周年之际，才得以实现老师的嘱托，了却自己的心愿，将《陈寅恪文集》编成，而我自己也已经老了。'"陆键东《陈寅恪的最后20年》："事实上五、六月间蒋天枢在恩师病榻旁'面聆教诲'，是陈寅恪向蒋天枢作了一生事业的'生命之托'。陈寅恪将晚年编订的著作整理出版全权授予蒋天枢。"陈美延《〈陈寅恪诗集〉后记》："'文革'结束后，我们姐妹即为寻找、归还佚稿而多方奔走呼吁，终于在1978年从有关方面取回大部分文稿和少数诗稿。我们立即将全部稿件交给父亲生前亲自嘱托的蒋天枢先生。蒋先生付出艰辛的劳动，主持出版了《陈寅恪文集》。"

谱其行事，存说论於人间，为硕学所同钦已。

《陈寅恪先生编年事辑》作为《陈寅恪文集》的附录，于1981年9月由上海古籍出版社出版。先生1979年11月28日致陈小从信：

“此‘事辑’，上卷为到清华之前。中卷是到清华后以致去广州之前。卷下则为到广州以后。到广州后的事，如封怀先生能再告诉我一些，以便再补充，那就是我很大的奢望了。”章培恒《陈寅恪先生编年事辑（增订本）·后记》：“蒋先生对陈先生十分敬仰，但这种敬仰首先不是由于陈先生是自己的老师，而是由于作为自己老师的陈先生是一位坚持独立人格的、忠于学术的、从而也才是真正忠于自己民族的杰出的学者。《陈寅恪先生编年事辑》所力图展示的，也就是这样一位杰出学者的风貌。所以，蒋先生是将此书的编著作为一项十分严肃的工作来对待的。在一九八一年初版刊行以后，先生仍在不停地从事订补，直到发病逝世。前几年，上海古籍出版社就拟重印此书，通过我征求蒋师母刘青莲先生的意见，并询问有无增订本。师母就将一册先生生前作了不少亲笔订补的《事辑》排印本交给了我；有些页的行间写满了密密的蝇头小楷，而先生其时已经是八十余的高龄了。古人所说的‘薪尽火传’，我想，在蒋先生为陈先生整理文集、编写《事辑》的事情上，是不难理解其内涵的吧。”王蘧常挽联：“悲忆一灯与君研经常共迎惠山晓色 最难百卷为陈清稿能力回寒柳春光。”陕西师大古籍所黄永年挽联：“守先哲遗范何遽山颓木坏 贻后生谠论会看火尽薪传。”陈从周挽联：“潜修耻闻达硕学出名门。”吴广洋挽联：“先生古人也举首秦时明月 淑世君子哉披襟颖上清风。”周斌武挽联：“名重德俭声播士林钦师长 志怀松菊芳流学府忆春风。”潘景郑挽词《鹧鸪天》：“论著名山垂秘文，一庵老学早留痕。尊师寒柳成新谱，立雪情怀更仰君。桃李在，看盈门，卅年高府有传薪。薤歌咫尺江千路，邻笛声凄系梦魂。”著名学者王元化挽言：“蒋先生为人正直，从不阿世媚俗，他的高尚品格是作为后辈的楷模……”清华国学研究院同窗、浙江大学教授姜亮夫先生泣挽："义宁陈寅恪先生全集是您编纂考订，是我们同学中最大成就者……"

先生生於清光绪二十九年十一月二十六日，一九八八年六月九日疾终。

光绪二十九年十一月二十六日，即旧历十月初八日。此处据《古丰蒋氏族谱》记：先生"生于光绪二十九年十月初八日（阳历十一月二十六日）"。此说与先生所记不同。《惜梦室主自订年表》"光绪二十九年癸卯 一九〇三"记："十月（癸亥）初三（戊午）未时生於老宅之西屋。"再，1982 年 10 月 20 日与朱子方信："我的生日是（旧历）十月初三日。"当年旧历十月初三，即公元十一月二十一日。《族谱》所记有误。复旦大学古籍整理研究所蒋天枢教授治丧委员会《讣告》："复旦大学教授、我国著名的文史学家蒋天枢先生，因患脑溢血，于一九八八年六月九日上午十一时零五分逝世，享年八十六。"

妻刘夫人讳青莲，江苏徐州人，生於清宣统二年三月十五日，二〇〇二年三月二十一日疾终，与先生合葬於江苏苏州凤凰公墓。

《古丰蒋氏族谱》"天枢"条："配砀邑窦集史氏，卒；继配（丰邑）刘王楼刘公女。"刘青莲女士，一九一〇年三月十五日生，一九三三年毕业于徐州师范学校，一九三四年七月与先生结婚，一九九二年三月飞澳大利亚随次女蒋钟垣生活，二〇〇二年三月二十一日病逝于悉尼，二〇〇二年七月九日与先生合葬于苏州凤凰山公墓凤凰池区 1212 号。

有子钟琦、钟霖，悉殇。

《惜梦室主自订年表》“中华民国二十六年 丁丑 一九三七年”：“汴，东大，高中。五月，钟琦生。”“中华民国二十七年戊寅 一九三八年”：“三月入川，三台，陈家巷。（阴历十一月，钟霖生。）”“中华民国二十九年庚辰 一九四〇”：“三台。五月，连殇二子。”《丁丑丙戌间论学杂著·序言》：“庚辰春，陆侃如夫妇来东大，原赁房不敷用，晋生劝我将住房让出，辟为单身教工宿舍，不得已迁居后小湾萧一山住宅，合住（门外即一教会医院，仅一英国老太婆，主接生）。迁居后，每遇空袭警，学生时带两儿外出躲警报，因食不洁物，旧历四月，霖儿病，越四日，琦儿亦病痢，小城市无医药，穷困，又无力携儿外出就医，教会医院为霖儿打针，无效，延至四月下旬霖儿殇。余与妻终日徬徨，兼风雨淅沥，日对病危之儿，无计可施。五月一日晚，琦儿亦殇。”

女钟堉适吕开盛，举子女各一；钟垣适杨国琛，举子一。

《惜梦室主自订年表》“中华民国三十一年壬午 一九四二”：“三台。九月由乡回城，十二月病。中玉（钟堉）五月七日（旧历三月二十三）夜十二点五十分生。”“中华民国三十三年甲申一九四四”：“夏坝。十二月，贵阳紧急。一九四五年一月十四日（旧历十二月初一）夜十二点十分，次玉（钟垣）生。”吕开盛致朱浩熙信：“我是四川省资中县（现属内江市）人，1942 年 7 月 5 日（阴历）生，1964 年 7 月由重庆建筑工程学院供热供煤气及通风专业毕业，分配在第四机械工业部第十设计院工作（八十年代改名电子工业部第十设计院，对外称中国电子工程设计院），从事暖通空调设计工作。钟堉是 1942 年 5 月 7 日（阴历）生，1965 年 7 月由清华大学建筑学专业毕业，分配来院工作。在院相识后，1968年相爱，1969年确定关系，1970年5月3日在北京结婚。”“1971年9月8日，海川在上海出生。……1973年5月21日，海春在北京医学院妇产医院出生。……海春的名字是托蒋先生取的，古时北京称春明，故北京、上海两地取为海春，又含春来之意。”次女钟垣1968年毕业于复旦大学生物系，分配到湖南轻工业研究所工作，1972年5月与杨国琛结婚，1973年5月生子荫华。1979年5月，调国家医药管理总局上海医药工业研究院，后辞职，随夫杨国琛迁澳大利亚悉尼。

钟堉亦已先卒。

吕开盛致朱浩熙信：“（钟堉）生海春时，由于医生疏忽，引产时使胎盘破裂，剩余小块未剥离尽而导致产后大出血、发高烧，经及时抢救并大量输血（输血量达2000cc）而留下病根。”1979年开始病情逐渐加重，1983年4月被确诊为系统性红癍狼疮，1984年3月23日逝世。朱子方《忆舅父蒋天枢先生》：“1984年3月23日钟堉离开人世的那天，我一大早虽到医院去看了看钟堉，见她呼吸正常，就到民族学院开会去了。……这天上午，钟堉几次出现险情，呼吸中断，经过一次一次抢救，延至下午3时35分呼吸停止……”

铭曰：哲人云亡，明者永悼，泰山梁木之悲，曷其有极！

“哲人云亡”，出宋代刘彝《夜宿善权寺追怀陈述古》诗：“精识世稀及，直道古难求。哲人虽云亡，遗德不可朽。”哲人为贤明智慧卓越之人。“明者永悼”，出鲁迅《且介亭杂文·韦素园墓记》：“文苑失英，明者永悼。”明者指有识见、有智慧之人。“泰山梁木”，原为孔子自喻，后用为推尊贤哲之词。《礼记·檀弓上》：“孔子蚤作，负手曳杖，消摇于门，歌曰：‘泰山其颓乎！梁木其坏乎！哲人其萎乎！’”“曷其有极”，见韩愈《祭十二郎文》：“彼苍者天，曷其有极！”喻悲哀无有尽头。

受业章培恒撰文

注：此《传略》本为墓志铭。1988 年 7 月，蒋天枢先生逝后，当年 7 月中旬安葬于苏州凤凰山公墓，章培恒撰文、黄永年书石，先生次女蒋钟垣、婿杨国琛于当年 7 月 16 日勒石，立于墓前。刘青莲女士 2002 年 3 月于澳大利亚悉尼去世，当年 7 月 9 日与先生合葬。勒石文字复经章培恒修改，黄永年书石，再次勒石。此墓志铭为二次勒石稿。

前　记

先生讳天枢，字秉南，又字若才，姓蒋氏，系出周公之后。

据《古丰蒋氏族谱·渊源通考》，周之初兴，大封同姓五十有三国，而文武之胙二十有三，周公之胙七。周公第三子伯龄封蒋国男爵于期思，以功进侯，子孙因以为氏。四十七世孙横，字承先，仕汉为大将军，从光武讨赤眉，功封浚遒侯，后司隶羌路谮之，乃遭冤，墓在萧国瓦子口，今徐州府萧县境蒋程村西北隅。横公遭冤时，日昏翳三日，故民有鬼怨神怒之谣。横公九子，八子渡江，居金陵蒋山，盖今蒋山寺即八子所居，惟第七子稔公守墓不去。后帝悔，乃覆羌路之族。九子皆随地封侯。稔公居淮南，袭父爵为九江侯，后封平河侯，亦为九江属邑耳。

江北始祖墓碑文

呜呼！此吾江北始祖平河侯之墓也。荒山一陇，久缺蒸尝，然哀慕之诚数十世如一日也。昔吾浚遒侯辅汉中兴，功高见妒，羌路肆谗，吾宗几几乎赤矣！当是时，六兄两弟远涉江涛，但得一线可延，庶千百年之血嗣弗殄耳。而我祖四顾茫茫，徘徊而不能去。岂预料天日回光，随时申削，转祸为福，印累累而绶若若哉！固谓同死则魂魄相依，甦生则陇邱独守，子子孙孙岁事不绝也。既而天人交感，东汉天子回心向道，汝迁羌氏，而九支随地封侯焉。我祖袭爵於斯，因附葬於期。祖讳稔，字孝芳；祖妣王氏。父讳温，琅琊人，生平河侯。稔公八子，散居长江以北各地，历经数朝，变乱无常。迨明太祖定鼎，洪武三年诏徙山西民於河北，又诏徙山西民於山东。未知我先人由山西新迁於丰，抑或前去丰而复回故土。旧谱言由洪洞迁丰，年次无考。然自我先祖敖公上至平河侯稔公三子彦公，中悬五十四世，年代久远，世系难稽。惟旧谱载，三世祖临川公生於嘉靖戊申年。以明代帝系考之，洪武至嘉靖统十二世，计一百六十馀年，想临川公以上，不止敖公、增公二世，似迁丰不自敖公始也。总之，我先世始祖必溯源於伯龄公、横公是也。子八，曰斑，曰悉，曰彦，曰斐，曰黄，曰鋆，曰荧，曰荦。八支繁衍江北，分门甚众，皆云礽也。

六十二世孙　为　谨撰并书

大清乾隆三十九年岁次甲午十一月　吉日

蒋润之

先生曾祖父。《古丰蒋氏族谱》：“润之，字笠湖，号雨帆，邑庠生，生于道光二年七月初三日，卒于同治十一年十月初五日，享年五十一岁。配朱氏，沛邑岁贡生锡黻公女，生于道光元年，卒于光绪二年七月初十日，享年五十七岁。葬于寨门西南里许坤山艮向林主穴。子：长义，长茗；女四：长适沛邑庐楼监生朱公保宸，次适朱庄朱公东川，三适白蜡园王公景伦，四适渠家寨渠公金镛。”

注：《古沛朱氏族谱》：“锡黻，字梦岩，号梅舟，道光甲午科岁贡生，候选训导。”

蒋长义

先生祖父。《古丰蒋氏族谱》："长义，字集（辑）生，生于道光二十五年六月十四日，卒于同治十二年六月初七日，享年二十九岁。葬于寨门东南里许艮山坤向林主穴。配朱氏，栖山北施家楼绍恩（字德闻）公女，生于道光二十七年。子：念濂，念洛，念溪；女一，少亡。"

光绪二十年《丰县志·烈女人物类》："朱氏，沛县德闻女，年十七，适庠生蒋笠湖之子辑生，七年，夫故，遗三孤俱幼，姑亦衰，氏以纺绩供甘旨。姑殁，丧葬以礼。抚孤念濂、念溪成立，念洛入庠。现年六十。"

蒋长茗

先生叔祖。《古丰蒋氏族谱》："长茗，字仲莒，号仙九，从九品职。生于咸丰元年腊月十三日。配朱氏，沛邑王家庄道光乙酉科选拔贡生延恩公女，生于道光三十年。子：念洙，念泗，念滨；女四：长适朱家庄朱公敦秩，次适栖山北施家楼朱公森鼎，三适小阁子李公道平，四适包挫楼包公信臣。"

注：延恩公，系锡瓛公之子。沛邑王家庄，即今沛县朱王庄。

蒋念濂

先生伯父。《古丰蒋氏族谱》："念濂，字子周，号莲仙，邑庠生，生于同治七年八月初八日。配刘元集董氏志超公女，生于同沼五年。女二：长适砀邑张家庵杨公传薪，次适史大楼史公效钦。继配隋寨张公女，子：天树。"

蒋念洛

先生父。《古丰蒋氏族谱》："念洛，字子程，号东甫，邑庠生，生于同治九年八月十五日，卒于民国十六年二月二日。配砀邑杨氏锡龄公女，生于同治六年三月五日，卒于光绪二十五年九月初二日，享年三十二岁。葬附祖茔侧。子：天桂；女一，适朱公本洋。继配窦家集周氏家鹤公女，生于光绪八年六月十七日，卒于民国十二年，子：天枢，天格；女一，适张公麟伯。”

蒋念溪

先生叔父。《古丰蒋氏族谱》：“念溪，字子尚，生于同治十一年十月初二日，卒于民国十三年，享年五十三岁。配袁家寨袁氏正谊公女，生于同治十年，卒于民国三年。子：天伟；女一，适刘大屯刘。继配李车集李氏方城公女，生于光绪十七年五月九日，卒于民国二十七年十一月八日。子：天植；女一，(适)蒋桥李公效闵。”

卷一（1903—1930）

光绪二十九年癸卯　一九〇三　一岁

旧历十月初三日（11月21日）未时，生於丰县城西南三十五里蒋寨门村，字若才，又字秉南。

《惜梦室主自订年表》(以下简称《自订年表》):“十月（癸亥）初三（戊午）未时生于老宅之西屋。是年，父东甫君年三十四岁（生于同治九年庚午八月十五日。祖父辑生卒于同治十二年六月七日)。生母周氏年廿一岁（生于光绪八年)。祖母朱氏年五十七岁（生于道光二十七年丁未，祖父殁时年廿七岁)。是年八月，与美、日议通商行船条约。十二月，日俄开战。”边注:“上距庚子八国联军陷北京、俄兵占齐齐哈尔之岁仅四年。”

朱子方（先生同父异母姊之子):“先舅的乳名叫‘解’，记得外祖父等先辈这样叫过。‘天枢’为排行名。他这一代是‘天’字辈，第三字皆从‘木’字旁，如大舅叫天桂，三舅叫天格，堂兄弟还有天植、天梓、天机、天杞等。”（1996年12月19日致朱浩熙）何佩刚《蒋天枢先生的治学道路简述（初稿)》(以下简称《治学道路简述》)：“蒋先生是江苏丰县人，1903年（癸卯）出生于丰县城南蒋寨门村。那是清王朝崩溃之前的混乱年月，土匪大帮小帮，多如牛毛，打家劫舍，烧毁村庄，连有田产的人家也去挖野菜、剥树皮充饥。”

光绪三十年甲辰　一九〇四　二岁

幼年。

《自订年表》：“正月，日军攻破俄军於鸭绿江。十月，黄兴起事於长沙，不成。十二月，日本攻占旅顺口，俄军大败。”边注：“东方杂志”创刊。

注：3月11日，《东方杂志》在上海创刊，以“启导国民，联络东亚”为宗旨，终于1948年12月。

【时事】2月6日，日军袭击沙俄占领下的旅顺口，争夺中国东北的日俄战争爆发。10日，日俄正式宣战。日军攻破俄军於鸭绿江。”10月24日，黄兴、马福益等策划于长沙起义，事泄失败。12月，日为争夺旅顺口多次与俄激战，至次年1月1日，俄军投降。

光绪三十一年乙巳 一九〇五　三岁

幼年。

《自订年表》：“七月，谕停办科举，广学校。是年，同盟会成立於日本。日俄和议成。”边注：“本年,《国粹学报》出版，至宣统二年。”

注：2月，刘师培、邓实以“发明国学，保存国粹”为宗旨，在上海创办《国粹学报》出版，至宣统二年停刊。

【时事】8 月 20 日，中国同盟会在日本东京成立，孙中山为总理，制定“驱除鞑虏，恢复中华，建立民国，平均地权”的政治纲领。9 月 2 日，清政府采纳张之洞、袁世凯奏书，决定自明年起，废止科举。5 日，俄日在美签订《朴茨茅斯条约》，俄将在辽东半岛的租借权转让给日本，割库页岛南部和千岛群岛与日本，日俄战争结束。9 月，复旦大学在江湾成立。11 月 26 日，同盟会机关报在东京创刊，孙中山在《发刊词》中将同盟会纲领概括为“三大主义：曰民族，曰民权，曰民生”，简称三民主义。

光绪三十二年丙午　一九〇六　四岁

幼年。

《自订年表》：“四月，唐绍仪与英使议印藏正约成。七月，宣示预备立宪。九月，（经谈判）日本还我营口。”

【时事】4 月 27 日，清政府任用唐绍仪为全权议约大臣，与英使萨道义签订《中英续订藏印条约》，废除《拉萨条约》，挫败英国分裂西藏的阴谋。9 月 1 日，慈禧太后下令准备“仿行宪政”，抵制革命运动的预备立宪开场。12 月，日本战胜俄国后，获得瓜分中国的多个城市。政府代表梁如浩经过十次谈判，终在 12 月收回营口。

光绪三十三年丁未　一九〇七　五岁

从父念洛公读书。

《自订年表》：“五月，徐锡麟起事於安徽，不成。十一月，孙文、黄兴等攻克镇南关。”

【时事】7 月 6 日，光复会领袖徐锡麟枪杀安徽巡抚恩铭，率巡警学堂学生在安庆起义，事败惨遭杀害。14日，同盟会秋瑾响应徐锡麟，在浙江绍兴大通学堂起义，事泄被捕，15日被杀於绍兴古轩亭口。30日，日俄订立第一次《日俄密约》，划分在中国东北的势力范围。12月2日，同盟会黄明堂等率部在镇南关起义；4日，孙中山、黄兴亲临前线督战发炮，终因寡不敌众，退入安南。

光绪三十四年戊申　一九〇八　六岁

从父念洛公读书。

《自订年表》："光绪死於是年十月，遗诏以溥仪入嗣。"

5月，丰县城南发生龙卷风，城门楼被刮得无影无踪，城堞垛口刮去102个，南关外张家坊的碾锤被刮到城东20余里的虎王集，房倒屋塌砸死30余人。

【时事】8月27日，清政府颁布《钦定宪法大纲》、议院选举法要领等，预备立宪期限定为九年。11月14日，光绪皇帝死於瀛台涵元殿，遗诏以爱新觉罗·溥仪入嗣；15日，慈禧太后死。12月2日，爱新觉罗·溥仪即皇帝位，年号宣统，定明年为宣统元年。

宣统元年己酉　一九〇九　七岁

从父念洛公读书。

《自订年表》："八月，张之洞卒。"

【时事】10月4日，晚清名臣、洋务派代表人物张之洞逝世。是月，清政府游美学务处在北京西郊清华园旧址建肄业馆，建成后改名清华学校。12月下旬，津浦铁路黄河南北分别通车。

宣统二年庚戌　一九一〇　八岁

从父念洛公读书。

《自订年表》：“此年及下年似烽烟遍地，逃难车络绎於途。十二月，日本吞并韩国，设朝鲜总督。”

【时事】2 月，光复会在日本东京成立总部，章炳麟为会长。8 月 22 日，《日韩合并条约》签订，规定“大韩帝国皇帝将朝鲜半岛全部的统治权让予大日本帝国”。唇亡齿寒，中国东北告急。12 月 2 日，沙皇政府召开内阁特别会议，讨论吞并中国东北北部的问题。是年，清政府试办预算，核定财政收入 29696 万两，支出 38135 万两。

宣统三年辛亥　一九一一　九岁

从父念洛公读书。

【时事】4 月 27 日，黄兴率一百余名敢死队员攻入两广总督衙门，终因寡不敌众而失败。事后殓收烈士遗骸七十二具，葬白云山麓黄花岗，史称“黄花岗七十二烈士”。后查明烈士共八十六人。10 月 10 日，辛亥革命爆发，史称武昌起义。11 月 1 日，清政府任命袁世凯为内阁总理大臣。12 月 25 日，孙中山从国外回到上海，29 日在十七省代表会议上被选为中华民国临时大总统。

中华民国元年壬子　一九一二　十岁

家避土匪，避难李楼寨，入家塾，从周先生读书。

《自订年表》：“本年似避难住（李楼寨）李培桂家前院东房。

是年，祖母年六十六，父年四十三，母年三十一岁。”

何佩刚《治学道路简述》：“父亲请私塾教师到家中，教《论语》《孟子》《诗经》《左传》《书经》等书。”

朱子方：“民国初年，土匪横行，所以外祖父家住进李楼寨。李楼离蒋寨门正东约2里地，是一个比较大的土圩子，四角有炮楼，东西二门，中间是一条大街。李姓寨主族家住路北，大都是砖瓦楼房。外祖父家住在路南，位于寨中心稍偏西，共十馀间房屋，都是草房，在南北街的两边。这条南北街与东西大街呈‘丁’字形，也就是说，北端止于东西大街。南北街的路西侧，有堂屋三间：东边一间单开门，由外曾祖母住；西边二间，里间外祖母住，一般吃饭在外间。西屋三间，北端二间为厨房……南屋只一间，大舅天桂三口住。南北街路东，紧靠路边，有东屋三间，外祖父看书，写东西都在北端二间。外祖父所住东屋的南头，即是李家的马棚。马棚之后，有三间南屋，门前有个篱笆院，就是学屋，外祖父请一位老先生……二舅在家读书时，好像有位姓周的老师，学问比较好，有功名，听说是个翰林，可能是个廪生，不可能是翰林院的翰林。二舅常在这里高声朗诵，背诵古文，琅琅书声至今仿佛仍在我的耳际。”（1991年6月10日致朱浩熙）

十二月二十日，胞弟蒋天格生。

《古丰蒋氏族谱》：“天格，生于民国元年十二月二十日。”

是年，先生姊嫁丰县朱窑村朱本洋。

【**时事**】1月1日，孙中山在南京宣誓就任中华民国临时大总统，发表《临时大总统就职宣言》和《告全国友胞书》，宣告中华民国成立；2日，孙中山通告各省改用阳历；3日，在南京成立中华民国临时政府，黎元洪为临时副总统；11日，孙中山宣布自任北伐军总指挥，黄兴为北伐军陆军参谋长，兴兵北伐。2 月 12 日，宣统皇帝溥仪宣布退位，授权袁世凯全权组织临时共和政府。3 月 10 日，袁世凯在北京就任临时大总统，北洋军阀统治时期开始。4 月 2 日，南京临时参议院正式议决中华民国临时政府迁往北京。8 月 25 日，同盟会联合统一共和党、国民共进会、共和实进会、国民公党组成国民党，孙中山为理事长。10 月 21 日，梁启超自日本回国，次月组织民主党，任党魁。11 月 3 日，外蒙与沙俄签订《俄蒙条约》，规定俄帮助外蒙“自治”；7 日，中国政府声明不承认《俄蒙条约》。

中华民国二年癸丑　一九一三　十一岁

寄居李楼寨，在家塾从周先生读书。

【时事】3 月 20 日，袁世凯指使凶徒在上海车站枪杀宋教仁。7 月 12 日，李烈钧在江西宣布独立，次日被举为江西讨袁总司令，兴兵讨袁，“二次革命”爆发。9 月 1 日，张勋部攻破南京，“二次革命”失败。10 月 6 日，袁世凯派军警包围国会，强迫选自己为大总统。11 月 5 日，袁世凯政府与沙俄签订《中俄声明》，承认外蒙自治权与沙俄在外蒙特权。

中华民国三年甲寅　一九一四　十二岁

寄居李楼寨，在家塾从周先生读书。

> 《自订年表》边注：“欧洲大战起。《甲寅》创刊。”

是年，外甥朱子方（原名广义）生。

【时事】5 月 10 日，在孙中山支持下，《民国》杂志在东京创刊；章士钊（署名秋桐）在东京创办《甲寅》杂志。8 月 1 ～ 4 日，德国对俄、法、英宣战，第一次世界大战爆发。

中华民国四年乙卯　一九一五　十三岁

寄居李楼寨，入砀山县杨氏小学读书。

《自订年表》边注：“《新青年》九月创刊。梁任公主编《大中华》创刊。一月十八，日本提出《二十一条》。”

注：1月20日，梁启超在上海创办《大中华》杂志，为欧战后的重要出版物。宗旨为养成国民世界知识，增进国民人格，研究事实真相，为朝野上下之指南。9月15日，陈独秀主编的《青年》杂志在上海创刊，次年改名《新青年》。

【时事】1月18日，日本政府向袁世凯政府提出旨在灭亡中国的《二十一条》，要求承认日本继承德国在山东的一切特权等。5月9日，袁世凯正式承认《二十一条》修正案。12月11日，参政院推戴袁世凯为皇帝；12日，袁世凯宣布承受帝位，改国号为“中华帝国”，以明年为洪宪元年；25日，蔡锷、唐继尧通电各省，组织护国军，讨伐袁世凯，护国运动开始。是月，孙中山发表《讨袁宣言》。

中华民国五年丙辰　一九一六　十四岁

寄居李楼寨，在砀山县杨氏小学读书。

【时事】3月22日，袁世凯宣布取消帝制，仍称大总统。6月6日，袁世凯死，黎元洪代理大总统；9日，张勋召集七省军阀在徐州开会，组成北洋军阀军事攻守同盟，挟制北京政府，对抗护国军；29日，段祺瑞出任国务院总理。9月20日，张勋召开第二次徐州会议，将七省攻守同盟扩大为十三省联合会，张勋为大盟主；27日，康有为到徐州，与张勋密谋复辟事。12月，蔡元培任国立北京大学校长。

中华民国六年丁巳　一九一七　十五岁

寄居李楼寨。在砀山县杨氏小学读书。

《自订年表》边注："三月，俄国革命，成立克伦斯基政府。"

1 月 1 日，胡适在《新青年》二卷五号发表《文学改良刍议》。

2 月 1 日，陈独秀在《新青年》二卷六号发表《文学革命论》。

【时事】3 月 12 日，俄国二月革命，推翻沙皇专制体制，成立克伦斯基政府。6 月 27 日，康有为化装入京，策划复辟。7 月 1 日，张勋等人在北京拥戴清废帝爱新觉罗 · 溥仪复辟，段祺瑞在天津组织讨逆军；12 日复辟失败。8 月 1 日，冯国璋就任总统；14 日，段祺瑞政府对德、奥宣战。9 月 10 日，孙中山就任中华民国军政府大元帅，号召恢复《临时约法》，拥护国会，史称护法运动。10 月 9 日，孙中山主持军事会议，讨论北伐、讨逆护法问题。11 月 7 日，俄国发生社会主义革命；15 日，段祺瑞辞国务总理。

中华民国七年戊午　一九一八　十六岁

寄居李楼寨，在砀山县杨氏小学读书。

朱子方："我五六岁时，长住外家李楼寨。李楼寨在蒋寨门东一二里，离县城三十五里。外家经营农业，也做生意，做点心、糖果之类，开酒坊。曾外祖母很刚强，不太说话，吃过饭一坐，几位外祖父孝顺，有事先问问她。大外祖父念濂公是秀才，李厚基在福建做督军时，他在福建省政府做过稽察，后来回到丰县，在县财政局做过事；外祖父念洛公也是秀才，有学问，毛笔字写得好，工工整整；三外祖父念溪公念的书少些，主要务农。"（1990 年 9 月 19 日致朱浩熙）

【时事】3 月 23 日，段祺瑞再任国务总理，决定对川、湘、粤各省用兵，南北战争开始。4 月，毛泽东在湖南创办新民学会。10 月 15 日，李大钊在《新青年》五卷五号发表《庶民的胜利》《布尔什维克的胜利》。11 月 11 日，第一次世界大战结束。12 月 22 日，李大钊、陈独秀、胡适等主编的《每周评论》在北京创刊。

中华民国八年己未　一九一九　十七岁

寄居李楼寨，在砀山县杨氏小学读书。

1 月，北京大学新潮社《新潮》月刊创刊，傅斯年、罗家伦、杨振声三人组成编辑部。傅任主任编辑，直到当年底赴欧留学。

5 月 4 日，北京三千名学生在天安门前集会，高呼“外争国权，内惩国贼”“取消二十一条”“拒绝和约签字”等口号，游行示威，火烧赵家楼曹汝霖住宅，痛打章宗祥。警察镇压，逮捕学生三十二人。全国规模的五四运动开始。

> 《自订年表》：“五月四日，北京学生因鲁案为示威运动。六月，全国各校学生罢课。”边注：“北大《新潮》创刊。（魏）建功进北大。”

【时事】1 月 18 日，巴黎和会开幕；28 日，中国要求取消《二十一条》，归还山东，取消列强在华特权。4 月 29 日，巴黎和会决定将德国在山东的特权让予日本。6 月初，全国工人罢工、商人罢市、学生罢课，支持北京学生爱国运动；7 日，军阀政府被迫释放被捕学生；10 日免去曹汝霖、章宗祥、陆宗舆的职务；28 日，中国代表拒绝在《凡尔赛和约》上签字。7 月 14 日，毛泽东在长沙创办《湘江评论》周刊。10 月，孙中山在上海宣布改中华革命党为中国国民党，并发表《建国方略》第一册，出版《孙文学说》。11 月 5 日，北洋军阀政府组织内阁，靳云鹏为总理，徐世昌仍为总统。

中华民国九年庚申　一九二〇　十八岁

至南京中学借读。

《自订年表》："南京。"

与朱浩熙信："南京在我心目中，六十年前所见，是一片荒凉，大白菜遍地都是。"（1984年）何佩刚《治学道路简述》："十七岁（周岁）去南京的中学旁听二年，曾写《读荀子的〈劝学篇〉》。当时，东南大学的一位教授在该校兼课，对蒋先生此文十分赞赏，批曰：'烨烨煌煌，俨然作者。'"

注：所说"旁听二年"，指跨年度二年，并非两学年。

【时事】7月12日，曹锟、张作霖通电讨段，直皖战争爆发；18日，皖系战败；19日，段祺瑞通电辞职。8月4日，张作霖、曹锟组成以靳云鹏为总理的内阁，控制北京政权。8月，共产主义小组在上海创建，由陈望道翻译、陈独秀和李汉俊校对的《共产党宣言》第一个中文全译本在上海出版。

中华民国十年辛酉　一九二一　十九岁

考入无锡国学专修馆，师从唐文治先生。

《自订年表》："无锡。"边注："七月一日，中国共产党在上海召开成立大会。"

何佩刚《治学道路简述》："1921年考入无锡国学专修馆，属第二届学生，每次考试成绩都列入'超等'。"

《无锡国专三十七年毕业生纪念刊·校史》："本校（无锡国学专修学校）原名国学专修馆，于民国九年（1920）冬，由钱塘施省之（肇曾）先生捐资创办于惠山之麓，敦请前南洋大学校长唐蔚之（文治）先生任馆长，以保存固有道德、发扬民族文化为宗旨。次年锡绅孙鹤卿（鸣圻）先生捐建尊经阁于城内学前街学宫之旁，遂迁入焉。”

无锡国专唐文治先生手订《学规》，首为“躬行”，反对“读书自读书，做人自做人”，严词训导学生：“每逢讲说，仅做一席空谈，而於仁义道德绝无躬行之实，自欺欺人，可鄙殊甚！非吾徒也！”

是年，娶砀山县窦家集史氏。

《古丰蒋氏族谱》“天枢”：“配砀邑窦家集史氏，卒。”

朱子方：“二舅在无锡念书时，家庭作主，与史姓女结婚，二人感情不好。”（1990 年 9 月 19 日致朱浩熙）

【时事】5 月 5 日，孙中山在广州就任中华民国非常大总统。7 月 21 日，中国共产党在上海召开成立大会。11 月 12 日，九个帝国主义国家在华盛顿召开分割中国的会议。

中华民国十一年壬戌　一九二二　二十岁

在无锡国学专修馆读书。

《自订年表》：“锡。”边注：“本年，《学衡》出刊，至十三年。七月，共产党召开第二次代表大会於杭州。”

注：1 月，《学衡》杂志在南京出刊，吴宓任总编辑。

朱子方：“二舅在无锡读书时，放假回家，常到李楼寨学屋里读书，大声背诵古文，抑扬顿挫，有时还走来走去。”（1990 年 9 月 19 日致朱浩熙）

【时事】4月29日，第一次直奉战争爆发。5月4日，孙中山下令北伐。6月11日，黎元洪就任北洋军阀政府总统；15日，陈炯明叛变，次日围攻孙中山总统府。7月16～23日，中共在上海召开第二次全国代表大会，通过了《中国共产党章程》等，规定了党的最高纲领和最低纲领，选举了中央执委会，陈独秀为委员长。8月9日，孙中山因北伐失败，离粤赴沪。8月，中共中央在杭州召开特别会议，同意共产国际关于共产党员以个人身份加入国民党、同国民党党内合作提议。

中华民国十二年癸亥　一九二三　二十一岁

在无锡国学专修馆读书。

1月，《国立北京大学国学季刊》创刊，胡适任编辑部主任。该刊以研究国学为目的，编排方式自左向右横排，文章全部使用新式标点符号，开启了西体中用的国学研究时代。1924年停刊。

11月17日，母亲周氏病逝，回乡葬母。

《自订年表》："锡。旧历十月初十日（11月17日）夜十时，母卒，享年四十二岁，病亟时，嘱姊电召儿旋里。"边注："一月，北大《国学》季刊创刊。二月，京汉铁路总工会成立，吴佩孚用武力禁止工人罢工反抗，发生二七惨案。六月，共产党第三次代表大会於广州。"

朱子方："外祖母去世与土匪打李楼寨时间仅差一月多。外祖母旧历十月间逝世，土匪打开李楼寨大概是年三十或年初二。记得母亲一边哭一边说：'怎么恁不幸，不到两月，就出两件大事！'"（1992年11月6日致朱浩熙）

本年，丰县天花病流行，死亡率25%以上。

【时事】2月1日，京汉铁路总工会在郑州成立，遭吴佩孚武力镇压。

4日，全线工人以总罢工表示抗议；7日，吴佩孚在长辛店、郑州、武汉等地血腥镇压罢工工人，杀害林祥谦、施洋等五十人，史称“二七惨案”。3月，孙中山在广州组成大元帅府。6月12～20日，中共第三次全国代表大会在广州召开，就共产党员以个人资格加入国民党、同国民党实行合作事作出正式决定。11月12日，孙中山发表《中国国民党改组宣言》。同月，中共中央执委会决定在全国扩大国民党组织，中共党员、团员一并加入。

中华民国十三年甲子　一九二四　二十一岁

在无锡国学专修馆读书。

春节期间，家遭土匪之祸，迁入县城旗杆街。

《自订年表》：“锡。是年，祖母七十八岁，父五十五岁。冬月，匪攻破李楼砦。父兄暨伯父被虏，叔父死难。”边注：“《语丝》创刊。《现代评论》创刊。六月，《清华学报》一卷一号。”

注：6月，《清华学报》复刊，改为半年刊（1915年5月创办《清华月刊》，当年12月更名为《清华学报》），1920～1923年停刊。11月，现代文学史上第一个以散文为主的文学刊物《语丝》周刊在北京创刊。代表人物有梁遇春、周作人、鲁迅、林语堂、孙伏园、俞平伯、刘半农等。

何佩刚《治学道路简述》：“在无锡读书期间，李楼寨家中，父、兄和伯父被土匪绑票，叔父被土匪的枪弹打死；筹措三千元银洋才将人赎回。从此迁进县城居住。”

朱子方：“春节期间，土匪打李楼寨。三外祖父念溪公防守寨墙。他听到动静，从东北角楼出来，一出门就中枪了。原来土匪经过侦察，已经用火力把角门封死了。三外祖父死后，蒋家人全戴了孝。

土匪打下李楼寨，把戴孝的男丁都绑架到宋楼乡里，后来把外祖父放回，叫筹钱，不给钱就撕票。家里人东借西贷，把钱凑齐了，人才放回。家里人不敢在乡下住了，不久搬到县城里。”（1990年9月19日访谈）

上半年，史氏病卒。

朱子方：“自我记事起，舅母史氏就住西房南端一间小屋里，病病殃殃，面色发黄，无力行动，究竟是什么病，无人说起，仿佛是乡间所说的痨病，也许是妇女病或结核病。可能是打李楼寨前后死的，搬到县城已没有她了。”（1992年11月6日致朱浩熙）

家从李楼寨迁丰县城旗杆街。

朱子方：“据我的记忆，旗杆街的房子，东西狭长，正房和南房仿佛是九间，外曾祖母住正房西头，中间是三外祖母和天植舅家，东头是大外祖父和天树舅家……外祖父好像住在三间门面里，陪伴外曾祖母的是姨母和老毛。老毛人品非常好，做饭、针线活都非常好，是陪嫁外祖母来的，年轻守寡，家中没什么人，所以一直在外祖父家，都把她看作一家人。”（1992年12月3日致朱浩熙）

8月14日，丰县城西郊降陨石雨，闪亮如电，响声如雷，陨石大如拳头、鸡卵，小如花生、蚕豆，颜色黑白间杂，质硬如铁。

【时事】1月20～30日，孙中山在广州召开国民党第一次全国代表大会，通过共产党人起草的宣言，重新解释三民主义，确定“联俄、联共、扶助农工”的三大政策，国共合作的统一战线形成。5月，国民党在广州黄埔建立陆军军官学校。10月23日，直系冯玉祥发动北京政变，囚禁总统曹锟，驱逐溥仪出故宫；25日，冯电请孙中山北上。

中华民国十四年乙丑　一九二五　二十三岁

春，于无锡国学专修馆毕业，回乡在丰县中学任教。在锡撰文二十七篇，自编《且弃亭杂文》，其中五篇被收入《无锡国学专修馆文集二编》。

《自订年表》：“离锡。县中。”边注：“五月十五日，日商纱厂枪杀顾正红；五月卅日，二千学生大游行，发生南京路大屠杀惨案。时正在县中。”

何佩刚《治学道路简述》：“1925 年，蒋天枢先生回丰县，先后在县立中学和县立师范任教。”

丰县校史编写组《丰县中学校史概述》：丰县 1923 年创办初级师范学校，1924 年又招收了一个中学班，实则是两个学校，一个校园。校长董仲安。(《丰县文史资料》第一期 1983 年 12 月）刘青莲：“军阀混战也波及丰县。一次，丰县过败兵，到处抢掠，地方混乱。学校的校长和一些教师也去抢白面袋子。秉南说这些人太没出息，认为和这些人共事很没有意思。”（1990 年 3 月 1 日访谈）

9 月，清华学校创办国学研究院。

《研究院章程》：“本院以研究高深学术，造就专门人才为宗旨”，“开办之第一年（民国十四年至十五年）先设国学一科，其内容约为中国语言、历史、文学、哲学等，其目的专在培养成下列两项人才：（一）以著述为毕生事业者。（二）各种学校之国学教师。”“本院聘宏博精深、学有专长之学者数人，为专任教授，常川住院，任教授及指导之事。”“每年七月，考收合格学生若干名，住院研究。”

无锡国专一期学员吴其昌考入清华国学研究院。唐兰经沈曾植先生推荐，拜访王国维先生，受到垂青，到清华国学研究院读书。

【时事】3 月 12 日，孙中山在北京逝世。5 月 15 日，上海日本纱厂日籍职员枪杀工人顾正红，工人罢工；30 日，上海学生二千余人到租界马路演讲。租界巡捕连续抓人，激起民愤，工人遭开枪镇压，造成南京路大屠杀“五卅惨案”。6 月 6 日，徐州学生联合会声援上海学生，通告各学校罢课。

中华民国十五年丙寅　一九二六　二十四岁

在丰县师范、丰县中学及私立无锡中学任教。

《自订年表》：“县师、中；锡中。”

何佩刚《治学道路简述》：“因无锡国专馆长唐文治函请，去无锡私立中学教课，又改入国专，当职员；未久，有军队进驻，国专招致停办。”

注：“改入国专，当职员”，即图书管理员。

8 月 12 日（旧历七月五日），长兄蒋天桂从蒋寨门向县城运粮，途中遭土匪抢劫，中弹去世。

刘青莲：“大哥天桂能过日子，很能干。丰县‘杨恒记’点心店都转让给蒋家了。”（1990 年 3 月 1 日访谈）

朱子方：“大舅（天桂）下午从乡间往城里送粮，路遇土匪抢劫，身负重伤，抬到旗杆街，已到晚上。家人请医生抢救，子弹刚取出，人就断气了。”（1992 年 11 月 6 日致朱浩熙）

《古丰蒋氏族谱》：“天桂，字荣冬，生於光绪二十年（1894）三月十四日，卒於民国十五年（1926）旧历七月五日。配李高台监生李氏相臣公女，生於光绪十七年二月三日，卒於公元一九六〇年六月二十七日。子：显章。”

【时事】3 月 20 日，蒋介石在广州制造“中山舰事件”。4 月，国民军驱逐段祺瑞政府下台。7 月 1 日，广东革命政府发出《北伐宣言》，9 日誓师北伐。10 月 10 日，北伐军攻克武昌，吴佩孚兵败。11 月 8 日，北伐军攻克南昌，歼灭孙传芳主力。

中华民国十六年丁卯　一九二七　二十五岁

私立无锡中学教员，国学专修馆图书管理员。7 月考取清华学校国学研究院。

《自订年表》：“锡中。图书管理员。（七月，上海）交大考。九月由津浦北上，至京，清研。”边注：“六月，《燕京学报》出版。十月，《中山大学语言研究所周刊》出版。”

注：6 月，《燕京学报》创办，以研究和传播中国传统文化为宗旨，对学术文化产生过重要影响。编委为燕京大学许地山教授，1951 年因燕大、北大合并停刊。

《（无锡）国专职员名录》：“现任职员：唐文治、冯振等十二人。前任职员：王保譿（慧言），太仓；蒋天枢（秉南），江苏丰县。”

6 月 2 日（旧历五月初三日），王国维先生自沉颐和园昆明湖。

赵万里《民国王静安先生国维年谱》：“四月中，豫鲁间兵事方亟，京中一夕数惊。先生以祸难且至，或有更甚于甲子之变者，乃益危惧。五月初二日夜，阅试卷（指考新生试卷）毕，草遗书怀之，是夜熟睡如常，盥洗饮食赴研究院视事亦如常，忽于友人处假银饼五枚，独行出校门，雇车至颐和园。步行至排云殿西鱼藻轩前，临流独立，尽纸烟一枝，园丁曾见之。忽闻有落水声，争往援起，不

及二分钟已气绝矣。时正巳正也。”（引自《陈寅恪先生编年事辑》“民国十六年丁卯”条）

7月，到上海交通大学参加清华学校国学研究院考试。

《研究院章程·学员》：“（一）本院於每年七月，考收合格学生若干名，住院研究，其招考规程另定之。（二）甲、国内外大学毕业生，或具有相当之程度者。乙、各校教员或学术机关服务人员，具有学识及经验者。丙、各地自修之士，经史小学等具有根柢者。附注：清华学校旧制‘大一’级毕业生，得学校推荐及专任教授许可者，得为本院特别学员。（三）投考手续分为二步：第一步报名，听凭审查资格，合格者由本院发给准考证一纸。第二步持此证应考。考题分三部：第一部，经史小学，注重普通学识，用问答题；第二部，作论文一篇；第三部，专门科学，分经学、中国史、小学、中国文学、中国哲学、外国语（英文，或德文，或法文）、自然科学（物理学，或生物学，或化学）、普通语言学八门。考生於其中选择三门，作出答案，即为完卷。”

谢国桢《瓜蒂庵文集·新岁赠同学秉南蒋子》引先生语：“当余方髫龄，即性嗜于此，方其负笈春明，应试清华之时，旅舍灯残，伏枕倦而卧，即梦见王静安先生教余习训诂校雠之学，乃荒鸡叫晓，惊余梦觉，复入睡乡而继续入梦者再，至今思之，犹如昨日事。此余所以酷好于斯，如同面墙锲而不舍也。”

注：文中所说“性嗜于此”，指校勘。

《陈寅恪先生编年事辑》（以下简称《编年事辑》）“民国十六年丁卯”：“本年，第三届研究生录取十八名。”

刘青莲：“秉南早就敬佩王国维先生，在无锡工作时，报考清华研究院，跑到设在上海交大的考场应试，考取后，回家对父亲讲了。父亲很开心，卖了三十亩地，送他去清华读书。地是卖给蒋瑞生（念泗）的。”（1990年3月1日访谈）

9月中旬，入清华研究院读书，师从梁启超、陈寅恪先生。

何佩刚《治学道路简述》：“1927年7月，蒋先生报考清华研究院被录取。父亲卖了三十亩土地，才得以九月北上清华研究院读书，属第三届学生。蒋先生因景仰王国维先生而投考清华，但入校后，王先生已去世，只能参加他的葬礼。在清华，听陈寅恪先生开课，又由梁启超指导论文写作，得阅丰富的藏书，着手研究全祖望。”

9月20日，在梁启超先生带领下，到王国维先生墓前拜奠。

陆鸿祥《王国维传》第二十章《自沉悲剧》：“9月20日，清华研究院开学。当天，梁启超手持鲜花，率全体学生，包括第二届毕业生及第三届新生，来墓前拜奠，并发表了著名的《王静安先生墓前悼辞》，高度评价‘王先生在学术上的贡献，那不是为中国所有而是全世界的’；沉痛称扬近两年来清华研究院师生受王先生感化而渐渐形成一种学风，‘若再扩充下去，可以成为中国学界的重镇’！”

注：何佩刚先生文中所说参加王国维先生“葬礼”，疑为梁启超先生率领清华研究院第二届毕业生及第三届新生到王国维先生墓前的这次拜奠。

陆键东《陈寅恪的最后20年》“第五章 磨难终于启步”：“在三个月前，研究院另一位声名显赫的导师王国维在颐和园投水自杀。王国维的影响是深远的。无缘向大师行弟子礼的蒋天枢，对王氏的名山事业十分向往，曾艰难跋涉，徜徉其间，并一直存有整理王氏遗著的宿愿。此愿最终未能实现，但这份向往随着岁月的消逝化为对传统文化的深深依恋。”

《（清华学校）研究院各教授指导之学科范围》：“梁启超先生：诸子。中国佛学史。宋元明学术史。清代学术史。中国文学。陈寅恪先生：年历史（古代闰朔日月食之类）。古代碑志与外族有关系之研究（如研究唐蕃会盟碑之藏文阙特勒碑之突厥文部分，与中文比较之类）。摩尼教经典回纥译文之研究。佛教经典各种文字译文比较研究（梵文巴利文藏文回纥文及中央亚西亚诸文字译本，与中文译本比较研究）。蒙古满州书籍及碑志与历史有关系者之研究。”

11 月，《国立中山大学语言历史研究所周刊》创刊。

注：此刊为傅斯年、顾颉刚等人创办，在语言历史学和民俗学界影响很大，无论学术价值和文献价值都很高，到 1930 年 4 月止。

【时事】4 月 12 日，蒋介石在上海发动“四·一二”政变，先后屠杀共产党人和革命者五千余人；18 日，蒋介石在南京成立国民政府，并通过“清党”决议；28 日，奉系军阀在北京将李大钊等二十位革命者秘密杀害于西郊民巷京师看守所。

中华民国十七年戊辰　一九二八　二十六岁

在清华国学研究院读书。

3 月 16 日，梁启超先生在北京协和医院做肾切除手术。

3 月中旬，父病电召回乡，葬父。

《自订年表》：“三月接父病电。由海道南旋。渡江后，攀附车顶北行。住（省立徐州第）七师范，遇洪、谢扶三。3月23日（闰二月二日壬辰）上午八时，父病逝城寓，享年五十九岁。值战起，扶灵还乡，草草殡葬祖茔。由朱窑回城时，遇冯军攻县城，伏乱冢间幸免。四月，再由海道北上。是年，祖母八十二岁。经津，谒任公先生。”

注：所说“洪”，指刘季洪。所说“战起”，指蒋、冯、阎、桂四个集团军“北伐”开始。4月7日，蒋介石下达北伐总攻击令；14日，孙传芳发动反攻，突破蒋军左翼，占领鱼台、丰县；17日，几经争战，孙传芳败逃。

刘青莲：“秉南上清华刚一年，父亲就病了。他接到电报，提个小箱子，赶到天津，火车运兵，不通了。他改乘轮船，几天到上海，再乘火车到南京。轮渡到浦口，火车运兵，又不通了。他找人，花钱，只能爬到车盖子上。上边人挤人，连箱子也没地方放，就用绳拴车顶吊着。火车走走停停，几天才到徐州。下车时，腿僵得不能走了，是别人背下来的。父亲去世后，秉南继续上学很困难。奶奶召集家人，让凑凑钱，供秉南上学。姐姐拿出十八块银元。秉南很感激，说这是一辈子还不清的亲情债。”（1990年3月1日访谈）

4月，离乡返北平，经天津，看望梁启超先生。

据《梁启超之死有新说法》：1928年3月16日，梁启超动了手术，切除了有病的肾。1971年，梁思成从他自己的医生那里得知了他父亲早逝的真相。鉴于梁启超的知名度，协和医学院著名的外科教授刘博士被指定来做这肾切除手术。当时的情况不久以后由参加手术的两位实习医生秘密讲述出来。据他们说，“在病人被推进手术室以后，值班护士就用碘在肚皮上标错了地方，刘博士就进行了手术（切除那健康的肾），而没有仔细核对一下挂在手术台旁边的X

光片。这一悲惨的错误在手术之后立即就发现了，但是由于协和的名声攸关，被当成‘最高机密’保守起来。”（见 1997 年 10 月 4 日《文汇读书周报》）

谢国桢《瓜蒂庵文集·新岁赠同学秉南蒋子》：“同学秉南蒋子与至友刘盼遂、吴其昌、刘节君及桢等同肄业于清华研究院，同受业于梁任公、王静安、陈寅恪诸先生之门。当时同学以秉南年最少，而黯然潜修，力学最劬，固己钦之。”

注：文中所说同受业于王静安，为误写。

5 月，国民革命军第九军第三师第九团团长王敬久驻节徐州，应丰县县长王公玙之请，亲率三个营，到家乡丰县清剿土匪近千名，一举根除匪患。

6 月，梁启超先生出院，辞去清华研究院一切职务，回天津家中静养消闲，从事著述。

10 月，家由丰县旗杆街迁回蒋寨门村老宅。先生回乡，操持嫁胞妹与邑人张麟伯事。

《自订年表》：“十月，回里嫁妹。”

秋，丰县霍乱严重，死亡万余人。

是年，清华国学研究院第四届仅招两名研究生，此后未再招生。

【时事】6 月 3 ～ 4 日，奉系军阀张作霖由北京退回沈阳途中，在皇姑屯被日本帝国主义者炸死。南京政府 6 月 15 日宣布“统一告成”，20 日改北京为北平。

中华民国十八年己巳　一九二九　二十七岁

在清华国学研究院学习，同时勤工俭学，到天津南开中学代课。

《自订年表》:“春，到南开代课。暑假旋里。九月再到京，寓中老，后迁东老。”

注：中老、东老，为清华学生公寓。

何佩刚《治学道路简述》:“读到 1929 年，因经济不支，遂离清华去天津南开中学教课。”

1 月 19 日下午，梁启超先生病逝于协和医院。

2 月 19 日，北平各界及广东旅平同乡会在广惠寺举行梁启超先生公祭仪式。

6 月 3 日，由陈寅恪先生撰文的王静安先生纪念碑在清华园落成。

陈鸿祥《王国维传》之第五章《自沉悲剧》:“1929 年 6 月 3 日，王国维逝世二周年忌日，经清华研究院师生努力筹备，《王静安先生纪念碑》在清华园内落成。陈寅恪撰写碑文，全文如下:（略）耸立在清华园内的这座纪念碑，实在也是近代中国文化学术之标志性的丰碑。陈寅恪的这篇碑文，文字凝练，见解独到，论述精深，非深知观堂，淹贯中西，是写不出的；而碑文中‘独立之精神，自由之思想’二语，则差不多成了公认的‘五十之年’一生的盖棺论定而被学界传诵至今。”

8 月 7 日，梁启超先生葬于西山卧佛寺东坡。

《编年事辑》“民国十八年己巳”:“王、梁两先生相继逝世，赵元任先生常去外地调查方言，研究院事务遂集於陈先生一身。故研究院末期，所有指导研究生，指挥助教办事，联系离校同学或函复其请教诸问题，事无巨细，悉由陈先生处理。”

汪荣祖《陈寅恪与乾嘉考据学》:“陈氏的及门弟子蒋秉南曾纪

录《晋至唐文化史》一课程的研习方针，可以概见：本课程研习方法，就是要看原书，要从原书中的具体史实，经过认真细致而实事求是地研究，得出自己的结论，一定要养成独立精神、自由思想、批评态度。”(《史家陈寅恪》增订本“附录二”)

注：汪氏注“据蒋秉南纪录，此课程授於清华大学，时为1932年。”时间有误。此时先生已离清华。

9月，朱子方到私立徐州中学读书。
在清华读书时，曾陪同陈寅恪先生游西山。

与陈小从信：“我是民国十六年在北京清华研究院读书时认识先生的。那时先生已卅七岁，尚未和师母结婚。回想起来，那时是多么地幼稚无知！那时的导师们对学生亲如骨肉，有时我们陪侍先生到附近寺宇和西山去玩，今天给先生写‘事辑’，有些事已记不起了。”(1979年11月4日)

《师门往事杂录》：“已不记何年，曾随师游西山。后至大觉寺，入正殿，见一人攀援屋栋旁，正在端详审视，若甚用思者。及其既下，知为许地山。渠见师及余，大笑。盖许氏彼时正在研讨古建筑之内部结构及藻井画饰之属，故有攀援审视事。其后许即陪同先生继续游其他处，日夕始还。此为遇见许地山最特殊之一次，故历久不忘。”

注：此事发生在先生在清华读书时，因“不记何年”，姑放此年下。

【时事】6月，孙中山先生灵柩安葬在南京紫金山陵墓。

中华民国十九年庚午　一九三〇　二十八岁

春，在清华国学研究院。

刘青莲："秉南在清华研究院读书时很用功，陈寅恪先生很喜欢他。陈垣先生同陈寅恪先生常有来往，也认识秉南。后来，天格考入辅仁大学，曾跟陈垣先生学历史。陈垣先生曾对天格言：令兄不仅学问好，尤其人格上令我佩服。"（1990 年 3 月 1 日访谈）

撰写《书年华录后》一文。

《书年华录后》文末附记："此文写於一九三〇年，即民国十九年春，余在北平时。"

6 月，完成毕业论文《全谢山先生年谱》。

《全谢山先生年谱·序》："先师新会梁先生尝谓：谢山於晚明文献之外，最悉宋迄清初学术思想之流别，其持论或较梨洲尤博大平恕，而精神所托，则在浙东。"又曰："别为《著述考》一卷，期与年谱互相发明，亦他日著录家之一助也。民国十九年六月识。"

9 月，到沈阳，任辽宁省国立奉天第三高中国文教员。

《自订年表》："春在平，住东老；九月到沈阳三中。"

《书年华录后》文末附记："此文写於一九三〇年……是年九月，为生活所迫，出关至沈阳，任教北陵前之辽宁第三高中。"

朱子方："二舅在沈阳任教的高中，名奉天第三高中，属独立高中，不是东大附中。"（1992 年 11 月 16 日致朱浩熙）"辽宁省立第三高中在大北关，是一所声望较高的学校，当时的校长是曹仲三，兼省督学，治学较严，毕业生大都考东北大学。"（1992 年 12 月 3 日致朱浩熙）

是年，唐兰在天津主编《商报》文学周刊及《将来》月刊。

清华学校更名为清华大学。

《编年事辑》“民国十九年庚午”：“本年，国民党教育部易原清华园清华学校校名为清华大学，并改隶教育部。原清华学校国学研究院结束。原清华研究院所办刊物《国学论丛》於本年十二月出版二卷二号。停刊。”

卷二（1931—1949）

中华民国二十年辛未　一九三一　二十九岁

任教于沈阳奉天第三高中。“九一八”事变后流亡北平。

2月，寒假回乡。

《自订年表》：“二月，乘寒假便，经北平返里。假后返沈。是春，立庵至沈。暑假，再返里，省视祖母，八月末回沈。‘九一八’事变起，九月底返平，初寓西斋，迁铁匠营。”

注：西斋为清华公寓；铁匠营在丰台。

春，唐兰离津到沈阳，任辽宁教育厅编辑，协助编纂《辽海丛书》。

5月，先生《书年华录后》发表于《重华月刊》创刊号。

《书年华录后》文末附记：“时东北大学友人创办《重华月刊》，因以此文畀之，刊於民国二十年五月《重华月刊》创刊号。”

唐兰入东北大学任讲师。

7月初，学校放暑假，回乡看望祖母。

8 月下旬，返回沈阳。

9 月 18 日，因日本侵略者发动“九一八”事变，逃回北平。

《书年华录后》文末附记：“是年九月，‘九一八’事变作，余只身逃回北平，书籍、衣物及所携家藏先代长物尽丧失，仅着旧长衫一袭而归！此后历尽艰辛。”

《陈寅恪先生读书札记弁言》：“他若《三国志》一书（陈寅恪先生批校书之一），昔年余假之师携往沈阳，‘九一八’之难失之。时余在沈阳北陵第三高中任教，事变发生之后，须步行到皇姑屯车站始可乘火车，因将所携书并先生书及家藏朱尊霖公（枢祖母之曾祖父）手书册页及皮大衣等，装黑皮箱中，托友人庋存东北大学某幢楼三楼中，后为人破窗将箱盗走。”

刘青莲：“《全谢山先生年谱》的稿费八百银元，商务印书馆刚刚寄来，放在皮箱中，也让日本浪人偷走了。”（1990 年 3 月 1 日访谈）

“九一八”事变后，唐兰逃回北平，在国立北平大学、燕京大学代顾颉刚讲授《尚书》。

秋，在北平几所私立学校兼课，增补《全谢山先生年谱》，草《全谢山先生著述考》。

《烟屿楼集〈记杭堇浦〉辨诬》附记：“一九三一年，余在沈阳，‘九一八’事变后逃回北平（当日旧称）。时至北平图书馆校旧作谢山年谱，并草谢山著述考。此文初稿，即《著述考》中《鲒埼亭集》后之附篇……至增补之谢山年谱旧稿，凡四巨册，存谢刚主处，久索不归，云已付之故纸摊云。伤哉！”

何佩刚《治学道路简述》：“‘九一八’事变，日军进攻北大营的炮声，听得十分清晰，沈阳失陷，损失贵重衣物、存款，逃到北平，经朋友介绍，在北平第一中学、师范学校、春明中学、平民中学等校教书，於北大听过章太炎演讲，在孔德中学听钱玄同的谈论。”

10 月，在北平私立中学、师范代课，修订《全谢山先生年谱》，撰《全谢山先生著述考》。

中华民国二十一年壬申　一九三二　三十岁

在北平师范和几所私立中学兼任教员。

《自订年表》：“二月，一中、市师、平民；九月，一中、大同、春明。十一月，南旋省视祖母，今年已八十有六。归过汴，为高中所留。”

注：“归过汴”时间，为回乡春节后，即次年（一九三三）春天。

《三反学习中关于贪污阶段中的书面交代》：“一九三二年二月至同年十一月，曾同时在北京市立第一中学、市立师范、私立平民中学、大同中学、春明女中等校任兼任教员。此时期各校均非专任，每月月薪合计一百三四十元。”（1952 年 3 月 10 日）

约是年，胞弟蒋天格到北平一中读书。

朱子方《忆舅父蒋天枢先生》：“三舅天格在其兄弟姊妹中最小，开始读书时，家境已经衰落。自读中学起，一切费用全由二舅供应。尤其‘九一八’事变后，二舅只身由沈阳逃回北平，衣物尽失，又无工作，临时在北平几个中学里各代一两钟点课，聊以糊口，供弟弟读书，还借了些债。兄弟俩患难与共。”

9 月，朱子方初中毕业，在徐州一石姓人家做家教。

10 月，完成《全谢山先生年谱》增补本，因居无定所，回乡前，书稿存北平图书馆谢国桢（刚主）处。

11 月，返乡省视祖母。

12 月，《全谢山先生年谱》作为何炳松主编《中国史学丛书》之一，由上海河南路商务印书馆出版。

是年，撰《烟屿楼集〈记杭堇浦〉辨诬》，1978 年再经修改，1980 年发表于《学林漫步初集》。

中华民国二十二年癸酉　一九三三　三十一岁

在河南开封高中任教。

《自订年表》："汴，夏去平。十一月十三日，接祖母病电召，十四日（旧历九月二十七日）下午赶至家，病已垂危，夜二时逝世，享年八十七岁。祖母危时，深以孙枢久不婚为恨。"

春，离乡回北平，迂道开封，看望沈阳第三高中同事李静之，为开封高中挽留。

何佩刚《治学道路简述》："1932 年底返乡省视祖母后，途经开封，被开封高中留聘，任教数年。"

朱子方《忆舅父蒋天枢先生》："开封高中是河南省第一高级中学，设备完善，教师大都来自北大、清华等著名学府，学风正，纪律严，培养目标是投考北大、清华、上海交通大学等一流学校。"

刘青莲："秉南回乡探亲返回时，绕道开封，是看望沈阳第三高中同事李静之。李是河南人，逃回关内后已在开封师范任教。秉南在开封住了几天，要走时，李静之安排一流的饭店为他送行，开封高中校长王芸青也参加了。王芸青当场宣布聘请他到开封高中教书。

秉南一再推辞，说北平有事，弟弟在那上学。王芸青硬是劝酒，把他灌醉了，误了火车。王芸青硬是留他，说缺教师，要他帮忙代课。代了一段课，秉南买好车票，找王芸青告辞，王躲着不跟见面，晚上却发动学生包围他住的地方，跪在秉南面前，说不答应留下不起。秉南很感动，就留在了开封。王芸青背后说，蒋先生什么时候要走，就发动学生包围他。”（1990 年 3 月 1 日）

朱子方：“李静之先生是二舅的好友，不是开高教师，好像是开封师范的教师，二校相邻，可能在开高兼课。”（1997 年 2 月 18 日致朱浩熙）

注：李静之（1901—1989），原名李海晏，字静之，河南方城县人，肄业於国立东南大学，民国十七年考取北京大学研究生，民国二十年至二十一年前后任教於沈阳第三高中、开封高中，后在南阳创办《前锋报》，自任社长，曾参与策动河南省主席张轸起义，中华人民共和国成立后，曾任民革河南省委委员兼宣传处长、副委、河南省政协常务委员、河南省统战理论学会副会长等职，对统战工作作出重大贡献。《南阳地区志》有传。

4 月，《全谢山先生著述考》（上）在《国立北平图书馆馆刊》第七卷第一号发表。

7 月，《全谢山先生著述考》（下）在《国立北平图书馆馆刊》第七卷第二号发表。

夏，赴北平看望胞弟天格，取回在京书籍、衣物返回开封。

9 月，蒋天格考入北平辅仁大学国文系。朱子方考取江苏省立东海师范学校。

朱子方《忆舅父蒋天枢先生》：“二舅到开封高中任教以后，收入稍丰，三舅得以进入辅仁大学读书，从沈兼士教授学习古文字学，深受器重。”

11 月 13 日，祖母朱氏病危，15 日晨 2 时逝世，葬於丰县蒋寨门村东祖茔。

刘青莲：“奶奶年轻守寡，上有公婆，下抚三个小儿，饱经忧患，非常不容易。秉南最敬佩奶奶，常说奶奶是位了不起的女性，一般女人是做不来的！奶奶最疼爱秉南，秉南也最孝顺奶奶。陪奶奶打牌时，秉南为让奶奶开心，常让奶奶赢。奶奶赢了钱很高兴，把钱都赏给晚辈。奶奶吃斋，烧香敬佛时，三伏天必着棉衣，数九必穿单衣。这年冬天，二奶奶先去世的。二奶奶也姓朱，是奶奶的堂妹。二人是姊妹又是妯娌，关系很好。二奶奶去世后，奶奶很伤心，发丧时号啕大哭，此后病倒，不久便去世了。奶奶的三个儿子都先于她去世，丧事由秉南操持。秉南很悲痛，为奶奶订制了一副上好的柏木棺。”（1990 年 3 月 1 日访谈）

中华民国二十三年甲戌　一九三四　三十二岁

在河南省立开封高中任教。

《自订年表》：“汴，河大。四月，春假返至丰。暑假，到丰，住县中。七月，婚。八月，回汴，寓解元胡同。”

春假，回丰与刘青莲女士订婚。

刘青莲：“我读完师范，本想到北平读书，父亲不同意，说女孩子上完师范就可以了。这样，就在丰县小学教书了。我姑妈家的表姐是蒋门媳妇。一次我送表姐到蒋家，见到秉南的奶奶。老人家对我很热情，问长问短。她不同意秉南在外面找对象，说在家乡找好，知根知底。我哥哥的一个朋友说，秉南清华研究院毕业，人很好，介绍给我。四叔（季洪）也认识秉南，赞成这门婚事。放春假时，秉南回到丰县，我们在凤鸣塔公园见面，就订婚了。当时，他邀请我到开封旅游。”（1990 年 3 月 1 日访谈）

注：刘青莲生於 1910 年 3 月，丰县刘王楼村人， 1933 年毕业於江苏省立徐州师范学校，时在丰县小学任教。

6 月初，学校麦忙假，刘青莲到开封。

刘青莲：“在开封，我们就商量结婚的事。秉南提出旅行结婚。”（1990 年 3 月 1 日访谈）

7 月，与刘青莲女士在徐州花园饭店举行结婚典礼。

刘青莲：“我回丰县后，家里人不同意旅行结婚，希望在家乡办。我去信告诉秉南。他说家乡闹婚的陋习不好，后来商量，到徐州花园饭店举行结婚仪式。双方的亲友都去了，我家是哥哥去的。大家在一起吃顿饭。花园饭店是徐州最好的饭店，花了不少钱。当时，我 24 岁，秉南 31 岁。我们在花园饭店住了一个星期，回乡看了看，就一起去开封了。”（1990 年 3 月 1 日访谈）

8 月，先生与刘青莲同到开封，住开封高中解元胡同宿舍，不久搬到青云巷宿舍。

9 月，朱子方考取开封高中。

朱子方《忆舅父蒋天枢先生》：“舅父秉南公知道（我考取东海师范）后，写信给我父母，令我改考高中。当时，舅父在开封高中任教，希望我到开高读书，一切费用由他承担。于是，我 1934 年暑假考入河南开高。”“舅父学识渊博，在开高是一位很受人尊敬的教师。他除教一个班高一语文外，还教高年级的中国文学史和修辞学，自编讲义。他上课时，教室里鸦雀无声，只有记笔记的刷刷声。”

是年，编写《中国文学史讲稿》，石印本四册；《国文修辞学》，石印本一册。

中华民国二十四年乙亥　一九三五　三十三岁

在河南省立开封高中任教，在河南大学兼课。

《自订年表》：“汴，河大，在六月。”

何佩刚《治学道路简述》：“1935 年起，在河南大学和已迁开封的东北大学兼课。”

张志公（1934 年开封高中普通班学生）回忆：“我在开封高中上学时，有位国文老师，叫蒋秉南，是一位好老师，学养高，待人好，业余爱好照相。那时没有傻瓜照相机，照相得测光，定速，测距，取景，很要点技术。我有些毕业照，就是这位蒋老师给照的。”（1989 年致陈大庆）

3 月，应丰县孙敏卿之请，撰《孙氏族谱序》。

《孙氏族谱序》：“年来作客他乡，岁恒不得一归，归亦匆匆去留。故乡父老，髫年旧知，踪迹阙然。即先人茔墓，宿草萋萋，已经年不亲祭扫，常中夜起立，徘徊怅恨，不能自已。”“近二十年来，因国势之日蹙，国人怵於危亡将及，初则震於外人科学之声威，继则皇皇於他人制度之稗贩，终则又憬然於思想之移植，拔帜易帜，若将不及终日焉。於是最为众矢之的者，此依附於家族本位之一切社会组织也。近数年来，乡村凋敝，一般生活日趋下落。举凡二十年前融融和乐之风，睦邻敦族之谊，行规距而言淳谨者，已不啻在渺然皇古之前。虽大多乡村习惯仍如往昔，然所存者形骸，其精已消亡矣！倘执一稍受都市教育之青年，而告之曰木本云云，水源云云，其名词虽所知，其意则非所能喻矣！”“倘能革其在历史上相沿之积弊，去其比附依赖之恶习，破除虚伪，归返真朴，不因家族而否认个人之存在，以发挥个人天赋为人生意义之真谛，以家族为运用人类亲爱之实施，以固结一家一姓始，以固结整个民族终，一念之亲爱精诚，固无施而不可也。则培植旧有之美德，正今日恢复民族意识之先务。”

6 月，刘季洪出任河南大学校长，邀先生协助刘调查解决河南大学问题。

刘青莲：“结婚第二年，四叔刘季洪接任河南大学校长，来到开封。他开始住在学校里，但喜欢吃家常饭，常坐黄包车来青云巷。当时，我们住的是开封高中书屋的房子，共 11 间，便腾出三间，供四叔休息。后来，婶母和孩子也来了，便让给他四间。另外，有三间厨房。两家便合用了。四叔刚来时，对河大情况不熟，就拉秉南一起了解情况。问题解决后，四叔想让秉南到河大工作，允诺当教授，怕开封高中不放，还请高中王芸青校长吃过饭。当时，大学教授薪水 280 元，中学教师 160 元。但秉南说，亲戚在一起工作不好，坚持不肯去。”（1990 年 3 月 1 日访谈）

是年，修订《中国文学史讲稿》四册、《国文修辞学》一册，仍为石印本。

【时事】10 月 19 日，中共中央和红军陕甘支队到达陕北保安县吴起镇，与红十五军团会合，完成二万五千里长征。12 月 9 日，北平大中学生六千余人游行示威，高呼“打倒日本帝国主义”“反对华北自治运动”“停止内战一致对外”等口号，掀起抗日救亡新高潮。史称“一二·九”运动。开封高中学生声援北平学生，游行请愿，开展震撼全国的学生卧轨斗争。

中华民国二十五年丙子　一九三六　三十四岁

河南省立开封高中国文教员，东北大学中文系专任教授。

《自订年谱》：“汴，高中、东大。”

《三反学习中关于贪污阶段中的书面交代》：“一九三六年十二月至一九三七年七月，任东北大学中文系专任教授，兼任河南省立开封高中专任国文教员。高中每月月薪一百六十元。”“一九三六年十二月，东北大学迁到开封，友人介绍至该校任中文系专任教授，原任职之开封省立第一高中不让辞职，高中国文教员职仍兼至一九三七年七月。”（1952年3月10日）

【时事】12月12日，张学良、杨虎城发动西安事变，扣留蒋介石，迫使其接受停止内战、一致抗日的主张。东北大学师生参与了这一事件。12月24日，蒋介石被迫接受停战议和、联共抗日、释放政治犯等条件，西安事变和平解决，为第二次国共合作、抗日民族统一战线形成奠定了基础。

中华民国二十六年丁丑　一九三七　三十五岁

东北大学文学院专任教授，讲授《尚书》《诗经》《三国志》，同时兼任开封高中国文教员。

《自订年表》：“汴，东大，高中。五月，钟琦生。秋，西安。”边注：“八月，《矛盾论》写成。”

1月7日，国民党政府强行将东北大学改为国立，由教育部和北平社会局接收，臧其芳代理校长兼文学院院长，到北平接收，遭东大师生拒绝。

2月，臧其芳到河南，商准在开封河南大学暂设东北大学办事处，宣布东大滞留北平的师生迁开封。蓝文征、姜亮夫、刘盼遂、杨润如、蒋良黻、高亨、朱芳圃等先生随东大来汴。

刘青莲："东北大学迁开封后，经高亨先生推荐，东大文学院调秉南当教授，派人到青云巷来请。开封高中王芸青校长不便拒绝，但提出一个条件，说必须继续在开高任课。秉南答应了，才进了东大。"（1990年3月1日访谈）

朱子方："东北大学迁开封后，每逢周日，二舅的老同学高亨、蒋良黻、刘盼遂、杨润如、朱芳圃、姜亮夫等常来青云巷聚会。他们高谈阔论，探讨一些学术问题。我从旁聆听，受益良多，至今脑海中仍留有当时热烈讨论的印象。"（1990年9月19日致朱浩熙）

旧历五月，长子钟琦生。

7月初，赴北平，拟看望陈寅恪先生，践行与唐兰游西山之约，并安排朱子方报考清华大学历史系事，旋因"七七"事变仓促返汴。

《丁丑丙戌间论学杂著·序言》："七七事变前夕，余以事至北平，一日，与友同出至前门，路经关帝庙，戏掣一签（居平多年，从未做过），其词曰：'花发满春台，鹊声报喜来，乘恩辞玉殿，出镇列三台。'又次日，余宿后门米粮库唐立庵兰家，夜闻芦沟桥事变起，全城戒严。本思谒师，游西山，均未获实现，不得不匆促返汴。是年旧历五月，长男钟琦生。余回汴后形势日恶，匆匆理行装，随东北大学迁西安。未几妻病，医药育儿之事，集於余身，又须上课，夜眠仅得少许时。敌机时来轰炸，妻携儿经郑州转长沙随友人避难邵阳。"

朱子方《忆舅父蒋天枢先生》："舅父本来想叫我读大学理科或

工科。由于我的兴趣在文史而不在理工，舅父经过再三斟酌考虑，希望我报考历史系。他认为，中国是一个历史悠久的文明古国，作为一个中国人，不能忘记自己祖国的历史，应当熟悉、研究自己祖国的历史，继承祖国的历史文化遗产，把它发扬光大。国难当头，尤当如此。”“那时，大学招生都是各校自招。我准备投考清华大学历史系，要到北平去考。舅父为了给我选择一个清静的环境，以便安心复习功课，特专程去北平找朋友，为我寻觅住处。舅父去北平之时，本约定到北平前门火车站去接我，不幸的是，我去北平那天，正赶上芦沟桥事变。七月七日，天刚黎明，我们乘坐的火车到了保定，车站宣布车已不通。我和同学们只好怏怏返回开封。几天之后，火车一度通车，舅父才得以从北平匆促赶回。”

8 月，蒋天格因北平陷落来开封，在河南大学文史系借读。

先生携家随东北大学迁西安。萧一山先生任河南大学文学院院长。朱子方考入河南大学历史系。

《辽宁高等学校沿革·东北大学》：“在河南开封的东大，由臧其芳代理院长，1937 年 8 月，在南京、陕西招收新生，聘李光忠为经济系主任兼文学院长；裁撤事务长，改为秘书长，由政治系教授娄学熙兼任。是年 9 月 5 日以‘国立东北大学’名义在西安开学。”

《丁丑丙戌间论学杂著·序言》：“余回汴后形势日恶，匆匆理行装，随东北大学迁西安。未几妻病，医药育儿之事，集於余身，又须上课，夜眠仅得少许时。敌机时来轰炸，妻携儿经郑州转长沙随友人避难邵阳。”

何佩刚《治学道路简述》：“1937 年转入东北大学。因抗日战争爆发，日寇占领华北，即随东北大学迁西安；西安遭轰炸，妻、子去湖南邵阳避难。”

刘青莲："离开封去西安时，我们只带了书籍和随身衣物。因为季洪叔还住在青云巷，秉南怕影响他的心情，墙上字画、室内摆设均保持原样，连结婚时的银盾也没有带，那么多东西一丢就走了。提起这件事，秉南常说自己没出息，从东北到北平，从开封到西安，走一路丢一路，不光丢自己的，还丢祖宗的。去西安后，保姆孙嫂回丰县了。我一到西安水土不服，害了一场大病。"（1990 年 3 月 1 日访谈）

朱子方："舅父与一山先生认识当在清华时期，到开封是旧友重逢。我进河大才认识萧先生。当时，季洪先生是校长，萧是文学院长。"（1997 年 4 月 22 日致朱浩熙）

10 月，因日寇战火延烧到风陵渡，敌机频来轰炸，刘青莲携儿随开封高中部分家属，到开封高中魏华灼老师的家乡——湖南邵阳宝庆乡下避难。

刘青莲："刚到西安不久，我水土不服，害了一场大病。病刚好，日本的飞机轰炸西安。听到爆炸声，小儿常吓得大哭，夜间醒来也大哭不止。开封高中的老师来信说，教师家属集体去魏华灼的家乡避难。那是湖南西部山区的宝庆，地点偏僻，比较安全。这样，我们便和他们约好时间，他们从开封出发，我带孩子从西安出发，都经过郑州，到长沙会合，一同去宝庆。"（1990 年 3 月 1 日访谈）

朱子方《忆舅父蒋天枢先生》："河大提前放寒假，迁校鸡公山。我于是回乡探亲，后去西安投奔舅父。此时，北平师范大学、北平大学、北平女子文理学院和北洋理工学院（原在天津）四校已迁西安，借用东北大学校址，联合成立西安临时大学，以收容沦陷地区的师生。我到西安后，即到临时大学借读。后随学校迁陕南城固，直到毕业。"

11 月 3 日，陈寅恪先生料理父亲丧事满"七七"后，携家逃离北平，到天津乘商船至青岛，再乘火车经徐州、郑州至长沙。时清华大学再迁云南，先生携家继续南行。所存长沙书籍悉毁于长沙大火。

《编年事辑》“民国二十六年丁丑（一九三七）”引陈寅恪先生“文化大革命”中第一次交代底稿：“抗日战争开始时清华大学迁往长沙。我携家也迁往长沙。当时曾将应用书籍包好托人寄往长沙。当时交通不便，我到长沙书尚未到。不久我又随校迁云南，书籍慢慢寄到长沙堆在亲戚家中。后来亲戚也逃难去了，长沙大火时，亲戚的房子和我很多书一起烧光。书的册数，比现在广州的书还多。”

【时事】1 月 1 日，中共中央从保安迁往延安。8 月 8 日，北平沦陷。8 月，毛泽东写作《矛盾论》，曾在延安抗日军政大学作过讲演。12 月 13 日，南京沦陷。侵华日军在华中派遣军司令和第六师团长谷寿夫指挥下，进行长达六周的大屠杀，遇难人数超过三十万。

中华民国二十七年戊寅　一九三八　三十六岁

东北大学文理学院国文系专任教授。3 月入川，住三台县方家街，后迁陈家巷。

《自订年表》：“三月入川，三台，陈家巷。（阴历十一月，钟霖生。）”

《丁丑丙戌间论学杂著·序言》：“其后西安空警频仍，东大决定迁川。次年春初，余与蓝孟博、姜亮夫、黎东方等合租车先期入川。黎劭西夫妇事前来宿余家，亦偕行（时北师大在南郑复校）。迁校地址定为四川三台县，忽忆前得词，何其巧合！途经汉中，黎劭西夫妇下车。余等约於阳历三月间抵三台县。三台，亦名潼川，汉曰郪县，唐曰梓州。杜工部於肃宗宝应元年秋，避地梓州。其年冬，自成都移家梓州。迄广德元年仍寓梓。有《九日登梓州城》《闻官军收河南河北》及《春日梓州登楼》《涪州泛舟送韦班归京》《上牛头寺》《登惠义寺》《上兜率寺》《涪城香积寺官阁》《陪李梓州泛江》诸诗。《去蜀》诗言：'五载客蜀郡，一年居梓州。'盖以移家后计之。广德二年初，故人严武，再度以黄门侍郎出任剑南东西川节度使，乃归成都。在严武幕中，武表为节度参谋检校工部员外郎，世称工部以此。初至三台，无家累，孤身居旅舍中。乃函流离豫南之弟天格，至湘接嫂侄入川。余暇则偕友泛舟涪江，或登东山吟啸，或上牛头山寺拓碑。每诵杜工部'剑外忽闻收蓟北，初闻涕泪满衣裳。却看妻子愁何在，漫卷诗书喜欲狂'之句，不自知其泪下也。旧历春暮，格返抵渝，不愿来三台，送嫂侄登车后，独留渝。余不获已，驱车到绵阳迎妻儿，时戊寅初夏也。初借住方家街，继乃迁东门内陈家巷新居。所居为新建工字形楼房，余居中，右邻物理系胡乾善，旧友。左邻法学院王某。楼外绕以垣，东南隅有角门，后有大门通出入。所居为三楼三底，(后面厨房三间，两间砌炉灶，一间住女工)妻居楼下，余居楼上右偏，蓝孟博居左。"

何佩刚《治学道路简述》："次年（1938年）3月，蒋先生随东北大学迁往四川三台县（旧时梓州）。1938年春至1946年夏，是蒋天枢先生逗留四川、坚持教学和学术研究的重要时期。"

孙华旭主编《辽宁高等学校沿革·东北大学》："1938年春，敌机扰陕日频，无法上课。敌机企图西犯，潼关实行戒严。委员长西安行营主任蒋鼎文密劝东大南迁。李光忠（经济系主任兼文学院院长）向四川省三台县当局及耆绅借得旧试院与草堂寺之全部及潼属联立高中之一部分舍宇为校舍，乃於3月中旬举校南迁。4月下旬全校师生都到，图书仪器及重要校具皆已运到，校舍也修缮完毕，5月

10日复课。六七月间先后奉教育部命令于暑假后将工学院并入国立西北工学院，改文学院为文理学院，增设化学系。暑假，秘书长娄学熙、院长白世昌各辞兼职，专任教授，改聘李光忠兼法学院院长，以政治系主任郑明高为秘书长，黄万刚为文理学院院长。”

春，胡厚宣、朱俊英夫妇携幼子振宁随中央历史研究院历史语言研究所到达昆明。

胡振绥：“1937年8月19日，父母携子随史语所内迁，先乘船到汉口，再转乘火车到长沙，工作数月后，又乘车经桂林、南宁，绕道安南，顺滇越铁路于1938年春到达昆明，先在市内拓东路靓花巷，后因日机频繁空袭，迁往北郊龙泉镇龙头村，借用寺庙（响应寺）办公。”（2022年1月17日致朱浩熙）

5月10日，东北大学师生在三台复课。全校两院（文理、法）五系（国文、地理、化学、政治、经济），教职员86人，学生86人。

6月，蒋天格到教育部编译馆工作。

朱子方：“‘七七’事变后，三舅（蒋天格）到河大借读，后随河大迁鸡公山。由鸡公山到湖南接二舅母和钟琦，过重庆时留下，到国立编译馆工作，先在教育组任副编审，后任图书馆主任。”（1992年11月16日致朱浩熙信）

刘青莲：“我带小儿到宝庆乡下，比较偏僻，生活还算方便，但是空气潮湿，钟琦生了很多湿疹，吃睡不宁。天格接我们到了成都，把我和孩子送上汽车，就急着到教育部编译所上班去了。到三台后，先在方家街赁了一处老房子。哪知一下雨，屋子多处漏雨，滴滴嗒嗒不停。最怕是夜间下雨，我和秉南成夜不能休息，抬着孩子的小床挪来挪去。后来，学校在陈家巷租了房子，是栋工字楼，我们就

搬过去了。”（1990 年 3 月 1 日访谈）

朱子方《忆舅父蒋天枢先生》：“抗战初期，最困难的是无书可读。各校原有图书都没能运出来。经费不足，也难买书。学校虽建有图书馆，而书很少，学生很多，很难借到。舅父知道这种情况后，亲自到成都为我买书。从三台到成都，往返数百里，需要四五天，有一段路可以坐汽车，有一段路只能坐黄包车。舅父不辞辛劳，给我买来四川书局刻本版辽、金、元史各一部，并且用朱笔逐字逐句以百衲本校勘后，再寄我阅读。”

旧历 11 月，次子钟霖生。

《丁丑丙戌间论学杂著·序言》：“居陈家巷旧历十一月，次儿钟霖生。”

【时事】3 月 23 日～4 月 7 日，日军三路围攻徐州，台儿庄国民党军在李宗仁指挥下，与日军展开大战，於 4 月 6 日杀伤日军数千人。史称“台儿庄大战”。5 月 19 日，徐州沦陷。

中华民国二十八年己卯　一九三九　三十七岁

东北大学文理学院专任教授。住三台陈家巷。

《自订年表》：“三台，陈家巷。”

1 月 18 日，《如何发扬中国固有文化》一文脱稿，针对部分国人自轻自贱行为，提出恢复“民族信心”。

《如何发扬中国固有文化》：“欲矫学风之弊，必自培植其道德观念始，而道德观念之养成，应以恢复‘民族信心’为第一义。”“中国既处此往史所未有之大变局，又遭逢二千年所未有之危难，所以使国人动心忍性，艰苦奋斗，以锻炼其生存能力者，亦较任何时代为艰巨。将如何以适应环境，渡越艰险，必使全国青年不以享受为目的，而以有所建树为志愿，以能贡献於国家民族为前提。训练以艰苦生活以锻炼其体魄；陶冶其远大识器以担负民族使命。则今日教育所负之责任亦较任何时期为重大。”并明确提出发扬中国固有文化的目标任务，借鉴外来文化“以我吸收他人之长，非以他人而代我”。

7月，躲避日机空袭，几乎丧命。

《三台县志·大事记》：“民国29年7月10日，上午十时许，日本飞机二十七架，第一次轰炸三台，伤亡264人。”

注：“民国29年”应为“民国28年”。

何佩刚《治学道路简述》：“在三台县城，妻、儿自湖南来团聚，又生次子钟霖。但时有日本飞机轰炸，有一两次险些被夺去生命。”

《丁丑丙戌间论学杂著·序言》：“次年（己卯），空警日多，入夏尤甚，余凡遇险多次，以本年夏为最。寓楼之左侧即东城垣，垣内皆洼地，所居楼在陡坡上，下距洼地丈余。院外迤南田中，遍布防空壕，有警则妻携儿急避其中。某日，瞥见窗外敌机已至，急下楼出东南角门跃下洼地，则保姆负霖儿及英文教师殷葆璘已先在。背依坡地上视，敌机已在投弹，先一弹稍偏西，响震剧烈，次一弹，顶空直下，惧难免，幸稍偏东落城墙外。出见迤西民家房全毁，后闻全家罹难，仅一儿匿柜墙之间获免。时妻已携儿自壕出，震剧，儿鼻血流满面。妻遂携两儿逃难乡村，余独留城居。”

8 月，河南大学原文学院院长萧一山被聘为东大文理学院院长。蓝孟博任历史系主任。姜亮夫任国文系主任，先生与高亨、潘重规为国文系教授。全校形成三院十系格局。

《丁丑丙戌间论学杂著·序言》："时萧一山掌文学院，蓝孟博掌历史系，金毓黻、丁山、蒙文通任历史系教授。姜亮夫主中文系，余与高晋生、潘重规任教授。亮夫与陶秋英畏空袭，赁居北坝袁家，潘重规亦继至。"

朱子方《忆舅父蒋天枢先生》："我学的专业是历史。舅父经常来信，指导我学习。他说，学习中国历史，必须首先学好《史记》。这部书不但要读，而且要反复读，熟读，这是研究中国历史的根本。其次，要读《汉书》《后汉书》《三国志》和《资治通鉴》。读这些书，不但要读本文，也要读注解，比如裴松之的《三国志注》，为原书增添了许多新史料。胡三省的《通鉴注》也以浩博著名，尤其所释地理甚为精确，都必须细读。"

萧立岩《回忆蒋天枢先生二三事》："暑假，我去三台。当时，因正患皮肤病，头发脱落了很多，为了怕人笑话，我总是戴着一顶蓝布帽子。蒋先生看到了，问我：'天气那么热，你怎么老是戴着帽子呢？'我说明原因后，他温和地笑着说：'那有什么关系呢？男子汉大丈夫嘛，少点头发怕什么呢！'接着，他讲了很多名人的故事，说明外貌有缺陷并不妨碍成就大事业。他还鼓励我要树立信心，把精力集中到学业上去。同时又告诉我一些治脱发的药方，叫我试试看。蒋先生的鼓励和关怀，使我增添了很大的勇气，于是，我立即去掉了头上的那顶布帽子。"

12 月 23 日，撰《汉赋之双轨》一文，发表於东北大学校刊《志林》。

中华民国二十九年庚辰　一九四〇　三十八岁

东北大学文理学院国文系专任教授。住三台陈家巷、后小湾、水观音。

《自订年表》：“三台。五月，连殇二子；十月，水观音。”

春，迁后小湾平房，与萧一山先生合住。

《丁丑丙戌间论学杂著·序言》：“庚辰春，陆侃如夫妇来东大，原赁房不敷用，晋生劝我将住房让出，辟为单身教工宿舍，不得已迁居后小湾萧一山住宅，合住（门外即一教会医院，仅一英国老太婆，主接生）。迁居后，每遇空袭警，学生时带两儿外出躲警报，因食不洁物，旧历四月，霖儿病痢，越四日，琦儿亦病痢，小城市无医药，穷困，又无力携儿外出就医，教会医院为霖儿打针，无效，延至四月下旬霖儿殇。余与妻终日徬徨，兼风雨淅沥，日对病危之儿，无计可施。五月一日晚，琦儿亦殇。倘不移家，未必至是。天乎！恸哉！友人於西郊新建平房三间，地名水观音，距城六里许。商得友人同意，迁焉。”

萧立岩《回忆蒋天枢先生二三事》：“寒假，我穿着一件旧棉袄去三台。四川天气虽然比较温暖，但川北地区在隆冬季节还是比较寒冷的，穿一件空心棉袄，的确有些寒意。大概蒋先生看出了我的瑟缩感，他十分关切地问我冷不冷。我笑着说：‘没有什么。’说完就走了。但没想到，当我回绵阳的前夕，蒋先生突然来到我住的屋子里，悄悄塞给我二十元钞票，叫我买件毛衣穿，并一再嘱咐我说：‘千万不要让你叔父知道。’我深知当时蒋先生的生活也不宽裕，他有很重的家庭负担，拿出这些钱肯定会影响他的生活。因此，我再三婉言谢绝了。”

注：萧立岩，徐州人，萧一山先生之侄，后为中国社会科学院历史所研究员，兼任河北大学教授，历史学家。

秋，迁居水观音。

《辽宁高等学校沿革·东北大学》："8月，遵奉教育部指示设东北史地经济研究室，聘金毓黻为研究室主任，选拔本届史地、经济两系5名毕业生为研究生，并筑室于三台城西之马家桥。"

刘青莲："搬到后小湾，两个孩子半个月都没了，触景生情，既伤心又苦闷。秉南想孩子，还写了诗。一山看到这种情况，心里着急。他在西郊水观音和别人合建了六间平房，一家三间，但房子建好，他夫人彭玉华怀孕就要临产，又不想搬了，就劝我们搬过去，也好散散心。"（1990年3月1日访谈）

朱子方："二舅从工字楼迁后小湾，再迁水观音，应该都在1940年（庚辰）。春迁后小湾，四、五月间两表弟相继殇；大概夏秋之交迁水观音。所谓'友人於西郊新建平房三间'，'友人'即一山先生。为避日机轰炸，萧先生与东大李孝同教务长（经济学家）在水观音马路边台地上合建一幢六间房，每家三间。建成后，日机轰炸渐稀，萧先生尚未住。二舅迁往，易地而居，以减殇子之痛。这年寒假我去看二舅和舅母，即住于此。时尚未毕业，只住了十多天。"（1997年4月22日致朱浩熙）

何佩刚《治学道路简述》："因痢疾，连殇二子，遂迁居至城外七八里地的水观音，每日步行进城上课。这时期，在东北大学讲授《中国文学史》《左传》《楚辞》《三国志》等课程；研究题目涉及周代诗文、汉赋、《三国志》、顾亭林等。"

9月，胡厚宣到成都，任齐鲁大学国学研究所研究员。

胡振绥："父亲应成都齐鲁大学国学研究所顾颉刚主任之邀，1940年8月23日，以请假名义，于8月底全家离开昆明，乘汽车经贵州入川，因战时交通不便，历经一个月才到成都。父亲任齐鲁大学国学研究所研究员，主要从事甲骨文研究，并给研究生开课，同时也在大学部兼任系主任、教授。"（2022年1月17日致朱浩熙）

11月，写《周诗笺说》一文。

《周诗笺说》文末记："庚辰旧历十月写讫於三台西郊水观音之寓居。"

是年，撰写《〈三国志·吴书·虞翻张温传〉校记》。

《〈三国志·吴书·虞翻张温传〉校记》附记："此文原是箧中旧稿，后又有所增补，曾以应新会陈垣诞辰百年纪念刊。少时喜读陈承祚《三国志》。九一八事变前一年，余假陈师竹简斋本陈志，携之至沈阳，日夕读之，爱玩不能释。后客汴，始搜集有关陈志书，得杭世骏《三国志补注》、侯康《三国志补注续》、北大影印本赵一清《三国志注补》（有陶元珍跋文。解放初又得广雅原刊本），及其他广雅丛书单行本潘眉《三国志考证》、钱大昕《三国志注证遗》、梁章钜《三国志旁证》等，其他前人著述中所论及、清人集中有关论述，则倩外甥朱子方择要抄存。抗日军兴，匆促携书入川，既定居，仍理《三国志》。乃用所校局刻作底本，分将各书裁剪，粘於大格纸本上，名曰《三国志注笺证》。已贴成八大巨册。并将有关事件写成短文，藉见陈志中所存在之问题。同事金毓黻谓予曰：'天津卢弼已成《三国志集释》，尚未刊行云云。闻之愕然。私念既已有人为之，无庸复作，遂辍其业。及随复旦复员来沪，交王欣夫。欣夫识卢弼，始知卢为沔阳人，杨惺吾弟子，现寓天津。既而卢氏书出，亟购阅之，铅字排印，线装，三函，十八巨册。虽胜处不少，而与余旨趣大异。其书最擅长处为集清代各家校本汇校，顾於新疆出土晋人写本，则有贬辞。且不注意《三国志》中问题。至是始悔当日未能坚持己见，误听人言，自辍其业。追怀往事，感慨系之！昔所假陈师书，失之沈阳，师不之责。及入川，师知余校读陈志，语令觅新疆出土写本更校。川居不可得，比返沪，始於合众图书馆获见日本人影印写本。先后用三本细校，并迻录写本序跋於扉页。今兹追述校理陈志经过，既感患难流离中治学之非易，尤恨当日持志之不坚，未能终竟其业。感念回环，用识己过。"

中华民国三十年辛巳　一九四一　三十九岁

东北大学文理学院国文系专任教授，居三台城郊水观音。

《自订年表》："三台，水观音。"边注："四〇至四一，魏在白沙，参加大一国文选。"

《故友金静庵先生诞辰百周年感言》："抗日战争期间，余任教於迁川之东北大学。以避敌机轰炸，自城内迁居西郊之水观音。住房三间，在山坡上，友人萧一山所构，构而未居，余借住焉。西邻为经济系教授李孝同，山居颇不寂寞也。时一山掌文学院，余任教中文系。於时识辽阳金毓黻静庵。静庵任历史系教授，兼东北历史研究所主任。时东北大学於水观音以西处建平房若干间，做研究所用，与余居临近，得与静庵相过从。时余年三十八，而静庵已五十有三，不特长于余，且静庵曾任辽宁省政府委员兼教育厅长，恂恂儒者，不以曾贵尚人，因得以默契无间。所居既密迩，不时晤叙。山居，余家时以玉米糁熬粥，静庵食而甘焉，以为山居之乐，不易有也。静庵之在东大，为东大创办《志林》，东大之有学报式刊物，自《志林》始也。”

3月，东北大学发生进步学生聂有人失踪案。后在涪江发现尸体，为被人沉江谋杀。

据《三台县教育志·高等教育·东北大学》：聂失踪后，校方先是说，聂是投井自杀的。可学生捞遍三台所有的水井，一无所获。意外的是，东门外涪江里居然浮出聂有人的尸体，而且是被人捆上石头沉江谋杀的。学生要求校方查明聂有人的死因，严惩肇事者，保护学生人身安全。地方法院逮捕了学生庄国浩、鞠秀成，说是共产党清党内哄，谋害了聂。法庭上，有人证明，庄、鞠不是共产党员，而是三青团员。法院释放庄、鞠二人，此案一时成了悬案。

6月，撰《〈三国志·魏书·陈思王传〉校记》，认为《陈思王传》中一段话非常难懂，历来没有人解释清楚，此校记讲清楚了。

注：此文署：“一九四〇年六月写於三台城郊水观音之寓所。”据《自订年表》：“（庚辰）十月，水观音。”所署写作时间有误。

年底，朱子方西北大学毕业，来三台十八中任教。

冬，撰《论顾亭林》一文。

《论顾亭林》文末记：“辛巳冬时在四川三台。”1982年夏收入《丁丑丙戌间论学杂著》时记：“此文成於抗日战争期间，於时寇氛稽天，即所闻友好亲故全家为日寇所杀者指不胜屈。篇中对顾氏民族思想虽有阐述，而於夷夏之防未及专章论列。今日校阅，犹有所憾。”

是年，高亨先生与罗璘女士在三台结婚。

【时事】12月8日，太平洋战争爆发。9日，国民党政府对日宣战。

中华民国三十一年壬午　一九四二　四十岁

东北大学文学院专任教授。住水观音、罗宅。

《自订年表》："三台。九月由乡回城，十二月病。中玉（钟堉）五月七日（旧历三月二十三）夜十二点五十分生。"

5月7日，长女钟堉生。

《丁丑丙戌间论学杂著·序言》："壬午年旧历三月二十三日庚申（阳历五月七日夜十二点生於城内教会医院）长女生，初呼为大娃，后改名钟堉。空警已少，九月由乡迁回城内罗宅。十月病，初住教会医院，子方白日上班，夜来侍疾，时余病淹久而家贫。次年春回家，改服中药，经夏渐痊复。"

7月10日，撰写《诸葛玄事迹考》一文。

《诸葛玄事迹考》文末记："壬午年七月十日下午三时初稿写讫於三台城郊山居之苦酒斋。"

暑期，朱子方考取东北大学文科研究所研究生，师从金毓黻先生，专修辽金史。

8月，东大文理学院改为文学院和理学院。

《辽宁高等学校沿革·东北大学》："（1942年）8月，教育部批准文理学院改为文学院与理学院，萧一山和张维正分别任院长。文科研究所正式成立，金毓黻为主任，蓝文征兼任史地学部主任，萧一山兼主任导师，并招收研究生，权以从前的国本中学校舍为所址。"

9月，自三台城郊水观音迁居城内罗宅。

朱子方：“舅父母迁住罗宅时，罗师母有父母及弟弟，共四口人。其弟尚未结婚。罗宅在三台西大街，坐北朝南，呈长方形。门面为商店（罗家自有），罗家住中间，后边原来空着，故借舅父住。最后还有一片空地，长了一些树。出进经店铺，走东墙根。”（1997年7月16日致朱浩熙）“罗宅是高师岳父家，在三台西街路北。三进院，舅父住最后，罗家住中间。当时，高先生与罗师母已结婚，也住中间，东头。结婚时间应在1941年。我1942年春去三台时，高先生已结过婚。”（1997年4月22日致朱浩熙）

10月，患伤寒病，住教会医院治疗。

何佩刚《治学道路简述》：“1942年9月迁回三台县城，因大病住进教会医院。”

朱子方《忆舅父蒋天枢先生》：“舅父致病的根源，始于一年之前。由于两个表弟的夭殇，舅父悲痛至极，失魂落魄，痛不欲生。时而哀声长叹，时而低声啜泣，不吃不喝多日，面容一天一天憔悴。为了驱除悲恸，聊以解忧，舅父把思虑引向学术，引向对《三国志》的研究。《〈三国志·魏书·陈思王传〉校记》就是在悲痛中写成的。”

朱子方：“舅父病后，卧床不起者近半年，经济拮据，别无收入，萧（一山）又介绍我去川北盐务局干了三四个月的秘书工作，月薪四十元，以补不足。”（1997年4月22日致朱浩熙）

刘青莲：“10月，秉南得伤寒病，很重，主要是想不开，抑郁。这种病传染，孩子太小，他只有住院。白天，我既要喂孩子，又要做饭，还要到医院陪护。晚上，就让子方来陪夜。医生说，伤寒病人肠热，只能吃面条、稀饭。他嫌嘴里没味，心血来潮，闹着要吃五香蚕豆。我劝他，蚕豆太硬，不能吃，他就跟我急，没办法，只好依他。哪知当夜就发高烧，便血不止，昏迷不醒，进行抢救。医

生叫加强营养，我每天炖半只鸡，煨一碗汤送去。住院很长时间，病情仍未好转。”（1990 年 3 月 1 日访谈）

秋，表妹朱俊英到彭县华英女中任教。

胡振绥：“（父亲）因不适应四川的气候，加上工作繁重，1941 年秋竟患肺病卧床不起，一年后才渐渐康复。为了解决家庭经济困境，母亲不得已，于 1942 年秋带着孩子到三十多公里外的彭县华英女中去教书，前后工作了整整二年。1944 年夏回到成都，全家才得以团聚。”（2022 年 1 月 17 日致朱浩熙）

中华民国三十二年癸未　一九四三　四十一岁

东北大学文学院专任教授，调复旦大学国文系专任教授。

《自订年表》：“三台。秋，复旦。”

上半年，东北大学人事发生变故，萧一山辞职，高亨、蓝文征亦离校。

萧一山《蓝孟博先生碑文》：“民国三十二年，一山请准休假，坚辞院务，托孟博代理，而校方却属意晋生。高坚不肯就，即离校而去。孟博亦赴国立编译馆任编纂，甚爱北碚环境之美，欲事著述。”

《三台县教育志·高等教育·东北大学》：“后学生得知聂（有人）被杀系军统特务所为，于是壁报《合唱团》以不指名漫画揭露与聂案有关的丑行，迫使萧一山辞职离校。”

注：萧文所说高亨“离校而去”，是去了时在成都的武汉大学、齐鲁大学。

夏，先生病体稍愈。

刘青莲："秉南住院几个月，仍未痊愈，再住院住不起了，只好出院，回家调养。东大师生凑了点人参，煨鸡汤，病慢慢好了，心情还是很坏。"（1990 年 3 月 1 日访谈）

8 月，赴时在重庆北碚的复旦大学，任国文系教授。

《丁丑丙戌间论学杂著·序言》："来三台已六年，连殇两儿，余又大病几死，亟思易地，友人介绍到北碚夏坝复旦任教。癸未（一九四三）秋，只身乘车经遂宁至青木关。稍休息，乘船转北碚至复旦。次年春，外甥朱子方护送妻女乘船来复旦。天格因介子方在编译馆工作。"

注：复旦大学于 1938 年 2 月迁川，临时校舍位于重庆北碚东阳镇。

时教育部在青木关。先生表弟程厚思在教育部工作。

《故友金静庵诞辰百周年纪念志感》："自一九四〇年至一九四三年夏，余以连殇二子故，因而离开东大，转至迁川之复旦大学任教。"

何佩刚《治学道路简述》："病愈后深感精神痛苦，便于 1943 年秋去北碚复旦大学任教。"

刘青莲："萧一山、高亨、蓝孟博都走了，秉南也想离开东大。四叔（刘季洪）时在教育部工作，知道这种情况，也认为换个地方为好，便向复旦校长章益三作了推荐，去了复旦大学。秉南去复旦时，只提一个小箱子，先到了北碚，在程厚思那里住了一晚。当时教育部也在北碚，他又看了看季洪叔，就乘公共汽车到复旦大学报到了。"（1990 年 3 月 1 日访谈）

10 月，朱子方送刘青莲母女到复旦大学。

朱子方：“1943 年秋，舅父先去北碚复旦，大约过了两个多月，我送舅母和钟堉（半岁）乘小木船，两天一夜到了北碚。当时，我本准备回三台继续读研究生，到北碚后，适值国立编译馆有空缺，随由三舅介绍进入编译馆，没再回东大研究所。编译馆的聘书是十一月起工作，所以我是十月到北碚的。”（1990 年 9 月 19 日致朱浩熙）“重庆北碚在嘉陵江边上，是民生轮船公司卢姓资本家新建的小镇。隔江一片平地，复旦盖了简易的平房，四角一立，上面用竹子瓦上，就可住人。”（1997 年 4 月 22 日致朱浩熙）

11 月，朱子方到国立编译馆工作。

朱子方《忆舅父蒋天枢先生》：“三舅（蒋天格）时在国立编译馆工作，编译馆也在北碚。六年之后，两人在北碚相会。复旦和编译馆仅一江（嘉陵江）之隔。每逢节假日，我和三舅都到复旦欢聚、过节，这是抗战期间最欢乐最幸福的年月。”

冬，与蓝孟博赴重庆看望陈寅恪先生。

《编年事辑》“民国三十二年癸未（一九四三）”：“是时枢与蓝孟博同在夏坝复旦，闻先生至渝，寓观音岩俞宅，约同孟博兄往谒。孟博往购奶粉，仅得三罐。时先生暨师母都在病中。虽稍愈，仅能在床上倚靠被子坐起。病稍康复后启程去成都，抵达时已十二月底。任教於燕京大学。”

中华民国三十三年甲申　一九四四　四十二岁

复旦大学国文系专任教授。住夏坝复旦新村。

《自订年表》：“夏坝。十二月，贵阳紧急。一九四五年一月十四日（旧历十二月初一）夜十二点十分，次堉（钟垣）生。”

《丁丑丙戌间论学杂著·序言》：“次年（甲申）春，外甥朱子方护送妻女乘船来复旦。天格因介子方在编译馆工作。甲申夏，子方与肄业江苏医学院之孟宪英在北碚结婚。冬十二月初一日，次女生於北碚江苏医学院，初呼为二娃，后名之曰次堉。返沪后改名钟垣。时甥媳孟宪英在医学院即将毕业，育儿及护侍妻事，皆宪英任之。并接钟堉到他家暂住，以我须教课，无力照顾小儿也。”

注：文中所说“次年春，外甥朱子方护送妻女乘船来复旦。”所记“次年春”，应是 1943 年 10 月。朱子方：“编译馆的聘书是十一月起工作，所以我是十月到北碚的。”（1990 年 9 月 19 日致朱浩熙）

2 月，整理旧稿写成《周代散体文发展之趋势》。

《周代散体文发展之趋势》文末记：“甲申年二月录旧稿於复旦新村。”

7 月，刘季洪任西北大学校长，聘萧一山任文学院长，高亨任文学院主任，蓝孟博任历史系主任。

是年，蒋天格到国立同济大学（宜宾李庄）任教。

朱子方《忆舅父蒋天枢先生》：“三舅（天格）受聘到国立同济大学任教。当时同济在南溪李庄，位于长江上游，属宜宾地区。这样就打破了团聚一地的生活。三舅开始不想去，但二舅一再劝他，要从长远看，还是到大学有发展前途，积极支持他去大学工作。三舅这才去了同济，任副教授。”

中华民国三十四年乙酉　一九四五　四十三岁

复旦大学国文系任专任教授。住夏坝复旦新村。

《自订年表》："夏坝。八月，日本投降。"

1月14日，次女钟垣生於夏坝。

注：见一九四四年《自订年表》。

8月10日晚，日本无条件投降消息传来。游行庆祝。

刘青莲："日本投降的消息传到复旦新村时，已在晚上。学生们开心死了，打着火把游行，呼口号，很热闹。我们带着孩子也出了门。同学们高兴得发疯似的，看到钟垣，抢过去，往天上抛。我怕吓着孩子，硬要过来，笑得流泪。"（1990年3月1日访谈）

朱子方："日本投降以后，重庆曾举行群众大游行，二舅曾积极主动前往参加，回来后还向我们讲述游行盛况。"（1993年1月11日来信）

8月中下旬，重庆北碚暴雨成灾。

《丁丑丙戌间论学杂著·序言》："乙酉八月，日本投降。值江涨，院内可行船，所居水深没腰，迁居山坡上民居，间有人露宿，与邻居同事等相对苦笑。虽庆胜利，难解愁颜。"

是年，为朱子方审改论文《辽金纠军考略》。

朱子方《忆舅父蒋天枢先生》："在编译馆工作时，我买到一本日本箭内亘著，陈捷、陈清泉译，商务印书馆出版的《辽金纠军及金代兵制考》。这是箭内亘与羽田亨讨论纠军问题的专著。……我不同意箭内亘的意见，写了篇近两万字的长文，送请舅父审阅。舅父作了详细批改，把有的小标题也换了，改了不妥当的词句，并删掉了不必要的赘语，甚至调动了前后的内容，还有的批示查对原文。对于结论，舅父批示：‘此结论须统论辽金两代军事组织之基干及两代军制因革之全部形势，将来尚须改作。’这篇论文就是我1946年发表在《东方杂志》上的《辽金乣军考略》，也是我第一次发表论文。”

【时事】5月，苏联攻克柏林，德国无条件投降。7月26日，中、英、美发表《波茨坦公告》，促令日本无条件投降，遭日本拒绝。8月10日下午7时50分，日本在东京通过英语国际广播，宣布无条件投降。

中华民国三十五年丙戌　一九四六　四十四岁

复旦大学国文系专任教授。

《自订年表》：“六、七月间复员，西安，十月一日到沪。”

5月上旬，表妹朱俊英携两幼子，乘齐鲁大学复员卡车出川，抵宝鸡改乘火车，7月到徐州。

胡振绥：“1946年春，母亲带着我和振宁，由成都出发，经川陕公路、陇海铁路，津浦、京沪铁路到上海。因（父母）不能合居，母亲又带我们兄弟俩来到徐州。我和振宁就读于徐师附小，母亲在徐州女师教书。”（1991年9月28日致朱浩熙）“1946年5月上旬，母亲带着我们与齐大复员的职工一起，乘单位联系好的国民党军用十轮卡车，从成都出发……经绵阳、广元、汉中、秦岭（双石铺）到宝鸡。这700里公路竟花了半个多月。后改乘火车东行，运行时刻不定，到西安后，前方线路维修，滞留近十天，到郑州又耽搁三天，一路等车比乘车时间还长，到徐州已是夏天了。”（2022 年 1 月 17 日致朱浩熙）

初夏，蒋天格随同济大学复员上海。朱子方随国立编译馆复员南京。

6 月，随复旦师生乘包车经川陕公路离川复员，至西安时，因病滞留西北大学，被聘为西大国文系教授。

《丁丑丙戌间论学杂著·序言》：“丙戌夏，复旦谋复员，时有迁徐迁锡之命令（两地任择其一），终迁沪。交通工具之权操芮某手，飞机票不可得，最后畀以川陕公路联运专车票，经遂宁、成都，再度历绵阳、广元北行出川。携两幼儿，食宿兼困，余又未健复，时以奶粉充饥。与入川情况又自不同。长途甚惫，抵西安稍憩，道路不通。借住西北大学。丙戌年秋，觅得飞南京机票一张，只身至宁，留两周后返沪。居川之日，尝私署苦酒斋、惜梦室，藉志私情；又尝私署仪顾堂，志景慕。”

《三反学习中关于贪污阶段中的书面交代》：“西北大学兼职，此事经过情形如下：一九四六年暑假中，六、七月间，随复旦复员专车经川陕公路回沪。沿途屡次生病，因西大有熟人，到西安后，遂与大队人分离，留西北大学友人处休养。时友人坚留在西大中文系任教。其时陇海路中断，飞机票亦买不到，一时已无法走。（是时，余心亦有离复旦意，但想回沪后去广州中山大学，时中大聘书由川转到，乃友人私自知我有此意，竟代将中大教职辞去。）但心中不愿留此，一则以熟人多，应酬事烦，一则以西大待遇低，每月月薪仅二十八九万元，不够开销。”

刘青莲：“我们从秦岭乘复旦包的汽车出川，东西只几只箱子，几件家具都送给帮忙的小姑娘了。秉南身体不好，每到一地，我先把他和小孩安顿好，让他们吃好睡好，第二天好再上路。到了西安，秉南身体不好，我们就在四叔（刘季洪）家里住下。四叔已是西北大学校长，给秉南发了西大的聘书。秉南不愿接，但火车不通，走不掉。后来，买到一张别人飞南京的退票，回复旦了。（1990 年 3 月 1 日访谈）

10 月初，离西安，乘飞机至宁，看望陈寅恪先生，再乘火车到沪。

《三反学习中关于贪污阶段中的书面交代》："九月间，辗转觅到一张预定十月初飞宁之机票，遂回复旦。此时，西大已领用两月薪水，且将用尽，遂航函盛澄华兄，将复旦八、九月薪水领出电汇去。余接得此款后，以一半作路费，一半留作眷属生活费用，只身飞沪。行前预告内人：'此间所支两月薪水，将来再作处理，以后不要再领。"

《编年事辑》"民国三十五年丙戌（一九四六）"："本年夏，枢由陆路出川，抵西安。阳历十月，由西安搭飞机至宁，停二日，宿甥朱子方处。闻师在南京，寓萨家湾南祖师庵七号，急偕甥子方趋谒。自重庆曾家岩谒见后忽忽四年，沧桑更易，相见不自知其悲喜。是时先生身体虽较前稍好，但私感较在渝谒见时已老得多。目疾亦终难恢复。"

朱子方："（一九）四六年十月初，二舅乘飞机离西安到南京。我到机场接的他。在南京住两日，我陪他去看陈寅恪先生。去上海改乘火车。"（1993 年 1 月 11 日致朱浩熙）

四季度，专程赴宁见刘季洪先生。

刘青莲："一天四叔到南京开会，秉南专程跑到南京向四叔解释。两人一见面就吵了一架。一个说，你接了西大的聘书，大家知道的，为什么跑了？一个说，我有言在先，一旦有可能，我还是要去上海的，你用的人都不行，我又不能得罪，你应该知道我为什么跑！四叔更来气了：我用的人都不行，那我是混蛋了？秉南说，我拿了西大的钱，我不会缺学生的课。四叔回来后说：想不到秉南脾气这么杠，专门跑到南京跟我吵了一架！”（1990年3月1日访谈）

中华民国三十六年丁亥　一九四七　四十五岁

上海复旦大学国文系专任教授。住复旦大学第二宿舍4号。

《自订年表》：“沪。五月一日，飞西安，十月一日到沪。”

年初，介绍胡厚宣先生到复旦大学历史系任教。

胡振绥：“1947年初，父亲（胡厚宣）到上海，请二舅蒋天枢、友人丁山等人介绍，经复旦大学历史系主任周谷城推荐，聘父亲为历史系专任教授。”（2022年1月17日致朱浩熙）

春，西北大学派员护送刘青莲母女到沪。

先生《三反学习中关于贪污阶段中的书面交代》：“直至次年（1947）春间复旦开学后，陇海路又修复通车，西大知我决不回去，内人又急於要来，他们才派人将内人及小孩送回。她们到沪后才告诉我：‘在你离西大后，每月发薪，他们总将薪水送到家中，说是无论如何非让你回去不可，因而那边薪水已用到十二月份。来时因火车乍通，托了很多人才买到三张头等车票。加以付与护送人回程旅费，多领的钱已用得差不多了。’这时，给我增加了很大苦恼，用人家两月薪水还好处理，现在我并未给人家教一天课却用了五个月薪水，将如何办呢？目前物价飞涨，万元一张的法币已经不值什么，每月收入仅能果腹，将用什么来还人家五个月薪水呢？於是我开始和西大友人函商，说很对不起他们，'所用这五个月的薪水，使我昼夜若有重负。现在只有两个办法：其一，是将西大款退还；但币值已有变动，目前亦尚不能将款立即寄出。问他们对此有何意见。其二，是我到西安去一趟，给他们上满半年的课。但目前火车又已不通。'（这次火车通期很短）后来，他们回信说：'很盼望你能来一趟。你想办法坐飞机来好了。'这件事决定后，于是我开始布置：一方面将复旦的两门课另外加钟点，在四月底以前提前补授；一方面向中航公司预定好五月一日去西安的机票。临走时，将一学期考试题目送交教务长，说明所任功课业已提前上完，现需请假离校。（实际我走后即因风潮停课，并未上课和考试）另外，临行前，曾向校长章益三和外文系教授盛澄华兄说明这种情形。"

调解胡厚宣与表妹朱俊英的夫妇纠纷。

胡振绥："父亲（胡厚宣）到复旦任职后，母亲（朱俊英）带着我和振宁于 1947 年春从徐州到上海，因为父亲住单身宿舍，母亲就带着我们兄弟俩暂住在复旦大学第二宿舍（徐汇村）4 号二舅家。"（2022 年 1 月 17 日致朱浩熙）"母亲每次到沪都住在天枢舅家。天枢舅对母亲极为同情。直到 1982 年仍然对我父亲的行为给以谴责。"（1991 年 4 月 28 日致朱浩熙）

5 月 1 日，飞西安，为西北大学国文系学生授课。

《三反学习中关于贪污阶段中的书面交代》："我於五月一日到西大后，西大这学期因事延搁，甫於三月底才开课。因为我到的较晚，於是将所任每课三小时之外另加了两小时。记得这学期西大到七月半才放假。我便於二十号后搭中航机回沪了。至于在西北大学卖书事是有的。一九三七年春，我随东北大学入川时，曾将一批家具和两大木箱书寄存在西安友人李君处。(现在西北大学即是当时东北大学的校舍)这次去西安时，很想将书带回，但坐飞机无法携带。这时，西大因成立不久，书籍缺乏，适向教育部申请到一大批款购买图书。因想：不如将书卖给西大，回上海再重买。”

7月20日，离西安返回上海。

何佩刚《治学道路简述》：“1947年7月，飞到南京，转至上海复旦大学。这时，又刻苦地用了几年功，写出《商书盘庚篇》校笺和证释等文字。”

10月，刘季洪因病辞去西北大学校长职务。

是年，开始研治《尚书·商书》。

中华民国三十七年戊子　一九四八　四十六岁

复旦大学国文系专任教授。住复旦二舍4号。

《自订年表》：“沪。”

春夏，南京联勤总部撤到广州，孟宪英携家赴穗，朱子方留宁。

8月，朱俊英因与胡厚宣复合失望，携次子朱振宁赴台湾，到台南女中任教。

胡振绥：“母亲因父亲的彻底背叛伤透了心，在无可挽回的情况下，面对现实，开始新的生活。恰巧此时有一个机会，她就决定带着振宁，和挚友、徐女师的教务主任景生然同去台南女中教书。时

间是 1948 年 8 月，从上海乘“海黔”轮去台湾台南女子中学任教。（2022 年 1 月 17 日致朱浩熙）

12 月 15 日，陈寅恪先生全家离京飞南京，在宁住一晚，再乘火车到上海。多次谒师。

《编年事辑》“民国三十七年戊子（一九四八）”：“冬，阳历十二月十五日以战事迫近平郊，自南苑乘飞机至南京。旋至沪。寓哥伦比亚路十一号俞宅。先生在沪日，枢数度晋谒。”

汪荣祖《史家陈寅恪传》增订版引 1983 年 7 月 8 日《蒋天枢与汪荣祖书》：“先生去穗过沪时，我屡次见到先生与师母。其时胡适在沪，力劝先生去台，先生和师母都说不去。”

陆键东《陈寅恪的最后 20 年》：“若据蒋天枢后半生行状判断，1949 年后蒋天枢只有三次机会与陈寅恪相处。第一次是陈寅恪率一家人从南京暂寓上海，时间刚好一个月，居沪的蒋天枢多次前往拜谒。这一次，标志着陈、蒋两人关系进入一个新阶段。蒋天枢的厚道、忠恕，在陈寅恪晚年的心目中开始凸现。陈寅恪南迁广州后，不少学人仍与陈保持联系，蒋天枢能够在陈寅恪的视野中脱颖而出，可见蒋天枢的人品、气节及为人之道有与众不同之处。”

12 月，国立编译馆解散，朱子方因夫人在穗，赴穗赋闲。

中华民国三十八年己丑　一九四九　四十七岁

复旦大学国文系专任教授。住江湾徐汇村复旦二舍 4 号。

《自订年表》：“沪。五月底，解放。”

1 月 16 日，陈寅恪先生全家乘秋瑾号轮船离沪，应岭南大学校长陈序经之聘，赴穗任教。

《编年事辑》“民国三十七年戊子（一九四八）”：“阳历一月十六日，由上海乘轮去广州。十九日抵穗。”

《编年事辑》“民国二十六年丁丑（一九三七）”引陈寅恪先生“文化大革命”中第一次交代底稿：“来岭大时，我自己先来，将书籍寄存北京寡嫂及亲戚家中。后某亲戚家所存之书被人偷光。不得已将所余书籍暂运上海托蒋天枢代管。卖书的钱陆续寄来贴补家用。并将书款在广州又买一些书。”

3 月，於江湾徐汇村完成《〈商书盘庚篇笺证〉叙言》。

《〈商书盘庚篇笺证〉叙言》谓：“古书中文字确出於当时记录者，首推盘庚三篇。此说自王静安先生发之，殆已为多数学者所公认。顾其文讹阙难读，十馀年来，每取先儒及时贤疏释之书暨盼遂、子馨两兄《观堂授书记》，合并勘读，终以杆格甚多，废然辍止。然每经苦思力索，检校勘研，亦间有所开寤。今春复取尚书重事籀绎，耽玩往复，牵萦虑思，於盘庚篇致思尤勤。宵深梦醒，时有所得，觉往昔所不可通者，渐能窥见其意。窃谓盘庚篇之校读，文字之疏通固为切要，而全篇意义与纲领，尤为通解本篇之先务。”“始事以来，冥思穷索，疑难重重，不惮琐细，寻绎魆理，虽毫发累积，一隙之明，久渐通贯，而迷行徬徨，仍有未达。往者静安先生授书时谓‘盘庚三篇，上篇较可读，中篇明白易读，下篇多脱落难读’。（见刘盼遂《观堂授书记》）兹所笺释，私谓上篇下篇已大体可读，而中篇犹有未可尽通者，五迁之史事不能详故也。即所笺释，敢云尽是？古书之难通，固有如王先生所云者，而前贤之误释与误为句读，亦往往牵一发而动全身，涂附与胶滞，互为因果。余之治诗书，实由王先生启其衷，静安先生既殁，余遂无从奉手请业。”

注：子馨，即吴其昌。吴其昌（1904—1944），字子馨，号正厂，海宁人，曾就读于无锡国专和清华研究院，从王国维治甲骨文、金文及古史，从梁启超治文化学术史及宋史，深得器重，先后任南开大学、清华大学讲师，武汉大学历史系教授。

春，刘季洪、萧一山、蓝孟博经沪去台湾。高亨离西北大学，任教于私立重庆相辉学院。

刘青莲：“萧一山从上海乘飞机去台湾，他未到家来，让夫人彭玉华来的，还送给秉南一块做长衫的布料，说时间安排很紧，一山不到家来了。”

注：重庆相辉学院，即“私立相辉学院”，位于重庆市北碚东阳镇的复旦旧址。抗战胜利后，复旦大学于1946年6月迁回上海。复旦同学会决定在此地筹办一所学校，为纪念复旦创始人马相伯和校长李登辉，定名为私立相辉学院，1946年9月招生，1950年11月，学院农学相关系科参与合并，建立西南农学院。

5月初，为避战火，携家迁沪西广元路云裳村，完成《商书盘庚篇笺证》。

《商书盘庚篇笺证》文末记：“一九四九年五月六日写完，时避地沪西广元路之云裳村。”

夏，南京联勤总部自广州撤至重庆，朱子方随同至渝，到私立相辉学院任教。原编译馆馆长许逢熙为院长，高晋生、张默生等为教授。

10月16日，复旦大学复课。

11月，自沪西广元路迁回江湾徐汇村复旦二舍4号。

与朱子方信："我因避战事迁入市内后，十一月间始迁回复旦原住处。各住宅经国民党军占住，破坏甚大，刻均经修复，刻校中安静如常，复旦在上海各校中最为进步，一切均起带头作用，甚富蓬勃之气，至可喜也……上海有战事时期，我蜷伏市内，于炮火声中为《尚书》作校笺，已成十分之六，新发现颇多，当时极为快慰，几忘一切艰危，惜刻下又无时力以竟其功，只有搁置之，且无暇清写，仅《盘庚》篇写成一清稿，亦无法印，不能寄高先生请正也。前数日偶得一影印静安先生遗墨两册（书札手稿之属，每部二册）。拟寄与高先生一部，俟邮路稍畅当附寄也。"（1950 年 1 月 15 日）

【时事】2 月 1 日，北平和平解放。4 月 21 日，毛泽东主席、朱德总司令发布向全国进军的命令；23 日，南京解放。5 月 12 日，淞沪战役开始；27 日，上海全部解放。

卷三（1950—1976）

一九五〇年庚寅　四十八岁

复旦大学中文系专任教授，讲授《诗经》《尚书》。住复旦二舍4号。

《自订年表》：“沪。”

年初，陈寅恪先生《元白诗笺证稿》由岭南大学中国文化研究室刊行。

陈正宏《蒋天枢先生与〈陈寅恪文集〉》：“早在五十年代前期，陈先生便有意将自己的著作传付蒋先生收藏，而蒋先生也已经投身于为双目失明的老师整理出版旧著、协助撰述新作的工作。”

1月，请上海高教处出公函，索讨存放家乡亲戚家被地方收去的书籍。

与朱子方信：“你家（丰县朱窑村）所存之书，除我所存外，还有你三舅和你的书，华山县政府属山东，该县政府拟送往金乡某地之博物馆。我在此地呈请高等教育处去一公函，据高教处所得复函，谓已可发还。想乡区无知之徒所为，县府不至如是也。”（1950年

1月15日）

注：徐州全境1948年12月解放，时江苏省尚未完全解放，因而被划为山东省；1952年11月重新划归江苏省。华山县于1944年11月由中共湖西地委、专署建立，1953年1月撤销建制，仍属丰县。

同济大学文法院并入复旦，蒋天格仍留同济。

与朱子方信："你三舅仍在同济，惟同济自文法院并入复旦后，刻仅剩医学院两小时课，现在外另兼一事情，无薪，仍可在同济支原薪，生活尚可维持。"（1950年1月15日）

2月，努力学习政治理论，又为影响做学问苦闷。

与朱子方信："解放后学生大部已走向参加政治工作，上海各校亦均如此……川中公私立学校任教者，恐亦须加紧学习工作。历史方面各种学程方法与观点均多有改变，新出之侯外庐等中国社会发展史、思想史、中国史等，新华书店均有之，不妨请学校买几部参考一下。至个人学习，你是研究历史的，须从大地方整个文化方面着手。你可先读几种西洋哲学史及黑格尔之逻辑和历史哲学等（黑格尔历史哲学商务有译本，你最好找一本英文原本读），然后再扩大至法国大革命史、英国近代史、苏俄革命发展史（有多种，亦有日人所著），附带再读一本社会主义发展史，此为第一步。第二步再读李季编的马克思传，德人梅尔林著马克思传（有译本），以次再读几种列宁传（有一本系托罗茨基所写）及列宁生平事业简史等，此为第二步。第三步再读几种马克思及恩格斯名著，和列宁选集等（有十几本）。第四步再读联共党史简明教程，和米丁辩证法唯物论历史唯物论，和斯大林一些有关中国的著作。此后再读其他小本书，无不迎刃而解矣。如此对於无产阶级革命的理想方有深切理解。缓缓为之，无急急也。新民主主义和整风文献两书可先读。”“近年来经历多艰，时常影响做学问工作，心绪烦恶，旧友音问多疏。默生先生处，久无信去，见时代我致念。晋生先生近状如何？时念念。此间尚如常。惟寒假后将又再度精简，有些人已剩很少功课，将来不知如何也。”（1950年2月15日）

注：张默生（1895—1979），名敦讷，山东省淄博人，北京师范大学毕业，曾任复旦大学中文系教授，相辉学院中文系教授兼主任，重庆大学中文系教授，四川大学中文系教授兼主任，毕生治中国古典文学，尤擅先秦诸子之学，除研究庄子外，有多部传记流传于世。

5月，朱子方应聘到东北工作，出川迁沈阳。

朱子方：“1949年11月30日重庆解放。东北人民政府到四川招收技术人员，医生也要。我和孟宪英一商量，报名去东北，夏天来到沈阳。经介绍，我到东北人民政府文化部文物管理处工作，1952年调到东北博物馆，就是现在的辽宁博物馆。1956年定为副研究员。”（1990年9月21日致朱浩熙）

9月，为本科生讲授《尚书》。

邵毅平《跟蒋天枢先生读书》：“后来我听说蒋先生当年上《尚书》课时，讲得非常仔细，几句话就可以讲几个星期。那是‘文革’以前的事了。”

10月，写成《诗大明〈缵女维莘〉考释》初稿。

与朱子方信：“月来以身体不好，心绪亦劣，久未与你作书……

近来於烦苦中写出一篇较长文章，已印出，日内拟寄你一份。”（1950 年 10 月 24 日）

注：《诗大明〈缵女维莘〉考释》后经修改，发表于《复旦学报》（人文科学）1957 年第 2 期。

一九五一年辛卯　四十九岁

复旦大学中文系专任教授。住复旦二舍 4 号。

《自订年表》：“沪。十月七日去皖北五河土改，十二月八日到灵璧。”

何佩刚《治学道路简述》：“新中国成立后，蒋天枢先生同许多知识分子一样，经过了长时间的政治思想和方针政策的学习后，去乡村参加土地改革，到过皖北和苏北的宿迁、五河、灵璧等县，历时一年多。这样，原来下过功夫并打算写作的有关《诗经》《尚书》《左传》研究的三本书，便无法进行。”

注：文中“历时一年多”，应指跨年度，并非参加土改绝对时间。五河县属皖北；灵璧县时隶山东省，现属安徽省。

春，陈寅恪先生惠寄《论唐高祖称臣於突厥》一文抽印本。

《编年事辑》“辛卯一九五一年”：“春，《论唐高祖称臣於突厥》文成。旋即以岭南学报抽印本惠寄。”

5 月，得朱子方信，知其购到一部浙江书局刻本李焘《续资治通鉴长编》，告以治史务须校勘。

与朱子方信：“沈阳藏书本甚富，加以满铁并入之书，当於治东北史地极便，惟图籍疏散，亦无法研究学问耳。倘目前有工夫，如李焘通鉴长编之类，你可下一番校勘工夫。校勘书於治史最有益，能增进精密力也。”（1951 年 5 月 15 日）

6 月，写成《释邶风“日居月诸”》一文。
9 月下旬，参加土改工作队人员学习。

与朱子方信：“参加土改的事，已有皖北代表来沪，工作地点是宿县专区的五河县，在蚌埠的东北，是连年淮灾最重的区域。复旦参加工作的为文法两院师生，学生共约六百馀人，先生并不甚多，中文系的教授们仅有我与陈子展和几位助教。好些年富力强的先生们不知何以不去。原说二十五号走，目前需要学习，大概需下月五号动身。约阳历年底可回来。停止寒假，再补习两学期的功课。到该地后只要身体不垮，我总有信给你。吃苦我什么都不怕。所虑的是我的胃病、痔疮和不能胜繁剧工作。一切情形都须到那里后才知道。”（1950 年 9 月 25 日）

10 月 7 日，复旦大学土改工作队赴皖北五河县参加运动。

与朱子方信：“因为准备，我们延迟至十月七号才动身。七号晚车北来，八号早晨渡江，换乘津浦车，於下午一时到临淮关。在水码头上略进吃食后，六点钟搭坐木船东行。复旦师生共六百四十馀人，每船坐三十至四十人，很为拥挤。水程约近百里，於九日上午十时许到达目的地五河县。因为两夜没得睡，很乏，但还没害病。来后休息了一天，即开始听报告，这两天上下午都有三四小时的会。从十五号起，还要参加某几乡的土改总结大会（在县城开），共需九天。参加了这大会后再下乡工作。现在还没开始最紧张的工作，一切饮食分外小心。还能支持得了。写於膝上。”（1951 年 11 月 2 日）

11 月，在土改工作队带病坚持工作。

与朱子方信："我於十五号又出发到濠城区做检查工作，本定二十五六号回城，我因身体不适，昨天雇了辆土车先回来了。在乡下吃高粱面煮红薯倒没有什么不惯，只是天天吃凉拌生萝卜——几乎每天三顿都要吃，因而得了痢疾。我自己本带有瑞士出品的痢疾特效药，出门时忘了带，只有回来了。现在已好些，三两天当可断根。希勿念。此地工作照原定计划应於十二月中旬可以做完，做过总结后即可回去。现在将赶於本月底在第三阶段完了时结束工作，下月初再转移到另一地再做一期。地点现尚未定……不过这几天我已感到身体抵抗力弱得多了，今天此地又已落了大雪，腊月中的天气正是冰雪严寒，我的身体能否支持尚不可必，所以回乡的事现尚在不定中。如能回时，行前当有信给你。工作中得到不少收获。对於革除封建制度已有进一步体验。"（1951 年 11 月 22 日）

注：所说"回乡的事"，是指土改工作结束时顺便回一次家乡丰县。

12 月 8 日，复旦大学土改工作队转战灵璧县。

与朱子方信："此地工作需腊尾或正初才可完……前天学校转来部令：本年课须於二月初到八月底期间全行补完。"（1951 年 12 月 18 日）

一九五二年壬辰　五十岁

复旦大学中文系专任教授。住复旦二舍 4 号。

《自订年表》："沪。一月二十三日回沪。"

1月23日，参加土改回到上海，投入“三反”斗争学习。

与朱子方信：“此间月底可放假。时事学习正紧，恐难有暇。讲义须赶写，不知可能否。近二三月间，又将发动去革大学习事，此等事非我体力所能堪，缘自往年大病后，留下一精神脱离病，平常精神烦郁时即常发现。我只能作个人对於理论之钻研，不能在群众斗争情形下学习也。设强迫我去学习，势将出於辞职之途矣。”（1952年1月27日）“（参加土改）回来后未得休息即又开始工作，忙无片刻暇，迄未能与你写信。近又忙於学习（三反运动与思想改造），精力时感来不及。”（1952年4月12日）

谈考古调查工作。

与朱子方信：“中国历史有需於考古工作者甚多，前途至有发展。你对此既有兴趣，正可作研究上之一切准备。过去读书尚少，目前宜一方面多事涉猎，一方面作精密工夫。目前有暇，可将四史（《史记》《汉书》《后汉书》《三国志》）再仔细阅读，此外方为辽金清三史，其中关於东北材料者甚多，均系基本资料，为知识上所必不可缺少者。再，斯文赫定及斯坦因两人为引起我国对於考古学之注意者，皆曾在我国境内作过很久考古工作，斯坦因之《西域考古记》（向达译），你处可觅到否，如无，下次来信，我可买一部寄去。再，我手边有清吴大澂年谱及所著《皇华纪程》，均与东北有关，缓日检出寄你。沈阳博物馆有一罗某，闻系罗叔言（振玉）之孙，你识之否？渠家所藏古物古书不知均散失否。大连满铁图书馆藏书之富之善，在东亚知名。久所瞻慕。你此次往清理，情形如何？在战乱期间有所散失否？其中多我国最可宝贵之材料，甚望其能完整保持也。有考古学之兴趣，须有充分之知识与修养，方能有所发现，否则碌碌随人耳。”（1952年1月27日）

春，师母唐篔寄示五言长诗《哭从姊琬玉夫人》。

《编年事辑》“壬辰一九五二年”：“春，师母寄示所作《哭从姊琬玉夫人》五言长诗并序，字字皆是泪之作也。附录於此，藉见师母家世及前半生经历梗概。”

3月10日所写《三反学习中关于贪污阶段中的书面交代》，次日在中文系第一小组通过。

《三反学习中关于贪污阶段中的书面交代》：“不劳而获的事项：一,一九四三年，有一项外国人援助中国大学教授的临时救济金，复旦分得十几个名额，当时学校给我一份，领过两次款，数目已不记忆。二,（一九四三年或四四年借）复旦在夏坝时，舍弟在编译馆做事，有一次曾托他向编译馆借了一本商务出版的《论语正义》。复员前我方检出，叫他带回归还。他说，已忘记了代我借过这一本书，以为已被自己遗失，早经另买了一本，归还他们。这本书，直至现在仍在我处。”（1952年3月10日）

8～9月，高等院校院系调整。

据《复旦大学志》：复旦大学陆续与浙江大学、交通大学、同济大学、大同大学、沪江大学、震旦大学、圣约翰大学、南京大学、金陵大学、安徽大学、上海学院等高等院校的有关系科合并。沪江大学、震旦大学、上海学院的中文系合并到复旦大学中文系。

《编年事辑》“壬辰一九五二年”：“九月，开始院系调整。岭南大学名义取消，原中山大学迁入岭南大学校舍，而原中大校舍则让与师范学院。本年六月岭南学报出版十二卷一期，后即停刊。本年仍由师母协助先生写作。夏，迁居东南区一号楼上。十一下旬黄萱开始任助教。黄萱夫周寿恺住先生所居东南区一号楼下。”

9月，为本科生讲杜诗。

章培恒《我跟随蒋先生读书》：“他当时讲杜甫的诗，却绝不照常规讲杜诗的思想性、艺术性，只是要学生老老实实地弄懂作品的具体内容。我知道有些同学对这种讲法不满，认为太陈旧了；但蒋先生却完全不管。”

10月，上海市长陈毅提出筹建上海图书馆、博物馆。

上海市文化部门从社会招收一百多名学员，请蒋天格、杨宽、蒋大沂、郑为等教授和专业人员，为新学员讲授文化及各类文物知识课程。蒋天格与蒋大沂、郑为、郭若愚、沈觐安共同编著了《上海博物馆改建陈列室陈列计划初稿》，九章全一册，印成蜡刻大开本。不久，蒋天格正式调博物馆（南京西路325号跑马总会）工作，任宣教部主任。

朱子方《忆舅父蒋天枢先生》：“天格公素喜爱书画，从事古代书画研究。到沪不久，就调到新建的上海博物馆工作。多年来，三舅一直是独身生活，在北平时，曾处过一位女友，感情甚笃，但因为女方是回族，家庭反对而分手。三舅不忘旧情，一直未再处异性朋友。二舅多次要给他介绍，他都未同意。”

朱子方：“解放后，三舅任上海博物馆主任，在《文物》杂志上发表过文章，对我国古代书画艺术较有兴趣，我曾将辽宁博物馆出版的历代书法邮寄给他。”（1997年2月3日致朱浩熙）

是年，唐兰由北京大学教授兼中文系代理主任调入故宫博物院，先后任设计员、研究员、学术委员会主任、陈列部主任、美术史部主任、副院长等职。

一九五三年癸巳　五十一岁

复旦大学中文系专任教授，住上海北郊国年路一弄一号复旦大学第二宿舍4号。

《自订年表》："沪。"

注：《自订年表》至本年止，之后再无续订。

春夏间，寄给陈寅恪先生《再生缘》弹词道光刊本及申报排印本各一部，以供陈师听读。

9月11日，赴广州看望陈寅恪先生。

《编年事辑》："阳历九月十一日，枢乘车赴粤，抵穗后以初游不识路，雇车至中山大学东南区一号晋谒。留穗约十日，得饫聆教诲。适流求妹尚在家，欢误数日后赴渝就职。时枢方校读《周礼》（用董康珂罗版影宋本校阮刊注疏本），语次，师诲之曰：'周礼中可分为两类：一，编纂时所保存之真旧材料，可取金文及诗书比证。二，编纂者之理想，可取其同时之文字比证。'枢未能遵师嘱以有所成，愧负滋多矣！此行初识黄萱。二十二日拜辞师及师母北归。行前先生赠以二诗。《南飞集》之最前部分，即此行所钞得。"

在穗时，曾过录陈先生《元白诗笺证稿》1950年11月於岭南大学文化研究室出版线装本修订本。

陈正宏《蒋天枢先生与〈陈寅恪文集〉》："当时陈先生请蒋先生过录《元白诗笺证稿》的校订之文带到上海，并让蒋先生抄录了他尚不愿公之于世的一批诗作，即1948年南来后的作品。"

离穗前，陈寅恪先生赋诗二首、师母赋诗一首相赠。

陈寅恪《广州赠别蒋秉南》二首：“不比平原十日游，独来南海吊残秋。瘴江收骨殊多事，骨化成灰恨未休。　　孙胜阳秋海外传，所南心史井中全。文章存佚关兴废，怀古伤今涕泗涟。”

唐晓莹《广州赠蒋秉南先生》：“不远关山作此游，知非岭外赏新秋。孙书郑史今传付，一扫乾坤万古愁。”

陈流求：“1953年秋，我由学校（上海第一医学院）毕业分配至重庆报到，特绕道回广州探望父母，由於时间仓促（仅住一周多，必须及时赶到武汉候船逆长江而上）未能陪蒋先生在广州游览。此时小彭妹已毕业分配到海南离穗。蒋先生住在中山大学招待所中，活动情况用先父及先母1953年9月赠诗可概括。”（1997年8月4日致朱浩熙）

陆键东《陈寅恪的最后20年》：“陈寅恪的心迹与情感向蒋天枢和盘托出。若说是一种分享，陈寅恪倾诉的是一种‘所南心史’的底蕴。这两首诗显示，陈、蒋两人在1953年相交之深已若此！”

10月12日，即整理《陈寅恪先生著作编年目录》寄广州，请陈先生订正。

《〈编年事辑〉陈寅恪先生著作编年目录》：“一九五三年十月廿二日就所钞得者辑成此目。所注年月，曾载各期刊者著出版时期，其知写作时间及未发表之作，著写成时期。所遗漏者俟续搜得补录。此目写成后之次日，接门生周荷珍代钞《东洋史研究》二卷二期中日本小野川秀美所编目录，除误收吴其昌一篇外并未能有所增补。编年目录写成后，曾寄广州，请师订正。一九七九年四月，又增补一九五四年以后所著论文篇目。”

注：生活·读书·新知三联书店出版《陈寅恪全集·书信集》注周荷珍为清华大学毕业生有误，实为复旦大学五十年代初毕业生，蒋先生的学生。

10 月，陈寅恪先生有感於陈端生身世，以及抗美援朝战争，开始撰写《论再生缘》。

《陈寅恪先生传》："一九五三年旧历九月，开始撰写《论再生缘》。"

汪荣祖《史家陈寅恪传》增订版："直到 1981 年，笔者得识陈门弟子蒋天枢（秉南），神秘的面纱才得以揭开。原来《论再生缘》撰写的近因，乃是蒋氏寄赠《再生缘》道光刊本及申报排印本各一册。寅恪早年读过此书，今次听读，感触特深，即据之著文。"

注：陆键东《陈寅恪的最后 20 年》"第三章 晚年人生的第一轮勃发"："1953 年夏，陈寅恪病了一场。病中陈寅恪请历史系的同学为他到学校图书馆借些弹词小说回来。在借回的这堆书中便有清代女子陈端生所写的《再生缘》。黄萱便在陈寅恪病中休养的那些日子为他诵读了这些弹词小说。……于是，一篇气如长虹、势若飞瀑的《论再生缘》诞生了。" 比较而言，汪说为是。

是年，仍讲授中国文学史先秦部分。

吴中杰（1953 级）《蒋天枢：不肯退风的独行者》："蒋先生不但自己扎扎实实做学问，而且以此诲人，对学生的要求也相当严格。他给我们上先秦文学史，是我们刚入学的那一年。那时，我们很多同学是做着作家梦进入中文系的，因为能写几句文章，或者曾诌过几首小诗，个个以才子才女自居，很以为了不起。入学之后，方知大学中文系不培养作家，而是培养教学、研究人才的，本来就觉得闷气，再加以一上来就读诘屈聱牙的《盘庚篇》，读'关关雎鸠，在河之洲'，实在提不起兴趣来。蒋先生知道这情况，就花两节课时间务虚，给我们做思想工作。蒋先生两节课讲了许多话，我大都已经忘却，但有两点，因为课后同学们时常议论，所以，至今还记得清楚：一是要我们扎扎实实做学问，首先要把基础打好，以后才能搞研究，不能凭着兴趣读书；二是不要急于写文章，特别不要去写‘报屁股’文章。蒋先生调侃道：‘你们急于在报屁股发一些豆腐干文章，无非是想买花生米吃，把时间都浪费掉了。’蒋先生还要我们每人写一篇自述，谈谈自己以前的文化基础，以及今后的学习打算和志趣，目的是因材施教。那时候，我的兴趣全在外国文学和中国现代文学上，所读古书不多，基础很差，不足以应付中文系的功课，更谈不上什么研究基础了。在蒋先生的引导和督促下，这才硬着头皮读古书，水平渐渐有所提高。记得一两年之后，蒋先生已不教我们班级的课了，他在路上碰到我时，还叫住我，了解我的读书情况，询问我古书阅读能力和古文表达能力是否有所提高，老师这种认真的精神，使我不敢过分偷懒。”

11 月，先生五十周岁，草《惜梦室主自订年表》。

是年，高亨先生离私立相辉学院，到山东大学任教。

一九五四年甲午　五十二岁

复旦大学中文系专任教授，讲授中国文学史先秦部分。住复旦二舍 4 号。

年初，为方便陈寅恪先生听读和研究，将家藏钱牧斋《初学集》抄本寄广州。

与朱子方信：“陈先生的书，当陈先生被迫害致死之后，书完全由他们图书馆拿走。我的一部难得的抄本钱牧斋集，和其他一些书在陈先生那里，也都被他们拿去。后来还了我几种其他书，那部十几本的抄本被没收。”（1978 年 1 月 24 日）

2月，陈寅恪先生完成《论再生缘》，嘱蒋先生购油印蜡纸等，自印若干册，分送亲友和学生。

《编年事辑》“甲午一九五四年”：“二月，《论再生缘》初稿完成。自出资油印若干册。”

汪荣祖《史家陈寅恪传》增订本：“文成即告蒋氏欲用简便方法先印，蒋氏遂购卷筒蜡纸寄穗，遂请人书写油印。印后再用蓝皮线装（除油印字体外，其形式大小与一般木板线装书一样，颇为雅观），一共印装了三百本左右，分赠亲友学生。章士钊携此本到香港后，始流传海外。流传海外的油印本，很可能是台北中研院史语所李济所长据原本重新书写的油印本，二本内容一样，但字体迥异。若干年后，港、台书商再据海外油印本出刊铅印本。”

注：汪书初版无“寄穗，遂”字，寄沪后，由蒋先生红笔添加，增订版遵先生意。

春，陈寅恪先生开始撰写《柳如是别传》。

《陈寅恪先生传》：“本年春，《论再生缘》初稿完成，开始撰写《柳如是别传》。”

注：《柳如是别传》初名《钱柳因缘诗释证稿》。

夏，北京古典文学出版社索要陈寅恪先生《元白诗笺证稿》，遵陈先生嘱，即将在粤所录本寄北京。接陈先生寄来再校本，移录於初校本后，再寄出版社。

陈正宏《蒋天枢先生与〈陈寅恪文集〉》：“前者如《元白诗笺证稿》，1950年初刊后又经陈先生口授修订而两度重版，1955年北京文学古籍刊行社出版的第一次修订本，所据底本即蒋先生1953年在广州遵师嘱过录校文携回上海的那个本子，由蒋先生在沪录副后寄往北京。”

【时事】10月23日，《人民日报》批判俞平伯先生在《红楼梦》研究中的“资产阶级唯心论”观点。此后，批判再扩大到一切学术领域，重点批判胡适的唯心主义思想体系，把学术争论引向政治斗争。复旦大学是上海开展这场批判的重点单位之一，中文系又是重点中的重点。

一九五五年乙未　五十三岁

复旦大学中文系专任教授。住复旦二舍4号。

1月，中央批准，在全国范围内开展对胡风的批判，指出胡风的思想是唯心主义的，是反党反人民的。

春节，陈寅恪先生寄示亲撰、师母书写春联一副。

《陈寅恪先生传》：“一九五五年春节，先生撰联标门曰：‘万竹竞鸣除旧岁，百花齐放听新莺。’（师母以枢能喻旨，亲书一联寄赐。今犹存。）”

《编年事辑》“乙未一九五五年”：“春节，先生撰联标门曰：‘万竹竞鸣除旧岁，百花齐放听新莺。’”

注：陆键东《陈寅恪的最后20年》“第七章　欢乐走到了尽头”：“（1957年）元旦这一天，陈寅恪撰写了一副新联：‘万竹竞鸣除旧岁，百花齐放听新莺。’”所述陈寅恪撰联时间与先生所记不同。

5月，复旦大学中文系贾植芳教授因与胡风关系密切，对运动有抵触情绪，先被“停职检查，交代问题”，后被关押。系党支部书记章培恒受到连累。

据贾植芳《在这个复杂的世界里》：年仅21岁的章培恒曾是贾的学生，写了一篇文章，寄给人民日报。文章引用胡风在《文艺笔谈》一文中关于《西游记》《红楼梦》的论述，以证明胡风并没有反对祖国优秀的文化遗产。文章不仅没有被采用，反而由此招来了麻烦。

查志华《一个品格高尚的学者——记复旦大学中文系蒋天枢教授》："章十五岁入党，二十岁任中文系党支部书记。一九五五年他二十一岁那年，被错误地打成胡风分子，并被开除了党籍。"

是年，蒋天格在上海博物馆筹备"台湾高山族文物展览"，并撰文在《文物参考资料》杂志发文介绍。

【时事】5月13日起，《人民日报》分三批刊登舒芜提供的胡风169封信件摘编，指胡风等人是"一个暗藏在革命阵营内部的反革命派别，一个地下的独立王国"，并决定在全国党政机关开展肃反运动。

一九五六年丙申　五十四岁

复旦大学中文系专任教授。住复旦二舍4号。

5月21日，陈寅恪先生谈与蒋天枢的关系。

陆键东《陈寅恪的最后20年》"第五章　磨难终于启幕"："在1956年5月21日陈寅恪填写的《干部经历表》上，在'主要社会关系'一栏里，陈寅恪谈到蒋天枢，'1928年在清华是师生关系，最近数年因托他在上海图书馆查资料，故常有信来往'。"

8月，先生赴京，与古典文学出版社联系陈寅恪先生文稿出版事，住鼓楼东大街草厂79号张公逸家，在京见到外地来的旧友高亨、陆侃如等先生。

注：陆侃如为先生东北大学中文系同事。张公逸（1916—1992），

即张遵骝，1948年在复旦大学中文系任副教授，1953年调中国科学院历史研究所第三所（近代史所）任副研究员，著有《遵骝钞稿集》。

汪荣祖《史家陈寅恪传》增订本：“寅恪的史学论文集子《金明馆丛稿》，由其本人编定。初稿於1956年即已完成，由蒋天枢亲自送交中华书局编辑陈向平。编辑部以《滨海地域与天师道之关系》一文中有‘黄巾米贼’等语，要求改动或删除，然为陈寅恪坚拒，以致搁置。”

与朱子方信：“八月间你给我的信到时，我已离京了……牢落懒惫，久未与你回信。你说叫我恢复健康，好作我一生所自期的文化事业，奈现对此事业，心情亦如秋风落叶了。你舅母在此地登记找工作，已经六年了，现已眇绝无望。你那里情形如何？职员或小学教员工作好找吗？我自己想想设不得已时，将作首阳二老计，不得不预为之地也。”（1956年9月22日）

注：所说心情，似与政治运动频繁、经济负担过重有关。先生一人工作，养四口之家，尚需负担幼时保姆老毛姐生活费，家乡水灾，姐姐、妹妹及亲友常写信寻求接济。

秋，章培恒担任蒋天枢教授的助教。反胡风斗争结束后，章先是被调校图书馆搞图书目录，不久任蒋教授助教。

章培恒《编年事辑·后记》：“一九五六年秋天我开始担任中文系助教。当时系里为每个助教都确定一个进修方向和指定一位导师。我的导师就是蒋先生，进修方向则是先秦两汉文学。我第一次去先生家，是谈我的进修计划。我认为光学先秦两汉文学是学不好的，想先用五年时间把从《诗经》《楚辞》直到《儒林外史》《红楼梦》等名著研读一遍，再回过头来系统钻研先秦、两汉文学。我自己觉得这已算得踏实了，但先生听了我的打算却久久不语，然后很严肃地说：‘你这样学法，一辈子都学不出东西来。’接着谆谆地教导我：研究古代文学必须有历史和语言文字方面的基础，并具备目录、板本、校勘学方面的知识。所以，先生为我制订的前三年计划是：第一年读《说文》段注和《通鉴》，第二年读《尔雅注疏》，校点《史记》，第三年读《尔雅义疏》，校点《汉书》；同时，泛览目录、板本、校勘学方面的书，从《书林清话》直到《汉书·艺文志》。先生并要我在读上述语言文字和历史方面的书时必须做笔记，但不是复述书中内容，而是谈自己的心得。笔记要按时交给先生检查。最后，先生说：‘你在去年受了些委屈，但不要背包袱。好好地读书！’——这是指我在一九五五年被牵入胡风案件开除党籍的事。”

倪振良《长河弄潮——记文学史专家章培恒》：“正当那个时候，中文系党总支把他调了回去，让他做蒋天枢教授的助教，研究古典文学。章培恒遵照蒋天枢所嘱，先进行训诂，啃四本《尔雅》和二十本《说文解字》线装书。他一字字、一页页地啃，咬词嚼字，反复揣摩。被人们一向视为枯燥乏味的古汉语，他却读得津津有味，爱不释手。一年下来，他啃完了这两部书，知道了文字源流，还学到了不少古典知识。”（1980 年 11 月 2 日《光明日报》）

是年，陈寅恪先生读罗振玉《顾云美书河东君传册跋》，留意文中有“顾云美撰柳蘼芜传并画像真迹，乙巳中得之吴中”之语，又据罗晚年踪迹，判断其藏品可能流落东北，遂嘱蒋天枢寻找。

朱子方：“关于河东君初访半野堂小景，原藏辽宁省博物馆（解放初称东北博物馆）。舅父来信问我有无此图，说陈先生需要用，命我与馆方商量拍照。当时我正在该馆工作，没费什么事，由馆中摄

影同志拍了寄去。”（1997 年 7 月 25 日致朱浩熙）

朱子方：“关于拍摄《河东君初访半野堂小景》事，第一次是 1956 年……小景是一幅单画，裱为一本册页，后有顾苓题跋，12 开。原为罗振玉收藏，在东北解放战争中，归东北人民政府，后移交东北博物馆收藏。两次拍摄都是照的原画，并非书中插图。至于陈先生怎样知道此画在东北博物馆（舅父信原写沈阳故宫博物院，与东北博物馆是两个单位），我不清楚。我推测，罗家收藏甚富，甚为出名，先生可能知道其藏品在解放后的去向，陈先生也可能有所了解。当时我在东博工作，舅父命我在博物馆查找。”（1997 年 8 月 12 日致朱浩熙）

注：1978 年先生第二次命朱子方拍摄《河东君初访半野堂小景（影）》是为《柳如是别传》插图）

陈寅恪先生喜得柳如是画像照片，遂赋诗《戏题余秋室绘河东君初访半野堂小景》，次年又赋诗《前题余秋室绘河东君访半野堂小景诗意有未尽更赋二律》。

是年，讲授中国文学史先秦、两汉部分。

何镇邦《严师驾鹤去 师恩无尽期——忆蒋天枢先生》：“1956 年秋，我考进上海复旦大学中文系学习，为我们授课的老师中就有蒋先生……他为我们讲授《中国文学史》第一段即先秦两汉文学，这是最难读的一段文学史。那一年，他 53 岁，正当盛年，但体态清癯、神情严肃、讲课时声音洪亮，一口未曾改变的徐州腔。我那时才 17 岁，对蒋先生有一种敬畏之感。加之当年作为蒋先生的助教、后来成了文学史家的章培恒先生刚因胡风案之牵连，被撤职开除党籍，终日不见欢颜。于是，一上文学史课，我们都得正襟危坐，有一种紧张之感。但蒋先生严肃归严肃，治学之严谨，对学生要求之严、关心之切，却是令人感动的。他不仅要我们学好课内的内容，还为我们开出一份‘国学必读书目’，要我们在课外阅读；尤其是要我们做一些文言文的断句训练，对我们文言文阅读能力的提高很有好处。当时，我的一位同舍好友徐州籍的李振杰同学，还经常去蒋先生家串门，并按蒋先生要求在一两年内通读《资治通鉴》，得益更多。我虽然后来没有从事古典文学的教学与研究工作，但那点对后来的文艺理论以及当代文学评论颇有好处的古典文学功底，就是蒋天枢先生留给我的！上完先秦西汉文学之后，蒋天枢先生后来几年间又为我们开设《诗经研究》《楚辞研究》等专题选修课，他把最新的研究心得都融进课程中，讲起课来，旁征博引，新论迭出，使我们颇受益。记得一首《离骚》，蒋先生几乎讲了一个学期（每周两节课），后来记得我为北京教育学院宣武分院的学员讲中国文学史课，《离骚》也讲了足足的九个课时，就是从蒋先生那儿趸来的。”

【时事】1 月 7 日，中共中央办公厅印发《中共中央关于知识分子问题的指示草案》；14 日，中共中央在北京召开“关于知识分子问题的会议”；30 日，人民日报刊登周恩来总理《关于知识分子问题》的文章。2 月 24 日，中共中央政治局通过《中共中央关于知识分子问题的指示》。5 月 2 日，毛泽东在最高国务会议上提出，在文学艺术和学术研究中应该实行“百花齐放，百家争鸣”的方针。10 月，社会主义阵营发生“匈牙利事件”。11 月 15 日，毛泽东在中共八届二中全会上的讲话指出：“东欧一些国家的基本问题就是阶级斗争没有搞好，那么多反革命没有搞掉。”

一九五七年丁酉　五十五岁

复旦大学中文系专任教授。夏，迁复旦一舍 11 号。

3 月，病痔疮。

与朱子方信：“今春，我也用枯痔法医了痔疮，花了月馀时间，许多事要补做。”（1957 年 4 月 19 日）

夏，陈寅恪先生赋诗寄蒋先生。

《丁酉首夏校园印度象鼻竹结实大如梨晓莹摹写其状寅恪戏题二绝》：“西天不恨移根远，南国微怜结实迟。多少柔条摇落后，平安报与故人知。　　青葱能保岁寒姿，画里连昌忆旧枝。留得春风应有意，莫教绿鬓负年时。”

《楚辞论文集·弁言》：“昔年陈师有咏《印度象鼻竹实》诗，师母绘竹实图并书诗其上以寄枢：‘莫教绿鬓负年时。’所以勖枢也。”

迁居复旦一舍 11 号。暑假参加反右派斗争。

与朱子方信：“我半年来身体还好。今夏初曾搬了一次家，蒙领导上照顾，给我换了个较大的房子，现在书勉强可以安放，可以用点功了。只是精力已大不如前，时间又少，没能做成什么，未免怅然。临放暑假时即开始反右派学习，上月底已结束。”（1957 年 8 月 10 日）“此间不少大右派，下学期将继续斗争。”（1957 年 9 月 4 日）

8 月，表侄朱耀斌毕业于北京师范大学化学系，到邯郸路海轻工业学校任教，时来复旦一舍 11 号长谈。

9 月初，陈寅恪先生小女美延考取复旦大学化学系，来沪时，奉父母之命，将祖传首饰盒带交先生，代为保管。

新学年，除指导助教章培恒，仍讲授中国文学史、《诗经研究》和《楚辞研究》。

倪振良《长河弄潮——记文学史专家章培恒》：“文史是相通的，

章培恒遵蒋天枢所嘱，一面读文学，一面读史学。他整天沉醉于其间，或凝神沉思，或喃喃自语，或哑然失笑，替古人喜怒哀乐。不知熬过了多少个日日夜夜，他终于读完了《诗经》《楚辞》《左传》《史记》《汉书》《后汉书》《三国志》《诸子通鉴》等主要文史书籍，遂被推上了教学岗位，协助蒋先生讲先秦、两汉文学课，讲得很不错。然而，这是否就意味着大功告成了呢？不，在中国文学史方面，要想取得大的成就，只是知道先秦、两汉这个源是远远不够的，还要弄清整部文学史的源流。于是，经蒋天枢的指点，章培恒又从源而下，向着一个个新的领域挺进了！他顺着历史的变迁，博采群书，涉猎各个时期的作家和作品，并在每一时期中选择一些作家作为重点钻研的对象。”（1980 年 11 月 2 日光明日报）

林东海《师德风规——记蒋天枢先生》：“上课铃响了，一位清瘦文雅五十多岁的教授，以轻盈的脚步走进教室，登上讲台，把夹包放在讲席上，拿出一份学生名单，炯炯有神的目光，环视一周听课的同学，然后开始点名。被点到的同学，有的答‘有’，有的答‘到’，答前都先起立，答后向老师鞠一躬。这位老师，就是为我们上《先秦文学》第一课的蒋天枢先生。他对每位起立的同学，都要仔细端详一番，似乎想把这同学的相貌音声都深深地印在脑海里，琢磨他的才性，然后因材施教，提高教学效率。‘你们每一位同学，都把自己的简单经历和个人兴趣写下来，只要几百字，就作为第一堂课的作业吧。’蒋先生用温和的关怀的语气向大家说，‘以前学生少，只有几个，或十来个，可以到老师家谈谈心，交流交流心得，联络联络感情，现在人多了，好几十人，不能那样做了，所以采取做作业的办法，让我对大家有个基本的了解，这有利于今后的学习。’同学们的这份自我介绍作业，便成了蒋先生保存的学生档案。”“‘屯如邅如，乘马班如，匪寇，婚媾。’蒋先生为我们上先秦文学课，用带有丰沛乡音的腔调，慢声细气地吟诵《易经》‘屯卦’记载的这支古歌，那姿势似乎有点冬烘，却也很富于个性。他的吟诵，近似歌唱，别有风味。唱完，即为我们讲解古代抢婚的故事，之后逐字逐句地加以疏解。其师王国维和陈寅恪先生汉学与宋学兼通，考据与义理并重，而且国学与西学融会，具有新文化运动之后一代新学人的时代特征。然而，蒋先生从师门传承下来的学问，却偏于汉学，更注重疏证，因而尤其注重章句训诂。”

【时事】2月27日，毛泽东在最高国务会议上发表《关于正确处理人民内部矛盾问题》的讲话。4月27日，中共中央发出《关于整风运动的指示》。5月7日，人民日报发表社论《为什么要用和风细雨的办法来整风》。6月8日，中共中央发出《组织力量反击右派分子的猖狂进攻的指示》，号召开展反右派斗争。7月9日，毛泽东在上海干部会上作了《打退资产阶级右派的进攻》的讲话。

一九五八年戊戌　五十六岁

复旦大学中文系专任教授。

4月，北京古典文学出版社出版陈寅恪先生《元白诗笺证稿》。

陈正宏《蒋天枢先生与〈陈寅恪文集〉》：“1958年上海古典文学出版社出版的第二次修订本，底本则是1956年陈先生寄给蒋先生的两部‘再校清录本’之一，由蒋先生亲自送交出版社。此本刊行后，陈先生又续有订补，并将订补内容函告蒋先生。蒋先生便过录粘贴校补于1958年版的本书上，且将该本的误字一一改正，以备第三次修订本刊行之用。”

注:“1958年上海古典文学出版社出版的第二次修订本”中“第二次”,应为“第三次”。此本《出版说明》:“前岭南大学中国文化研究室於一九五〇年初刊行。一九五五年作者修改后,复经文学古籍刊行社重版。兹再经作者校正错误,增补材料,重印出版,以供古典文学及唐史研究者的参考。”

5月15日,中华书局上编所(古典文学出版社)来函,联系吴闿生著《诗义会通》一书的点校工作。先生25日复信,提出点校意见。

6月6日,中华书局上编所再致信先生,请先生担任《诗义会通》整理工作。

中华书局上编所来信:“承示复,详细指教‘诗义会通’的优缺点,极以为感。根据尊见,我所决定将此书重印。整理工作,包括断句(或用新式标点)及撰写出版说明(介绍本书优缺点及对今天读者的用处),拟请先生拨冗担任,嘉惠学者。断句工作,可请先生指定同志相助,不需亲劳。该书我所因无印本,向图书馆借得,正在抄录,抄好即送请整理。务恳俯允是幸。”(引自陈正宏在中华读书报(2012年9月26日09版)发表的《蒋天枢、章培恒合作校点〈诗义会通〉纪事》。)

6月7日,先生复信上编所,提出点校《诗义会通》的两点意见:由本人及章培恒担任标点,出版说明可请原推荐人担任;有所删削(仅删案语中稍近陈腐之语)而不更动及增改一字。并于说明中说明之。

6月,全国从上至下开展“厚今薄古”、批判资产阶级学术权威的“拔白旗插红旗”运动。

汪荣祖《史家陈寅恪传》增订版:“《光明日报》於1958年6月10日刊布郭沫若答北大历史系师生之信,讨论厚今薄古问题,其中提到‘就如我们今天在钢铁生产方面，十五年内要超过英国一样，在史学研究方面，我们在不太长时间内，就在资料占有上，也要超过陈寅恪’。”

7月中旬，上编所送来《诗义会通》抄稿，并委托先生代写出版说明。先生与章培恒着手点校工作。

暑期，参加学校整风学习，教学方法受到批判。

陈正宏《蒋天枢、章培恒合作校点〈诗义会通〉纪事》：先生《整风学习小结》中，“‘面对着学生对自己教学上所贴的数不清的大字报’一语，批判自己在工作上和生活上‘脱离实际，脱离群众’，决心‘改变自己过去落落寡合的生活态度’，‘清除自己保守思想根源’。末署‘八月一日写起，中间隔了五天半，八月十日写完’。”

陆键东《陈寅恪的最后20年》：“蒋天枢长于《诗经》《楚辞》等先秦文学的研究，据说蒋天枢在五十年代讲授《诗经》，一首诗可以讲授两个月，一句诗可以旁征博引地解释两个星期。其实蒋氏授业方式有出处：陈寅恪早年讲授唐诗，据说解释《长恨歌》第一句‘汉皇重色思倾国’，便要花去数星期。若再往前溯，这似乎是清代朴学重材料整理与分析，长于考据、讲究实事求是的一个治学传统。1958年‘拔资产阶级白旗’时，这类教学方法遭到无情的讽刺与批判。”

10月上旬，先生偕章培恒完成《诗义会通》点校，并撰写“出版说明”。

与编辑所负责同志信：“前曾函告诗义会通一书即可校订完毕。此书在标点校正完了后，交由章君再复校一过，近章君因任务事忙，昨天未能交回，以致未克如期电告来取，至以为歉！大约再稍缓几天（约七八天）即可交上。匆此并致敬礼！蒋天枢九月卅日”。（引自陈正宏《蒋天枢、章培恒合作校点〈诗义会通纪事〉》）

章培恒《编年事辑·后记》:“大概是一九五八年，先生有一次忽然对我说:‘中华书局上海编辑所约我点《诗义会通》，你跟我一起点吧!’我当然遵从。但先生只要我做了两件事:一是到学校图书馆去借了一部《诗义会通》;二是在先生点完后我从头到底读了一遍。过了几个月，先生把我找去，交给我一张出版社所开的叁佰贰拾元的支票，并告诉我:‘《诗义会通》的稿费来了。你取出来后，自己先到书店去买部书;我已经代你到书店去看过，局刻本《二十四史》和缩印本《四部丛刊》都不错，价钱也合适，你随自己喜欢买一部。多下来的钱给我好了。’我到书店一看,《二十四史》是一百八十元,《四部丛刊》缩印本是二百五十元。于是我懂得了，先生知道我穷，无力买这样的大书;如果买了送我，又怕我心里不安，所以用了合作点书的名义，让我不致太为难。其实，先生自己在经济上并不宽裕，因为不愿曲学阿世，五、六十年代只发表了两篇考证文章和校点了这部《诗义会通》，稿费收入之少可以想见;但《诗义会通》的稿费的大部分却都给我买书用去了。”

是年，仍讲授中国文学史先秦、两汉部分及专业课《诗经研究》《楚辞研究》。

陈四益《臆说前辈》:“那一年，蒋先生教我们先秦部分中国文学史。第一次授课时，他要全班学生每人写一篇履历。本来，教书育人，总得了解自己的学生，看简历不失为了解之一途。但我们那时却大不以为然——凭什么要我们的履历告诉一位‘资产阶级教授’? 一周过去了，没有一个人交。到第二周上课时，蒋先生用苍老颤抖的声音说:‘在我的箱子里，至今保存着我教过的历届学生的履历。我一直记得他们，他们也一直记得我……’他没有再催促我们，我们也再没有理会他。前几年回母校，路上遇到拄着拐杖的蒋先生。这时的他，不但声音，连走路也是颤抖的了。我向他问好，他也向我点头，那眼神却是茫然的——他不认得我了。望着他颤巍巍地远去，我突然想：要是我的履历也保存在他的箱子里，他的双眼可会那么茫然？”

不跟风，不媚俗。

陆键东《陈寅恪的最后20年》“第十七章 今生所剩无几日”：“1958年搞‘大跃进’，人人唱赞歌。在某次会议上轮到蒋天枢发言，蒋只说了‘你们说的都是吹牛皮的话’这么一句便拂袖而去，结果弄到中文系众老师要保他蒋天枢才能过了此险关。”

章培恒：“1958年‘大跃进’时，有关方面组织编写《近代学术论文集》一书。我写了一篇题为《王国维的文学思想》的文章。送蒋先生审阅。蒋先生看后说，这篇文章写得不好，不要拿出去发表。过了几年，蒋先生又和我谈到那篇文章，又叮嘱我，不要拿出去发表。我当然谨遵师命了。”（1990年3月9日座谈会上发言）

是年，先生填《履历表》，谈与陈寅恪先生的关系。

陆键东《陈寅恪的最后20年》“第五章 磨难终于启幕”：“1958年，蒋天枢在其《履历表》中“主要社会关系”一栏这样写道，‘陈寅恪，六十九岁，师生关系，无党派。生平最敬重之师长，常通信问业。此外，无重大社会关系，朋友很少，多久不通信。’”

夫人刘青莲到复旦民办小学任教务主任。

初识陈小从。

张求会《蒋天枢致陈小从未刊信札辑注》引陈小从对蒋1979年7月7日致陈小从信笺释：“此为与蒋老建立通讯关系之第一函。而在五八年前后曾见过两次，因访正就读复旦之美延妹，往蒋家一次，另次即函中所说他到虹口那次了。

注：以下蒋先生致陈小从信、陈小从释笺均引自张求会《蒋天枢致陈小从未刊信札辑注》（载《中国文化》第四十七期）。

【时事】3 月 10 日，时任中宣部副部长、中央政治局委员陈伯达在国务院科学规划委员会第五次会议上作《厚今薄古边干边学》报告。5 月 5—23 日，中共八届二次会议在北京举行，制定了“鼓足干劲，力争上游，多快好省”地建设社会主义的总路线，指出社会主义道路和资本主义道路的矛盾仍然是当前中国社会的主要矛盾。6 月 11 日，人民日报刊发郭沫若《关于厚今薄古问题》的通讯。8 月，中共中央政治局在北戴河举行会议，提出钢产比上年翻一番，达到 1070 万吨，作为实现“大跃进”的主要步骤。9 月 30 日，全国基本实现人民公社化。

一九五九年己亥　五十七岁

复旦大学中文系专任教授。

结合近年讲授《楚辞》和研究成果，辑成灰蓝皮排印本《楚辞新注》。

《楚辞论文集·引言》：“五十年代后期，余授专业课楚辞，成《楚辞新注》。”

7 月 1 日，作词《瑞鹤仙》，庆祝党七一生日。

《瑞鹤仙 庆祝党七一生日》：“三湘云鏖起。看火燃星星，春回大地。沈疴百年矣！叹西来风雨，折磨壮气。巨狮沈睡。待唤他，挺身雪耻。依然是，屹立华岳，灿烂辉光盖世。　　且记！红旗北指，万里长征，妖氛净洗。大业奠底。建国来，刮磨疮痏。喜万方跃进，新人新事，奇迹争传遐迩。最堪豪，卅八壮龄，芳华正炜！”

8 月，长女钟堉考入清华大学土木工程系。

刘青莲："秉南说，不是什么人都能学文，学理化的多，学好中文难。孩子选择学什么，由她自己，不可勉强。"（1990 年 3 月 9 日访谈）

9 月，作词庆祝国庆十周年。

林东海《师德风规——记蒋天枢先生》："国庆十周年，复旦大学对着国权路的老校门到 1200 号教学楼之间的路旁，墙报栏装饰得格外漂亮，上面有蒋先生亲笔誊抄的自己所作的词，内容是歌颂祖国，字迹瘦硬，正如其人，文辞清秀，笔端带情。我驻足读了许久，觉得是填词高手，写得好。当时没抄下来，将近半个世纪过去了，记忆中只留下模糊的印象，依稀记得词中有'雕星镂月'四字。所表现的魄力之壮大，似乎与先生清瘦的形容对不上号。不过确实有王国维所说的'境界'。"

10 月，复旦大学党委提出，社科各系要以办党校精神来办。在文科革命中，学生对每门课程进行彻底检查，认为是错误的东西就进行揭发批判。

上海博物馆迁河南路 16 号中汇大厦。文保委和博物馆合署办公，为培养年轻业务骨干，实行老师带学生"一对一"教学方式。其中书画组指导教师为蒋天格。

是年，陈寅恪先生托运大批书到复旦。

吴中杰《蒋天枢：不肯退风的独行者》："陈寅恪对这位学生也非常信任，在他目盲不能看书之后，就把许多书交给蒋先生。蒋先生家中放不下这些书，寄存在中文系办公室。记得 1959 年'大跃进'时岁月，别人都在忙于快速编书放卫星，蒋先生则几乎每个星期天都到系里整理陈寅恪的藏书。我当时借住在系办公室，常在一旁陪着聊天。蒋先生平时非常和气，但是，为了维护老师的学术威望，有时却难免动怒。有一次，他在路上见到我，老远就把我叫过去，板着面孔问道：‘《解放日报》上那篇文章是不是你写的？’我知道，他指的是那篇署名‘吴中’的批判王国维的文章。这篇文章是中文系五年级一个写作小组所写，他们将‘中五’二字倒过来，再将‘五’字谐音为‘吴’，变成‘吴中’这个笔名，遂使蒋先生误以为是我吴中杰所写，所以对我满脸怒气。我赶忙声明此文非我所为，并说明我近期正研究鲁迅，至今尚未写过论王国维的文章。蒋先生这才转露笑脸，说：‘那好，那好。’”

一九六〇年庚子　五十八岁

复旦大学中文系专任教授。

完成《楚辞新注导论》。

《楚辞论文集·引言》：“六〇年撰《楚辞新注导论》。”

《楚辞论文集·弁语》：“余之治楚辞，嗷饭教课之故，虽曾殚精劳思，实不自惬。在历史上，环绕屈原诸问题，公婆争辩是非。不量力而为之，世俗所谓‘捅马蜂窠’之举也。既陷足泥淖，不能自拔，倘所谓‘衣带渐宽终不悔，为伊消得人憔悴’‘众里寻他千百度，蓦回首，那人正在灯火阑珊处’者，是邪非邪？”

林东海《师德风规——记蒋天枢先生》：“蒋先生致力于楚辞研究，不过，并非从文学的角度去解读。而是从经学的角度去疏证。他开过楚辞课，并潜心校注楚辞。六十年代初，我在复旦读过他的《楚辞新注》初稿排印本（非正式出版物）。知道他确实下了不少功夫。譬如《招魂》一篇，学界大都认为是宋玉的作品，他经多方辩证，确认为屈原所撰。举司马迁在屈原传论所言‘读《离骚》《天问》《招魂》《哀郢》悲其志’，即定为屈原所作。复举明黄维章，清林云铭、蒋骥，晚清张裕钊、吴汝纶等，皆力主屈原所撰。又从内证推论，说：‘核之《招魂》篇首所寓托之隐意，与篇中‘象设君室’之语，‘酎饮尽欢乐先故’之义，以及乱辞中所托言之事，皆与宋玉身世不类，而为屈原寓托复国之情者。《招魂》为屈原作殆无可疑也。’他治楚辞继承了汉代的章句之学，也继承了清代乾嘉之学，有点像李贺诗所说的‘寻章摘句老雕虫’，搞了几十年，直到1989年底才由上海古籍出版社出版，易名为《楚辞校释》。他承汉学馀统，守着楚辞，终成一家之言。”

冬，刘青莲因身体原因退职。

一九六一年辛丑　五十九岁

复旦大学中文系专任教授，讲授中国文学史先秦、两汉部分，并讲授专业课《楚辞研究》《诗经研究》。

10月，谈大学生学好外语的重要性。

与钟墒信：“现在一般学生对学习外文，仅从自己业务上着眼，而没有把‘踏踏实实学好外语，为自己走上学术道路作好准备’来对待外文，因则对外语学习总处於被动，学得也就虚弱贫乏。”（1961年10月20日）

是年，关心青年教师和学生及经济困难生。

章培恒《〈陈寅恪先生编年事辑〉后记》：“又有一次是在‘三年自然灾害时期’。现在的青年大概已难于体会饥饿感的可怕和肉食的可贵，但当时经历过的人们却是很难忘怀的。一天傍晚，先生突然来到了我家，那时我住在市区的一条陋巷里，路既难走，楼梯又陡而暗，也不知先生是怎么找来的。来了以后，就让我一起到政协的文化俱乐部去吃饭，吃完饭又送了我二斤肉票。——当时的肉类是定量配给的，每月每人只有很少的一点；一般饭店里不仅没有荤菜，连素菜也很少。但后来对十四级以上的干部和三级以上的教授给予照顾，每月多供应三斤猪肉和发给文化俱乐部的十张餐卷，每张餐卷可供一人吃饭一次，有荤菜。先生来找我时，这种照顾制度刚实行。后来也常给我一些肉票。而当时先生一家四口，自己的生活极其艰苦。”

刘青莲：“秉南对学生当自己的孩子看，很关心家庭困难的学生，对吃不上饭的还私下给他们买饭菜票。一次洗衣服，发现他写的一张纸，记着这些东西。”（1990 年 3 月 1 日访谈）

陈美延：“我在复旦大学读书时，蒋先生、师母对我更是无微不至地关心照顾。有时真使我过意不去。经济困难时期，我在学校是根本不可能吃饱饭的，他们常叫我去家里补充营养。在他们大家也都是饿肚子时这样对待我，他们对我的种种关怀使我终生难忘。我现在却感到无以报答而常常自责。”（1990 年 9 月 16 日）

李振杰：“我自 1961 年于复旦毕业后，一直和蒋先生保持联系，多有书信往来，聆听先生的教诲……先生是一位令人敬佩的正直学者，治学极为严谨，不随流，不阿俗，对学生热情负责。这样的学者今日哪里去找！”（2018 年 8 月 23 日致朱浩熙）

一九六二年壬寅　六十岁

复旦大学中文系专任教授，为本科生授课，带研究生，治《楚辞》。

3 月，谈大学生如何做学问。

与钟堉信："注意逐步提高思考能力，学习得才能有效果。学问，是由点到面，再由面而加深点，逐步循环往复的过程。人一生的进步和发展，都是这一逐渐反复，又逐步深入的发展过程。在一般水平的基础上，起初，大都'是集中力量，突破一点，然后扩大缺口，向纵深发展的方法。是以知之不多到知之较多，到知之甚多，认识达到系统化的过程'。认识既经过实践而逐步洽熟、深入、透彻，知识才能是自己的。这时，才更能理解活学活用的道理。同时，这样的知识才能够'过得硬'。"（1962 年 3 月 27 日）

6 月，为陈寅恪先生治右腿骨折在沪寻医。

《编年事辑》"壬寅一九六二年"："夏六月十日，右腿骨跌折。住进中山二医院。因年老未动手术。当时枢曾建议请上海中医骨科专家治疗。先生不肯，致断腿终未能复原。"

《陈寅恪先生传》："一九六二年，夏六月初十日，右腿骨跌折，住进中山二医院。因年老未动手术。当时枢曾建议请上海中医骨科专家治疗，（时王子平、魏指薪最有名。曾亲闻魏言，常到外地给首长疗疾。）先生不肯，致断腿终未能复原。先生生平不信中医，在成都视网膜剥离时，如不动手术，倘获名医，服中药亦可奏效。一时手术之疏，致终身无复明之道，重可伤矣。"

夏，谈《古丰蒋氏族谱》续修。

朱耀斌：1962 年夏天，我还在上海轻工业学校教书，经常去复旦一舍看望伯父母，拉家常。蒋伯父讲了这样一件事：丰县蒋家给天枢伯写信，说要续修《古丰蒋氏族谱》，要他出钱，并提供家人资料。伯父说，族谱是家史，续修也应该，本无可厚非，但毛主席刚提出"千万不要忘记阶级斗争"，并要求"年年讲，月月讲，天天讲”。有人指修谱是阶级调和。看来现在修谱，甚非时宜。我不支持。族人来信说，不支持就开除。伯父说，开除也不支持。

注：1962年，徐州农村百姓修谱热。沛县燕牌坊有人续修燕氏修谱，主修人被逮。

8月3日，金毓黻在京病逝，时为北京大学文科研究所教授。
新学年，仍为本科新生讲授中国文学史先秦、两汉部分。

佚名《蒋天枢先生散记》：“大学一年级，蒋先生给我们上第一段中国文学史，——从先秦讲到两汉，第周六节课，为时一学年，是一门重头课。蒋先生在课堂上朗诵《诗经》《楚辞》原文，他的朗诵是传统的吟诵，有腔有调，有板有眼，微晃脑袋，令人陶醉。对于我们刚从中学出来未尝脱尽娃娃气的学生来说，觉得新奇、有味，有时忍不住想笑；但是蒋先生是十分严肃认真的，终于没有一个学生不循规蹈距地毕恭毕敬地听讲。蒋先生要求每位同学抄写一遍《离骚》，全班三十多个同学竟没有人敢不交这份作业，虽然背后不免嘀嘀咕咕发点牢骚。蒋先生在课堂上公开责备现在的学生不读书，甚至说出‘抢救一个算一个’的愤激话语，但是谁都知道他是在为中国的学术即将后继无人担心……蒋天枢先生是我们读书时三个穿长袍上课的先生之一，别两位是教语言学的吴文祺教授和教外国文学的伍蠡甫先生，吴先生潇洒豪放大大咧咧，伍先生华贵典雅孤傲凌然，和蒋天枢先生的严谨朴实大异其趣。”（2011年11月14日新浪博客）

注：不知佚名哪年入学，姑放此年下。

谈年轻一代要经过艰苦锻炼。

与张凤箴信：“你年龄大了，很知道一个青年应有的艰苦锻炼，这对你的人生观和身体都是有益的。我和你三舅都很高兴。你姐姐妹妹身体都很好，是在新社会中最好的本钱，只是不知道你弟弟怎样，假若太娇弱了，将来无论做什么都是吃亏的。盼你妈妈和你都要随时注意，在思想、营养、劳动和锻炼，都要给他以正确的指导。你现在当早已开始实习了。条件差是现实情况，只要抱着热诚、忠实、踏踏实实为人民服务的精神还是能有所贡献的。盼在现有条件下，多和旧人商量，了解环境情况，尤要有耐心和细心。”（1962年9月3日）

注：张凤箴，先生胞妹之子，时在徐州医学院读三年级。

是年，一九六〇年所撰《〈楚辞新注〉导论》发表于中华书局《中华文史论丛》第二辑。蒋天格《辨赵孟坚与赵孟頫的关系》一文发表於《文物》杂志第12期。

一九六三年癸卯　六十一岁

复旦大学中文系专任教授。讲授中国文学史先秦、两汉部分，讲授专业课《诗经研究》《楚辞研究》。

指导研究生学习。

林东海《师德风规——记蒋天枢先生》：“有一次，他告诉我：‘毛主席说过，你要知道梨子的滋味，就要亲口尝一下。那么，你要读懂这部书，就要亲手标点一遍。所以我让周镇吴同学标点《汉书》。’周镇吴是我的同班同学，从本科到研究生，一直在一起，情况当然很熟悉……小周治《汉书》，其师兄韩兆奇治《史记》，许德政治《诗经》，从蒋先生为学生指定的课题看，都在经史范围之内，其方法又偏于疏证，似乎在接续乾嘉统绪。”

陆键东《陈寅恪的最后20年》据1962年指导的研究生周明回忆：“直到六十年代带研究生，蒋天枢依然毫不通融地要求学生写字只能写繁体字，写简体字算错别字；读古籍只能读那种未标点断句的版本。蒋天枢一直强调，治学首先要从语言入手，从历史入手。这与当时的时尚距离颇大。”

注：周明，复旦中文系研究生，在校时名周镇吴。

同大学生谈理想与学习。

与钟堉信：“人类学习文化，主要：有一个正确的理想，一个不仅仅为自己生存而活着的理想。己身之外有祖国，祖国之外有人类，能对祖国对人类做出一些贡献，才是精神上最大的快乐。学习，包括各种学习，本是人生中最快乐的事情。‘快快乐乐学习’是对的，但如果有人认为：‘学得差不多就够了，何必这么苦自找罪受’，那他就是甘居中游的思想，同时，也可证明他还是个人主义，或者说：为个人生活而学习的态度。一个人光为吃饭而活着，是多么庸俗啊！知识欲强是好事。将来好好学中文、外文，是很重要的途径。同时，要把活的知识和书本知识结合起来，业务书要看，有水平的科学书、历史文学书，也要看。”（1963 年 4 月 17 日）

8 月，次女钟垣考入复旦大学生物系。
11 月，谈大学生继续深造。

与张凤箴信：“你留校，得有深造机会，很好！盼在老师指导下，精心钻研业务，提高思想水平，并对所学外国语，不断努力学习，期能牢固掌握它。我国外科手术近年进步异常快。解剖无论在理论或是实践中，都是一个医生最重要的基本训练，希望以加倍仔细愉快的心情从事知识和实践的探讨。只要自己肯努力，将来能到外地进修，将对你更有帮助。人的能成就与否，完全依靠自己。”（1963 年 11 月 17 日）

一九六四年甲辰　六十二岁

复旦大学中文系专任教授，带研究生。

5月初，寄书为陈寅恪先生七十五岁诞辰祝寿。

《编年事辑》“甲辰一九六四年”：“本年旧历五月十七日为先生七十五岁诞辰。先期，枢寄奉明袁褧刊本《世说新语》一书为寿。昔年先生由香港去昆明经滇越铁路时失去两大木箱书籍，其中有先生批注本《世说新语》多部，及其他批注书多种。故枢奉此书申祝。（此书先生身后不知下落。）”

5月29日，赴广州谒师。

《编年事辑》“甲辰一九六四年”：“寄书未几旋即请假赴粤，阳历五月二十九日下午抵广州站，师母挈小彭妹以车相迓。得以速至东南区一号楼上晋谒。时先生已能由两护士夹扶起立。惜不能再如往昔由师母陪同在校园内散步矣。聆诲之馀，师命小彭陪同游览市区及黄花冈、佛山市等地。六月十日，乘飞机返沪。记曾录得诗稿一册，归后遍觅不得，岂被窃欤？（忆上机时已有人注意及之。）夏，《钱柳因缘诗释证稿》初稿完成。后易名为《柳如是别传》。自草创至是已十年矣。”

李锦绣《圣籍神皋寄所思——读陈寅恪先生〈赠蒋秉南序〉》：“从蒋先生先期寄书为寿看，他事先尚无南下意，‘旋即请假赴粤’当是师命。蒋先生此行，实如陆键东在《陈寅恪的最后20年》所指出的，‘是陈寅恪向蒋天枢作了一生事业的生命之托，陈寅恪将晚年编订的著作整理出版全权授与蒋天枢’。时寅恪先生笺释钱柳初稿已完成，旧稿文集之整理已告一段落，‘拟就罪言盈百万，藏山付托不须辞’，此寅恪先生命蒋先生南来之目的。”

感人至深、穿越时光隧道的师生之谊。

《〈楚辞论文集〉弁语》："其后，再游羊城，师询所业，以楚辞对。语次，言及温公通鉴，师有'温公书不载屈原事'语，实以砭枢，不敢自明其衷曲也。"

陆键东《陈寅恪的最后20年》"第十七章 今生所剩无几日"："某日蒋天枢如约上门，刚好唐筼不在，没有人招呼蒋天枢，陈寅恪也不在意，就这样蒋天枢一直毕恭毕敬地站在陈寅恪的床边听着陈寅恪谈话。听了很久，也站了很久，蒋天枢一直没有坐下。'程门立雪'，说的是古代贤人事；病床前恭立聆诲，蒋天枢的'尊师'，使刚好在另一房间的黄萱极为感动。这是一种丝毫不需修饰的真情流露。在这个夏季，陈寅恪与唐筼将半生的'秘密'都付与了蒋天枢。""在漫长的十年时间里，蒋天枢为恩师献出了许多许多！他曾先后到过钱谦益与柳如是当年主要的活动地点苏州、吴江、嘉兴等地查访，为陈寅恪找到了不少有关'钱柳因缘'的材料。蒋天枢于陈寅恪晚年的意义，不仅是他给了陈寅恪一份浓浓的师生之情，而且他还使陈寅恪在坚守'独立之精神'的士人气节上，无限欣慰地感到'吾道不孤'！"

陈寅恪先生的生命托付。

与周扬同志信："一九六四年夏，我曾到广州看望陈师，师当面嘱我，他身后给他整理稿件，以故家属把收回的稿件都寄给我。"（1978年1月）

查志华《一个品格高尚的学者——记复旦大学中文系蒋天枢教授》："蒋天枢教授说：'我最后一次见到陈先生，是在六四年夏天。那时他不慎摔伤腿骨。就是那一次，他嘱咐我，将来为他编一套文集。想不到，一别竟成为永诀。悠忽蹉跎，光阴似流水消逝。粉碎

‘四人帮’后，差不多在陈先生逝世十周年之际，才得以实现老师的嘱托，了却自己的心愿，将《陈寅恪文集》编成，而我自己也已经老了。’”

陆键东《陈寅恪的最后20年》：“事实上五、六月间蒋天枢在恩师病榻旁‘面聆教诲’，是陈寅恪向蒋天枢作了一生事业的‘生命之托’。陈寅恪将晚年编订的著作整理出版全权授与蒋天枢。”

陈寅恪先生赋诗三首相赠。

《甲辰四月赠蒋秉南教授》：“音候殷勤念及门，远来问疾感相存。郑王自有千秋在，尊酒惭难与共论。君於《诗经》《楚辞》皆有论著，惜寅恪於此未尝深研，故不能有所补益也。　　草间偷活欲何为，圣籍神皋寄所思。拟就罪言盈百万，藏山付托不须辞。　　俗学阿时似楚咻，可怜无力障东流。河汾洛社同邱貉，此恨绵绵死未休。（一九六四年六月）”

陈先生撰《赠蒋秉南序》一文，以重其行。

《赠蒋秉南序》：“清光绪之季年，寅恪家居白下，一日偶检架上旧书，见有易堂九子集，取而读之，不甚喜其文，唯深羡其事。以为魏丘诸子值明清嬗蜕之际，犹能兄弟戚友保聚一地，相与从容讲文论学于乾撼坤岌之际，不谓为天下之至乐大幸，不可也。当读是集时，朝野尚称苟安，寅恪独怀辛有索靖之忧，果未及十稔，神州沸腾，寰宇纷扰。寅恪亦以求学之故，奔走东西洋数万里，终无所成。凡历数十年，遭逢世界大战者二，内战更不胜计。其后失明膑足，栖身岭表，已奄奄垂死，将就木矣。默念平生固未尝侮食自矜，曲学阿世，似可告慰友朋。至若追踪昔贤，幽居疏属之南，汾水之曲，守先哲之遗范，托末契于后生者，则有如方丈蓬莱，渺不可即，徒寄之梦寐，存乎遐想而已。呜呼！此岂寅恪少时所自待及异日他人所望于寅恪者哉？虽然，欧阳永叔少学韩昌黎之文，晚撰五代史记，作义儿冯道诸传，贬斥势利，尊崇气节，遂一匡五代之浇漓，返之淳正。故天水一朝之文化，竟为我民族遗留之瑰宝。孰谓空文于治道学术无禅益耶？蒋子秉南远来问疾，聊师古人朋友赠言之意，草此奉贻，庶可共相策勉云尔。甲辰夏五七十五叟陈寅恪书于广州金明馆。”

李锦绣《圣籍神皋寄所思——读陈寅恪先生〈赠蒋秉南序〉》：“1964年为‘文革’的前二年，虽尚未形成山雨欲来风满楼之势，以寅恪先生对历史的敏锐观察与深切感知，当时先生一定怀有‘辛有索靖之忧’。在预见大难将临之时，寅恪先生最关心的是中华民族的历史文化，最忧虑的是如何将传统文化在乾坤震荡时保存下去。寅恪先生撰《赠蒋秉南序》，虽以蒋秉南命名，实则不只赠蒋先生一人，而是赠给当世后世所有对中国历史文化惜之若命的志士仁人。寅恪先生托命于后世的，不只是他的著作，更重要的是他的、也是我华夏民族得以延绵一脉的精神，即‘独立之精神，自由之思想’。”

6月10日，回到上海。

8月，因中华书局《文史论丛》编辑部转示谭优学《楚辞新注质疑》一文，写成《楚辞新注导论二》初稿。

一九六五年乙巳　六十三岁

复旦大学中文系专任教授，带研究生。

5月，与大学生谈立志与成才。

与钟堉信：“人要希望一生能有些成就，没有什么秘诀，主要在有志，能持之以恒。假若一个人肯将一生精力贡献给国家和人民的事业，而没有什么名利思想参杂其间，这不能算是个人主义。记得我十几岁时，碰到几位同学，年纪轻轻的，但学业上已很有基础，我当时自愧远远落在人后。但后来有的人并没能有什么成就；有的人到现在也还是'依然故我'，思想上、知识上都不曾起大的变化。可见人的有无成就，主要依靠自己。不断革命的思想是在人生实际斗争锻炼中逐步建立起来的。"（1965 年 5 月 30 日）

9 月，长女钟埥于清华大学土木建筑系建筑学专业毕业，分配到第四机械工业部第十设计院工作，为技术员。

是年，继续研究《楚辞》，写成《汉人论述屈原中的一些问题》《论楚辞章句》。

【时事】1 月 14 日，中共中央制定《农村社会主义教育运动中目前提出的一些问题》（即《二十三条》），提出运动的重点"是整党内那些走资本主义的当权派"。9 月 18 日～10 月 12 日，毛泽东在中共中央工作会议上提出"如果中央出了修正主义，你们怎么办"的问题，对政治形势看得极为严重。11 月 10 日，上海《文汇报》发表姚文元《评新编历史剧〈海瑞罢官〉》一文，由江青、张春桥等共同设计，对吴晗进行政治诬陷，为"文化大革命"制造舆论。

一九六六年丙午　六十四岁

复旦大学中文系任教，带研究生。

6 月 3 日，复旦大学宣布"停课闹革命"。

6 月 4 日起，复旦大学校园里出现揭批周予同、周谷城等著名教授的大字报。

8 月 5 日，复旦大学校园里刮起一股"斗鬼风"，三天之内，几十名专家、教授和领导干部惨遭揪斗，副校长陈传纲等被迫害致死。破四旧、抄家风渐炽。

王斌（复旦中文系63级）：“‘文化大革命’初起，课也停了。‘革命师生’批斗当权派和学术权威，校园里贴满了的大字报。蒋天枢教授就基本不出头露面了。有一天晚上，看到他穿着一身白衣，在大字报栏前浏览。”（1988年7月访谈）

9月初，红卫兵“破四旧”波及先生之家。

《编年事辑》文末：“先生到广州后，多年给我的信，都在‘文革’期间（红卫兵之威虐下）荡然无存。故於卷下遂一无凭藉。”

《楚辞论文集·引言》：“初尚有《论楚辞》一文（论隋唐前楚辞旧本），惜仅存草稿首页，殆往年骚动时失之。”

与朱子方信：“我处本来存有陈先生信及失明后到广州以后的信若干封，连同信封都保存着。在‘文化大革命’中皆被红卫兵拿去烧掉了。如其能保存下来，我写的《陈寅恪先生编年事辑》，何至到广州后一段生活，一无材料凭藉？每想及，辄痛恨万分！”（1987年2月）

与朱浩熙信：“最可惜的是，丰县县里和县立高中的线装书，全在‘文化大革命’里烧光了。我曾捐给县立高中不少线装书（存放在亲戚家中的），也同遭厄运。”（1983年5月22日）

章培恒《〈陈寅恪先生编年事辑〉后记》：“我常常为自己没有好好做学问、辜负了先生的期望而惭愧，但我也深切体会到，如果没有先生的这种严格而高度科学性的指导，我是跨不进中国古代文学研究的门槛的。然而，这在先生却是承担着风险的。我后来知道：先生的这种指导方式被认为是‘少、慢、差、费’的方式，属于封、资、修的范畴，在‘文革’期间还曾被迫做过检讨。幸而先生没有历史问题，否则日子会更不好过。”

陈正宏《蒋天枢先生与〈陈寅恪文集〉》：“1966年，史无前例的‘文化大革命’开始，蒋先生在复旦大学受到红卫兵的冲击，与陈先生的联系中断。该年9月初，红卫兵以取缔‘四旧’为名，逼迫蒋先生交出有关书籍文稿。在万般无奈的情况下，先生交出了一批‘四旧’书籍以及数十张心爱的京剧唱片。但是，对于陈先生托付的著作文稿，则护若生命，妥为收藏。”

是年，蒋天格在《文物》杂志第二期发表《〈司马光宁州帖〉小识》一文。

【时事】2月7日，以彭真为组长的文化革命五人小组向中共中央提出《关于当前学术讨论的汇报提纲》，试图对学术讨论中“左”的倾向加以限制，指出：要坚持“在真理面前人人平等的原则，要以理服人，不要像学阀一样武断和以势压人”。3月8日，河北邢台地震。4月18日，《解放军报》发表社论《高举毛泽东思想伟大红旗积极参加社会主义“文化大革命”》。5月8日，《解放军报》发表署名高炬的文章《向反党反社会主义的黑线开火》，《光明日报》发表和署名何明的文章《擦亮眼睛，辨别真假》，对邓拓及《前线》《北京日报》《三家村札记》《燕山夜话》进行诬陷性攻击；16日，中共中央政治局扩大会议通过毛泽东主持制定的《五·一六通知》，撤销《二月提纲》，撤销原“文化革命五人小组”；28日，中央文化革命小组成立，组长陈伯达，顾问康生，副组长江青、张春桥等，成为“文化大革命”的实际指挥机构。6月1日，《人民日报》刊登北京大学聂元梓等七人5月25日贴出的诬陷北大党委和北京市委的大字报，并发表社论《横扫一切牛鬼蛇神》；3日，中共中央改组中共北京市委。新市委改组北京大学党委，撤销陆平、彭佩云的一切职务；12日，中共中央在刘少奇、邓小平主持下，决定向北京市大、中学校派出工作组，各省、市也纷纷效仿。8 月 1 日，毛泽东写信给清华附中的红卫兵，支持他们的造反行动。全国红卫兵运动兴起。学生红卫兵全国大串联，煽风点火。

一九六七年丁未　六十五岁

在复旦大学。“停课闹革命”。

春，胞弟蒋天格乍浦路寓所服药自杀。

刘青莲：“天格在上海博物馆工作。在北平读辅仁大学时，谈过一个女朋友。两人感情很深，但因为女方父母亲认为，信仰不同不结婚，事情就吹了。天格恋旧情，多年不愿谈恋爱，一人单身。每到过年，他年初二都到复旦来，和我们团聚。可是，1967 年年初二，一等二等，他并没来。当时，上海刮“一月风暴”夺权，到处乱哄哄的，联系也不方便。过了些天，一个人来家通知，说“蒋天格畏罪自杀了”，让去料理后事。秉南当时就勃然大怒，厉声质问：‘蒋天格有何罪之畏？’来人无言可对，灰溜溜地走了。我和秉南便匆匆赶往天格的住处。当时，天格住乍浦路六楼上，一个比较大的房间。到那里时，房门业已打开，门外还有人站着，屋里被翻得乱七八糟，显然被抄过家了。天格躺在床上，脸色就像睡着的一样。桌上有个药瓶，下面压着遗书，说对不起哥嫂，留有四百块钱，让汇给老毛姐，‘人有德于我，忘之不义’之类的话。老毛姐是母亲出嫁带过来的，21 岁守寡，终身未嫁。秉南兄妹几人，都由老毛姐照顾长大，所以，彼此关系密切，视同家人。此后连续多天，我们去清理东西，发现珍贵的书籍、字画已被洗劫一空。”（1990 年 3 月 1 日访谈）

注：蒋天格去世具体日期仅据家人回忆，一说在四五月。

4 月起，先生外出奔波，调查天格死因和被抄家事。

刘青莲："天格为什么自杀？怎么死的？谁抄的家？抄的东西哪里去了？人死了，不能不明不白，背个'畏罪自杀'的罪名，家也被抄了。秉南一定要弄个明白，料理完天格的后事，便天天出门，找天格的同事，博物馆的人，进行调查。天天出门，早出晚归，很是辛苦。当时，钟垣在复旦上学，课也停了，爷俩一起出去。通过调查，天格还不是吃那瓶药死的，那种药服下去身上发紫，可天格脸色正常，推测服的是安眠药。天格的房门怎么开的？据乍浦路六楼邻居讲，他们听家中小孩说几天没见蒋伯伯了，便打电话给博物馆。博物馆来人敲门不开，便从门上摇头窗翻进去，看到人已死，把许多东西运走了。"（1990 年 3 月 1 日访谈）

8 月，复旦一舍 11 号一楼被人占住，与项姓工人一家合用一楼厨房。
9 月底，基本查清蒋天格是为殉情而死。

刘青莲谈："秉南天天早出晚归，多方找人调查，事情总算有了眉目。天格自杀是为一个女人，是殉情死的。他与钟某某谈了十几年恋爱。钟父是屠户，钟姊妹多，家里困难，开始说母亲不同意，说女儿结婚就自杀，但又不跟天格散，长期拍拖，诳骗天格的钱财。他们多次到复旦 11 号做客。陈先生寄书来，天格还带钟某某来帮助整理书籍。一次天格来家，秉南很生气，郑重地告诫他：'天格，你不要糊涂，以我的观察，这个女人不会和你结婚的，还不趁早决断！'天格听了，沉默半晌，说：'二哥，我不以为然。'一次，馆里组织劳动，天格听一位工人师傅说，钟在外面找了人，很快就要结婚了。他开始不信，后来得到证实，认为感情受到欺骗，没脸见人，才殉情而死。人死后，博物馆接到电话，钟某勾结赵某，来到

天格的住处，把东西洗劫一空。”（1990 年 3 月 1 日访谈）

朱子方《忆舅父蒋天枢先生》：“到上海博物馆工作后，有一年轻女解说员，聪明伶俐，三舅很喜欢她，两个相处甚好。但此人是屠户的女儿，家中姊妹较多，生活比较困难，与三舅相处，不过有所贪图，并不真心爱他。在‘文化大革命’前的一个夏季，上海博物馆组织业务人员来沈阳博物馆参观学习，三舅和这个女人也来了。一天，我请三舅到家里吃饭，宪英要给三舅在沈阳介绍女友，三舅说：‘两地相距恁远，怎么能行！’其时，他正处在与此女的热恋中。我们并不知晓。”

朱子方：“二舅在 1969 年末给我的信中，对三舅自杀过程并未详写，只是把那个‘杀猪’的女儿臭骂了一通。”（1969 年 9 月 17 日致朱浩熙）

10 月，患血小板减少病，住长海医院治疗。

刘青莲：“10 月的一天，先生外出回家，非常疲劳，吃过晚饭，想洗个澡，早睡，但在洗澡时，不慎把大腿上的一个小疙瘩搓破，血流不止，当晚就送进长海医院。医生经过检查诊断，认为是病菌感染导致血小板减少，应立即住院治疗。院里正打派仗。值班医生听说患者是大学教授，又说不收治牛鬼蛇神。如果是革命群众，须单位开证明信才行。无奈，当夜返回家中。第二天，钟垣为开证明，跑来跑去，像发疯似的，到处找人，嚷嚷：‘我爸爸不是牛鬼蛇神！’最后，学校给开了证明，这才住进医院。一段时间，医生用云南白药治疗。住院期间，全由我和钟垣护理，长女钟堉多次请假来沪，到医院陪侍。”（1990 年 3 月 1 日访谈）

【时事】1 月 6 日，在张春桥、姚文元策划下，以王洪文为首的造反派篡夺上海党政大权，刮起“一月风暴”。2 月 5 日，上海造反派夺权后，成立

“上海人民公社”，后更名“上海市革命委员会”。7 月，中央文革小组组长江青提出“文攻武卫”，煽动武斗。

一九六八年戊申　六十六岁

全年在医院中度过，一度病危。

1 月 3 日，复旦大学造反有理串联会责令副教授以上人员自动减薪。25 日，校革委会成立。

上半年，医生用云南白药治疗，无明显效果。

8 月，上厕所跌倒，身上摔破几处，流血不止。病情转重。医院下《病危通知书》。

刘青莲：“秉南一天上厕所，不慎摔倒，身上多处摔破，流血不止，血小板急剧下降。医院下了《病危通知书》，并在床尾挂了病危的牌子。大女儿又离京来沪照顾。钟垣用轮椅推着爸爸去做检查时，经过那个床尾，唯恐爸爸看到受刺激，总是快推几步。用白药止血无效，医院又改用红外线照射，渐渐有了效果。后来，又找人看中医，吃了很长时间中药：阿胶、鸡内金等。血小板才止住下降，但回升得很慢。”（1990 年 3 月 1 日访谈）

朱子方：“治血小板减少，需要阿胶。上海没有，写信叫我在沈阳买。当时，我不在沈阳，在盘锦干校。宪英当时也是牛鬼蛇神，在医院劳动，没有行动自由，家中还有几个孩子要她照顾。接信以后，她只有抽中午休息时间，偷偷跑到街上买了寄去。”（1997 年 9 月 15 日致朱浩熙）

12 月，病情出现反复。

与钟埴信：“前些时血小板又降低，医生已把可的松从一片恢复到接班时的六片。激素药针也恢复成隔日一次。现在血小板约五万多一点，这是医生吞吞吐吐地告诉我的。病历卡中她既不登记一个月来血小板检查情况，也不把检查员的报告单放在里面，不知是何用意。前些时的血小板突然从三万升到十万、十二万，很多地方值得怀疑，详情不必多给你讲了。我现在并不希望升到十三四万的正常状态，只希望能升到八九万之间，并稳定下来，就可以出院。（八万到最低是危险阶段）看样子，六八年难於出院了，希望能在一月份，最迟在春节前。”（1968 年 12 月 31 日）

12 月，与长女谈择偶问题。

与钟堉信：“（关于个人问题）我和妈妈都认为，现仍处在清理阶级队伍过程中，不宜急急此事。人家说什么‘挑’，也不必介意。爸的意思，能在二十七八岁时候解决，即不算晚。爸和你的看法有和你有不同的地方，也在这告诉你。照你所说，像那样讨多数人欢喜的聪明外露者，我向来不大喜欢。结成伴侣最可靠的是平平常常的坦白正直、忠诚可信托。并不必定需要什么知识面广。”（1968 年 12 月 31 日）

12 月，次女蒋钟垣从复旦大学生物系毕业，被派往湖南军垦农场劳动锻炼，后分配到湖南长沙轻工研究所工作。

是年，朱子方下放朝阳盘锦干校劳动。

一九六九年己酉　六十七岁

住院。出院后居家养病。

1 月，病情趋于稳定。

与蒋钟堉信：“前天医生给我讲：我的血小板五万一千。（前两星期对我讲，好像说是六万二千。再下一星期说：与上次差不多。这次五万一千，却又说‘很稳定。’很久以来，我从没向他作过任何表示。）又说：她近曾和李大夫谈过：以我的年龄，目前能在这种情况下稳定下来，就算不错了。（她已不再提亲自向我讲过的几次‘曾升到九万，升到十二万，又降到过十万，降到九万’这些话了。）现在说这话是什么意思，我还不很理解。她又开始给我减药，激素针从加到每天一针，又减到隔天一针，但她叫护士打的量是每针五十毫克，从前李大夫打的是二十五毫克，实际上是和她接班时一样的。可见她在减药又加药时对於血小板急剧下降的态度。可的松也每天从六片减到五片。另外还吃两种中药片。中药是左归丸和复方胎盘片。医生说，都是帮助血小板升高的。阿胶也打算出院后不吃西药才再吃。跌跤并没发生危及骨的现象，不要挂念。只是有时头晕，重些时自己也不知道。平时到厕所很留心。”（1969 年 1 月 3 日）

4 月，出院回家调养。

6 月，表侄朱耀斌于北师大化学系电化学研究生毕业，回上海轻工业学校工作，常来家中长谈，并通过家乡，为先生购鸡内金等中药。

8 月，身体稍好，即重操旧业。

《〈后汉书·王逸传〉考释》，文末附注：“一九六九年八月，修改旧稿讫，余昔与老友刘盼遂约，为此文。不谓文成时盼遂已遭此难，伤哉！”此文 1981 年发表于《中华历史文献研究集刊》第二辑。

注：刘盼遂（1896—1966 年 8 月），河南息县人，1925 年以一甲名次考入清华国学研究院，师从王国维、梁启超、陈寅恪先生，古典文学专家、古典文献学家、语言学家，北师大教授，1966 年 8 月与妻子被红卫兵批斗致死。

10月7日，陈寅恪先生被迫害致死。

《编年事辑》“己酉 一九六九年”：“阳历十月七日（依陈垣《二十史朔闰表》推算，为旧历己酉年八月二十六日乙卯）晨五时半，先生逝世。十月十一日，师母命美延写信给我，约略如下：‘父亲於本月七日晨五时病逝。校革委会和省革委会都有同志（即派人之意）前来慰问母亲。母亲现重病卧床，嘱我写这封信给您。我自己因小孩病，由英德茶场干校回广州，恰好遇上此事。二姐小彭也在英德干校，已由校革委会通知其返广州，十号回来。在四川的大姐流求，也打电报去了，但她们干校在西昌，不知能否收到电报。我们希望大姐能赶到才安葬。留尸至十六号，如大姐赶不到，也将於十六日火葬。我们现在的住址是西南区五十号。一九六九年十月十一日。’”

11月21日，师母唐筼逝世。

《编年事辑》“己酉 一九六九年”：“又，十二月二十八日（陈美延）来信如下：‘今天收到您十二月五日来信。由于一直没收到您的回信，所以没再写信给您。这两个月来，我们家庭来说，变故实在太大。十月七日早五时半，父亲由于心力衰竭，又突然暴发肠梗阻、肠麻痹，不能救治，病逝。（事后，曾登《南方日报》，报纸另付邮寄上）。母亲自父亲去世后，病不能起。日渐沉重。流求姐和小彭姐回来探亲，相继返回干校。不久，母亲即因脑出血、高血压、心脏病等，抢救无效，於十一月二十一日（旧历十月十二日庚子）晚八时半病逝。组织照顾我便于给小孩治病，留在化学系工作。回广州不久，父母相继去世。两位老人去世时，我都在跟前。母亲去世时，小彭姐又请假返广州料理几天，即又返英德干校了。流求姐则因刚返四川干校，不能再请假回来。现在父母皆已火葬，并将两个骨灰箱安放在一起，寄存在广州火葬场。'"“枢於一九六八年八月，患重病几死。至一九六九年四月才出医院。恐师挂念，未敢倩人代作书相闻。初未料及师遭遇如此。师母曾在病中於十一月十一日（先生十六日火葬）命美延写信告我。由於师母怕我也搬家，把信寄到系里，扣压到十二月五日信才送到我手。虽立即回信，师母已看不到了。痛哉！如我能及时收到来信，虽病体未能去广州，师母尚可将《寒柳堂记梦未定稿》寄给我，或不至终於佚失。”

冬，朱子方携家到辽宁省北票县农村插队落户。

朱子方《忆舅父蒋天枢先生》：“1969年冬季，我离开干校，携家到北票县桃花吐公社林四家大队插队落户后，写信给二舅，告诉他我们下乡的情况。他才写了一封长信，谈了三舅惨死和他调查、患病情况。”（1969年9月15日）

一九七〇年庚戌　六十八岁

在复旦大学居家养病。

1月，高亨先生迁京，在国务院文化组出版组工作。

高亨来信：“我于春节前迁到和平里，一切均平安。在毛主席与中央文革首长的殷切关怀下，在北京市革委会的特别照顾和安排下，我家于六月底把户口迁来北京，将长住首都，长在毛主席身边，感到莫大的幸福。国务院成立一个文化组，由吴德、刘贤权同志领导；文化组成立一个出版组，设在人民出版社。中央文革派我到出版组工作，又特别照顾，不叫去上班，只是在家里搞研究工作。工资仍在山东大学领取。”并说：“我在1963年冬来京开会，中央交给我一件撰写任务，即为易传作注，我定名为《周易大传今注》。1966 年春节写出初稿……我近两月间，即正修正这部拙著，每天至少工作六小时。”（1970 年 11 月 12 日）

5 月 3 日，长女钟堉与吕开盛结婚。

吕开盛：“我是四川省资中县（现属内江市）人，1942 年 7 月 5 日（阴历）生，1964 年 7 月由重庆建筑工程学院供热供煤气及通风专业毕业，分配在第四机械工业部第十设计院工作（八十年代改名电子工业部第十设计院，对外称中国电子工程设计院），从事暖通空调设计工作。钟堉是 1942 年 5 月 7 日（阴历）生，1965 年 7 月由清华大学建筑学专业毕业，分配来院工作。在院相识后，1968 年相爱，1969 年确定关系，1970 年 5 月 3 日在北京结婚。当时的军管会、革委会领导，在京的同事、亲友参加了婚礼。我们的结合是‘文化大革命’的结果，有当时的时代背景和环境条件。我们既遵从又背离了‘文化大革命’的恋爱观、价值观，完全是相互志愿的结合……我是在结婚后，1970 年 9 月去上海与岳父母见面的。”（1997 年 3 月 16 日致朱浩熙）

11 月，就高亨《周易古经今注》提出商榷。

高亨来信：“弟解放前所写的《周易古经今注》——开明书店出版之本稍有不同。毛主席曾看过开明本，而过分予以赞扬。我兄为弟之《周易古经今注》提出意见，弟极为欢迎！极为欢迎！您的客气话是不必要的。书尚未寄到，寄到后，将仔细玩味，作为宝贵的意见，收入拙作之中。”（1970 年 11 月 24 日）

一九七一年辛亥　六十九岁

在复旦大学居家养病，不时到医院就诊。

1月，就中华书局搁置陈寅恪先生《金明馆丛稿初编》一事，致信高亨，请关照陈先生遗著出版事。

高亨来信："陈先生博通各国文字，精通祖国历史，弟深知之，亦最敬之……解放后，党与政府百般照顾，特为之修居宅，筑花圃，以利养疴。新中国对陈先生可谓厚矣。至于所著《金明馆丛稿初编》，中华书局搁置之不予出版，当有其故。弟尝闻之，书局要改书中必须改之某某文句，而陈先生坚持不肯。吾兄参与其事，亦不敢代为改正。不知是否如此。如果然，则无怪其不为之出版也。陈先生以一代罕有之学者，而未能多培养人才，多留下著述，多为祖国工作，多做出贡献，至为可惜！关于其遗著一事，请兄以所知见告，弟拟向中华书局一询，如可能促其出版，当尽力一试也。"（1971年1月24日）

9月8日，长女钟埔生子海川。

吕开盛："1971年9月8日，海川在上海出生。我当时在河南驻马店干校，10月份我去上海，并接钟埔、海川回北京。"（1997年3月16日致朱浩熙）

12月初，将周易校勘札记三册寄高亨。

高亨来信："手书及书三册均已收到，谢谢。……盖弟对于校书素无耐心，以'勘而不校'自许，此极大之短处也。今吾兄以校勘之成果相示，有助益于此工作，有所采录，又增入一家之说，岂不快哉！"（1971年12月11日）"您校周易的札记，我看过一遍，以后再细细玩味。蒙您热心帮助，感谢之至……从您寄来的书和札记看来，您对于周易下过很多功夫，不知您抱的什么目的？如写一本周易校记，也很好。”（1971 年 12 月 24 日）

一九七二年壬子　七十岁

在复旦大学居家养病，不时到医院就诊、体检，血小板恢复到每立方毫米六七万个。

1 月，乘表侄朱耀斌自沪赴京探亲之机，以《钦定史记》《汉书》及先秦诸子数十部古籍版本赠浩熙，嘱莫废学业。曾以读《史记》疑难请教，每信必复，以练习册纸详细解答，字迹密密麻麻，往往一二十页。

5 月，次女钟垣与杨国琛结婚，二人为复旦生物系同学，同在湖南轻工研究所工作。

5 月中旬，笔者因公赴沪，第一次到复旦一舍看望先生。

在沪期间，先生言及乡人文学成就，说徐州人历史上文学成就较大的要数阎尔梅（古古），并说朱察卿的学问也很好。谈到《金瓶梅》点评者张竹坡是徐州人，先生说：“《金瓶梅》写得很好，可以看看。”

10 月，外孙海川来沪，随外公外婆生活。

吕开盛：“1972 年海川到上海后，他通过钟墒提出要认海川为孙子，我理解两位老人的心愿，接受了这个要求，并在户口簿上加报上蒋海川的别名。海川上学时也曾多年填用蒋海川的名字。”（1979 年 3 月 16 日致朱浩熙）

是年，断断续续整理研究《楚辞》《诗经》旧稿。

一九七三年癸丑　七十一岁

在复旦大学，一边养病，一边工作。

年初，校订由复旦大学中文、历史两系教师合作的《天问天对注》，11月由上海人民出版社出版。

浩熙再次赴沪时，曾闻先生感慨：校订《天问天对注》时，下了很大工夫，几乎从头来过。

1月，与高亨先生开展学术研究论争。

高亨来信：“您对我敢于大胆抛弃旧说，颇不谓然。我本不想为自己辩解，但转而一想，这是一个学术路线问题，不能不和你谈谈……决不迷信古人的注释。自知作得不好是有的；言之无据，是没有的。我是偏于创新。我看您是偏于保守。您首先肯定‘旧说中有传统的依据’……我们不在一起，忽焉几十年了。几十年间，您没有什么著作出版。以您的学力，教学余暇，应该写出一些东西，供人家参考，而竟不然。我常觉得奇怪。是不是您偏于保守呢？是不是您有点迷信古人呢？是不是因为您没有完全跳出封建学术的窠臼呢？你年老多病，一定还要为人民多提供力量。想撰写什么呢？以我远在千里之外的观察，您不要再搞诗经、楚辞了，做一个封建学术的卫道者，是不合时代需要的。（恕我直言。我只有对您，才肯直言。）”（1973年1月30日）

2月，寄高亨《楚辞新注》排印本，与之进行学术论争。

高亨来信：“我们在信中谈谈学术问题，彼此都有好处。研究古代学术最重要的是路线问题，有封建主义的研究路线，有资本主义的研究路线，有社会主义的研究路线。我们研究一种学术，或一种古书，或写一篇论文，都要辩清走什么路线。您又谈到《关雎》篇。毛诗序只是说‘关雎，后妃之德也。’朱熹才说到文王之妃如人氏。您却想执笔写成论文，证明朱说的正确，这不是为封建社会学者张目吗？如果您的说法有充分的依据，也是好的。”“大作《楚辞新注》，我看过一遍。书中内容，我记不得了。我的印象是有维护旧说之处，有无这种倾向……老秉，我看您走上保守复古的道路了。我深知您的个性，固执而不善变。固执也要一分为二，固执地走正确路线，是极好的；固执地走错误路线，是极坏的。您客观地想一想，究竟走的是什么路线！”“陈寅恪先生那句诗真好！对您来说，是有惋惜的意味，也有鼓励的意味。我这些年来也觉得奇怪，您的学力那么坚强，而竟无所表现，岂非奇怪！现在我认为您就是走错了研究路线。您所谈客观原因，自是事实，不容否认；但是主观努力，必不可少。您搞保守复古那一套，即或写出东西，也不足问世。您年岁已老，身体又病弱，不能再走老路了，不要再固执了，哪可在学术上自我碰壁呢？”（1973 年 2 月 13 日）

5 月 21 日，长女钟堉在京生女海春。

吕开盛：“1973 年 5 月 21 日，海春在北京医学院妇产医院出生。我和母亲都在北京。生海春时，由于医生疏忽，引产时使胎盘破裂，剩余小块未剥离尽而导致产后大出血、发高烧，经及时抢救并大量输血（输血量达 2000cc）而留下病根。”“海春的名字是托蒋先生取的，古时北京称春明，故北京、上海两地取为海春，又含春来之意。”（1979 年 3 月 16 日致朱浩熙）

朱子方《忆舅父蒋天枢先生》：“1973 年夏季，我们已由农村迁到朝阳市内，突然接到二舅电报，说钟堉病，叫速去北京。我和宪英当晚即乘火车，经锦州转车赴京，第二天雨中到达，全身都被淋湿了。钟堉因为生产，大量出血不止，十分危险，经医生抢救，大量输血，才转危为安。我们到时，她已出院，回到家中。我们在她家住了几天，看到她已经没有危险，才回朝阳。”

5 月，次女钟垣在沪生子杨荫华。

浩熙因公赴沪，见到钟垣。两日后再到复旦，钟垣已住院生产。

9 月下旬，先生与夫人刘青莲赴京看望长女，会见唐兰、高亨等老朋友，在京亲友和昔年学生。

吕开盛：“1973 年 9 月，岳父、岳母来北京住一个多月，离京前全家在饭店宴请过几位复旦的学生。”“唐先生是故宫博物院副院长，著名的金石学家。1973 年蒋先生来北京时去他家拜访过。唐先生回看，在家里吃午饭。”“蒋先生 1973 年来京时，在高亨先生家短住三天。”（1997 年 3 月 16 日致朱浩熙）

朱子方：“1973 年我还在朝阳，舅父母一同去北京，我和洪军也去了。我们一同到故宫博物院去看唐先生，在唐先生带领下参观了故宫，在故宫照了几张合影。我们还和舅父母游览了颐和园。”（1997 年 10 月 22 日致朱浩熙）

林东海《师德风规——记蒋天枢先生》：“1973 年 10 月，蒋先生到北京看望女儿，住在女儿家。17 日，我到万寿路他的住处去拜访。在那年代，做学问是谈不上了，只能聊些家常。他身体衰弱，也不能久谈。告别时，他坚持要送我，一直送到大街。大街边，堆土如山，正开膛修地铁。我们师生俩又在松树下，土堆边，站立许久。一阵寒风吹来，飘起他稀疏的头发，显得苍老多了。‘学校要是没有事，干脆移居北京算了。北京环境还可以，和女儿在一起也有个照应，许德政等同学和我也都在北京，可以经常来看看。’把学问置之度外，我这样提议，不是没道理的。他听了，抬头望天，半晌才说：‘我再考虑考虑，也许你说得对。’不久他就回上海了。”

在京时，与高亨先生曾谈调京事。高极表赞成，并嘱其给中央领导写信，他从中玉成。

10月中旬，浩熙因家慈赴京就医，赶赴北京。先生和夫人在西单成都饭庄宴请家母及长兄耀斌、长嫂王乃英、二哥浩若和我。表姐钟堉抱海春在座。

11月初，离京回沪，谈调京事。

与朱子方信：“关於你大妹事，实在想不出很好办法……但调京恐很难，第一，合适的事难找；第二，住房更难找；第三，我搬家不但东西多，书更多，尤不易找地方放。恐怕调你小妹回来的可能还大些。如事果如此，只有将来由你大妹呈请她们单位，调上海工作。”（1973年11月23日）

一九七四年甲寅　七十二岁

在复旦大学，一边休养，一边从事研究工作。

1月，就调京事向中央领导写信。

给中央领导的信：“我名蒋天枢，在复旦大学中文系任教已经三十年。今年七十岁，患血小板减少和风湿性关节炎等慢性病，身体虚弱，常常服药。我的夫人今年六十三岁，身体也不健康。我们只有两个女儿，均已结婚。大女儿蒋钟堉，女婿吕开盛，同在北京第四机械部第十设计院工作。小女儿蒋钟垣，女婿杨国琛，同在湖南长沙省轻工业研究所工作。此外再无直系亲属。我们一对年老夫妇，一人有病，特别是病情较重的时候，则另一人既要陪同病者去医院，又要煎药，又要炊食，往往兼顾；偶尔两人都病，不能互助，则医疗方面和饮食方面，左右拮据，无力处理。我已深深体验到这种困难，所以向领导提出，希望领导予以照顾。”“怎样解决我的困难呢？谨把我的主观想法写出：一、调我到北京工作，把户口迁到北京，我们夫妇和大女儿蒋钟堉住在一起或住在她家附近；二、把我的小女儿蒋钟垣和女婿杨国琛调到上海工作，我们夫妇和他们住在一起，或叫他们住在我家附近。（他们两人都是复旦大学生物系毕业生，在毕业时，系领导已派杨国琛在本系担任微生物的研究工作，后因照顾他们，才一同派往湖南军垦区劳动锻炼。）这两个办法，如果实现一个，我就铭感于心，永远不忘了。”“我虽然年老多病，不能教学，但尚能做一些研究工作。我是学习中国古代历史和古典文学的，虽然理论水平、认识水平、业务水平都很低，但是尚能从事史料的整理……我抚躬自问，虽是驽马跛足，哪敢偷闲！如果有个女儿在我身边，我的身体随时得到适当疗养，便可集中精力，加强学习，努力改造，多做些工作，为祖国崇高而宏伟的社会主义事业，提供一点一滴的力量，那我就一辈子没有遗憾了。”

注：先生有意迁京，实为怙恃患病长女。

6月6日，遵高亨嘱，将同样内容的信抄寄上海市革委会。

高亨来信：“您的那封信，封面可写徐同志，信笺可先写某某革委会，次写徐某某同志，次写马某某同志。三行并列。”（1974年6月6日）

注：高信中的“徐某某”为徐景贤；“马某某”为马天水。当时二人均为中共上海市委书记、市革委会副主任。

夏，高亨先生将先生信寄姚文元。

高亨来信："您的信，我是寄转姚文元同志的，可以断定，他们都能见到。钟埼说：上海市革委会已经给您复信，让复旦大学处理。"（1974年8月14日）

注：信中"他们"，指中央文革领导小组成员。

8月，上海市革委会复信。

高亨来信："钟埼说：上海市革委会已经给您复信，让复旦大学处理。您不可坐在家里等着，或做种种主观猜想，要自己努力，才能有成。"（1974年8月14日）

10月，高亨先生为老友迁京事设法。

高亨来信："弟拟托人租两间屋，准吾兄迁京落户，成功与否，殊不可知。遇事总须多想办法而已。"（1974年10月3日）"我计划托公安局的同志准吾兄迁入北京，并安排两三间住房。此事成功希望不大，但可一试。目前尚未进行。如果公安局同志肯相助，而您来不了，就很不好了。"（1974年10月21日）

【时事】 1月18日，经毛泽东批准，中共中央转发由江青主持选编的《林彪与孔孟之道》（材料之一）。江青、康生等以批林批孔为幌子，攻击周恩来总理。6月19日，江青带北大、清华写作班子"梁效"等大批人马到天津召开儒法斗争史报告会，其中有北京六教授。

一九七五年乙卯　七十三岁

在复旦大学。

年初，学校送来大量法家文章，让先生校改。

与朱子方信：“近学校送来要校改的法家文章，堆成大堆，压得透不过气来。”（1975年3月2日）

3月，为迁京事预作准备。

与朱子方信：“高先生主动要代为设法尽先去调钟垣，办不到再作第二步打算。他这样想，也只得由他。看样子要拖下去了。目前尚没再得你大妹信，不知晋生已进行得怎样？我已一个多月没给晋生写信，都是堉儿写信告我的。能否迁，何时才能迁，都要看晋生接洽得怎样（经他办好房、户口事才能谈到迁）。拟尽可能地把赘累处理一些，便於行动。果迁时，你和洪军虽然可来，但没地方住。现我屋里另搭了张小床，已无容膝之地了。”（1975年3月2日）

10月起，为迁京减少赘累处理书籍。

吕开盛：“1975年10月，岳父将其善本藏书四箱（宋、明、清版本）由我运至北京保存。”（1997年3月16日致朱浩熙）

与朱子方信：“很多的书，近来想大批处理。但此间书店则苛刻异常，如刘承干影宋刻宣纸印本前四史，共一百五十册，他们给五十元；胡刻初印资治通鉴百册，给三十五元，几乎又想称斤论价了。现经长春师大一个朋友冯克正介绍给牡丹江师范学院，他们很想都要（有书目单去），但近因火车运输问题，他们想让复旦出证明，很难办，又在搁置。”（1975年11月5日）

11月，生活食宿兼困。

与朱子方信：“现我的身体，似不如前年去京时。你舅母身体不大好。我们俩都老了，你小妹既调不回来，又无法请个长工保姆，真想不出什么好办法。主要原因是没地方给保姆住，真无可奈何！”“听说中央近来很关心老知识分子，但这里未见有任何行动，即令有这种政策，我们也不会听到。（问同房住人，都不晓得）住房问题，闻最高领导七二年即有解决老教师住房问题的讲话，据闻沪地如化工学院所有老教师住房全部均已发还。但，有的学校则特别苛刻、吝啬。前些天有位中山大学朋友来沪，讲他们学校教授副教授都规为六十平方米，我们则十几平方米而已。他是位中年老师，只有十来岁一个男孩，所分配的房子除自己住外，还雇用个长工保姆。我们则没有这种条件。”（1975 年 11 月 5 日）

11 月，对“反击右倾翻案风”极度不满。

浩熙赴沪看望先生，谈起新上任的教育部长周荣鑫受到批判，先生说，杭州高校的朋友说，周上任后，到高校调查研究，同老知识分子座谈，提出抓教育质量问题。教育界反响很好。我看周荣鑫是个好部长！现在教育质量怎么样，难道不该好好抓抓吗？

12 月，血小板减少病复发。

【时事】5 月 3 日，毛泽东在中央政治局会议上严厉批评“四人帮”，指示邓小平主持中央政治局会议。11 月初，开展所谓“反击右倾翻案风”运动。复旦大学校园刷出大标语“彻底批判教育部主要负责人的反对教育革命的谬论”，并印发周荣鑫讲话稿十多万份供批判用。

一九七六年丙辰　七十四岁

在复旦大学。

年初，与唐兰先生同病相怜。

唐兰来信：“两人同病，异地同感，真巧合矣……批判运动上海搞得如何？‘走资派还在走’，人情未免浮动。”（1976 年 1 月 3 日）“空穴来风。1957 年在骊山上一庙宇中，后墙甚厚而穿一孔，其风凛冽，至今思之。兄亦久咳未痊，似是同病。”（1976 年 4 月 15 日）

1 月中旬，唐兰在京悼念周恩来总理。

唐兰来信：“追悼会，我只参加出版社机关的。所有的人都痛哭。过去在其庇荫下过日子是不知不觉的，一旦失去，悲伤都出于自然。怅望来日，人心所同。”（1976 年 1 月 24 日）

4 月 4 日，清明节，百万人在天安门前悼念周总理。

7 月，迁京事无望。

唐兰先生信：“足下迁京事，昨晤晋生，云在新形势下，已无能为力。”（1976 年 7 月 1 日）

9 月 9 日，中共中央主席毛泽东逝世。

唐兰来信：“九日惊闻噩耗，悲痛不已，十一日晚瞻仰遗容，更加伤痛。中央领导担负更重，为之忧切。”（1976 年 9 月 21 日）

10 月 4 日，唐兰先生寄来所撰毛主席悼诗草稿。

唐兰来信：“日来拟写毛主席悼词，想写成史诗形式。本想写一百首，迄今已写成六十多首，只写到 1942 年，看来可能写成二百首七绝。这是大胆尝试，先将第一部分草稿寄上，请您看看，这样写是否合式，您有啥意见，请您赶快告诉我。（想用《主席活在我心中》为题。）”（1976 年 10 月 4 日）

劝老友唐兰放下写诗，做自期的学术研究事业。

唐兰来信："您要我放下写诗，您的关心我很感激，所指对主席的认识不深和文字障碍仍存在两点，确是要害。争奈已经上马，很难再下何。目前已写了二百多首，还只写完人民内部矛盾。我是想把打散'四人帮'、确定继承人都写进去的，这也是我生年的一个宏愿……我的雄心勃勃，你也许要笑我，也许跟某些人所说的，是不务正业吧？但由于我的心情激动，不能自已，所以总想写完它。大概至多还有一个月就可以完稿了吧！"（1976 年 10 月 21 日）

10 月 6 日，粉碎"四人帮"，全国游行庆祝。先生担心高亨受到帮累，致信问候，并写信嘱唐兰登门看望。

唐兰来信："今日去看晋生，看来身体很不好，每餐只吃一两，血压时高时低，从主席逝世以来，更差了，文章也不写，几乎不工作了。中央两个决定和昨日的社论都看到了吧！这确实是《亿万人民的共同心愿》。"（1976 年 10 月 12 日）

高亨来信："弟两年以来，常在病中，而又忙于编写古字通，真是天天不下楼，我绝不出看望别人，别人也极少来看望我，除读毛主席书、看报、听广播外，简直是脱离政治了。积习难改，岂不然哉！"（1976 年 10 月 23 日）

唐兰来信："昨日去看晋生，十时许尚拥被高卧（上次亦如此，但是下午），屋中已生火，起来却拥皮袄，但精神较前略好。首说：你为我耽心吧？又说接秉南一信，大概也替我耽心，又辩白说，与他们无关系，没有政治联系，与她已两年未见，王、张未见过，姚只是开会见过，说他们只是利用一下而已。"（1976 年 11 月 6 日）

注：高所说"他们"指"四人帮"，"她"指江青，"王、张"指王洪文、张春桥。

仲冬，谢国桢来访。

谢国桢《新岁赠同学秉南蒋子》：“丙辰仲冬，桢重来申江，下车之始，即往访之，排闼而入，则见君方据案危坐，执笔凝视，正点校古籍，严肃谨慎，丹黄殆遍。闻其一生致力校勘之学，校正《尚书》《尔雅》等书，不下数十种；而以陈寿《三国志》校注，用力尤勤；凡此数者皆为人所不为之时。”“秉南蒋子生于当今唐虞盛世，而恬淡自守，为人所不为之学，在此发潜彰幽之际，正所以明夷以俟用，其校雠之精，较诸劳、管诸君犹且过之，堪为吾党增色者也。惜盼遂往矣，医余矜躁之气，不学之苦者，非子而谁欤？爰于献岁开春之候，濡笔而赠之言。”（1977 年 1 月 3 日）

【时事】1 月 9 日，中共中央副主席、国务院总理周恩来逝世。4 月 4 日，清明节，首都百万人会聚天安门广场，悼念周总理，声讨“四人帮”，5 日被定为“反革命事件”。7 月 6 日，全国人大委员长朱德逝世。7 月 28 日，唐山大地震。9 月 9 日，中共中央主席毛泽东逝世。10 月 6 日，以华国锋为首的党中央执行党和人民的意志，毅然对王洪文、张春桥、江青、姚文元“四人帮”反党集团实行隔离审查。全国举行游行庆祝活动。“文化大革命”的十年内乱至此基本结束。

卷四（1977—1988）

一九七七年丁巳　七十五岁

在复旦大学。

何佩刚《治学道路简述》："'文化大革命'中，自谓'益以十年浩劫，余大病几死，百事俱废，旧业遂荒'，研究既不能如愿，'四人帮'分子还要蒋先生为工人讲《周易》，改文章，自觉焦头烂额。粉碎'四人帮'后，蒋先生顿然觉得有了学术研究的自由气氛和条件，虽人已老迈，精力不足，许多想完成的事没法完成，但犹鼓余勇，将旧稿加以整理、补充、修改……"

春，与中华书局上海编辑所联系陈寅恪先生著作出版事。

上海古籍出版社社长高克勤2020年1月4日在"纪念《陈寅恪文集》出版四十周年暨纪念版发布会"上的致辞："1976年后，陈先生的弟子蒋天枢写信给他在'中华上编'的好朋友吕贞白先生，建议出版陈先生的遗文稿。吕贞白征询负责人李俊民。李俊民上报上海出版局。当时负责终审的罗竹风同志认为陈先生的著作非常值得出版，就由上海出版局和中山大学党委联系，得到了中山大学党委的支持，将陈先生在中山大学的一些稿子移交给上海古籍出版社。蒋天枢先生再加以整理、校勘。”

暮春，悔恨岁月空耗，仍在整理旧稿。

与朱子方信：“我曾对《尚书》《诗经》两书都下过很长时期工夫。以目前精力论，看来已不能再写什么了。现在时恨你三舅害我不浅，把我精力还好的几年都病中度过了……回想几年来学校送来许多稿件让看，大多是‘四人帮’安排的什么有关法家著作的文章，时间已白浪费了，悔恨有何用？既须吃饭，总要给人做点活呀！”（1977 年 6 月 10 日）“改旧稿事，虽仍在做，慢得很，只有尽力之所及了。年已老，力已衰，也是无可奈何的事。目前只有量力为之。”（1977 年 6 月 20 日）

高亨来信：“您上次来信说：‘在撰楚辞注解之前须写一个长篇。’写长篇要花好多笔墨，好长时间，好多精力，您能办得到吗？”（1977 年 6 月 27 日）

6 月，开始整理陈师遗稿，为正式出版作准备。

与朱子方信：“我从前曾写过《陈先生论文编年目录》一册，他的《论再生缘》以前的文章，我这里还存着，其中也有修改过的稿子。他们如愿印，即按编年分册。我用不着再花什么气力。只是，据闻《论再生缘》一篇却不能印，因《再生缘》一书是讲打朝鲜事，牵涉对外云云。还有，陈先生有《送（赠）蒋秉南序》一文，稿子没给我，我还没见过。惜所有稿子都在他们历史系手中，无人代为抄出……你拿去的那些论文，虽然也有些陈先生自己的论文抽印本，但大部分是别人送他的文章抽印本，也都是很难得的，想你都已装订成册（好像是我已把直行、横行、分别编排）。”（1977年6月20日）

8月，上海人民出版社党委会向中山大学党委发函，索要陈寅恪先生遗稿。

与朱子方信：“陈先生生前受到最大的诬蔑、迫害，给戴特号牛鬼蛇神帽子，家被抄到难以次数计算。身死之后，所有稿子还被那些坏蛋劫走。（后来才被历史系拿去，家里人要，不给。）到现在，上海人民出版社党委会公函往索，去年八月去的公函，迄今还没要到。”（1978年1月24日）

炎夏酷暑，痔疮复发。住宅一楼又换新邻。

与朱子方信：“这里前些时候一直酷热，室内高温达35度，什么事都不能做了。近一两天连日暴雨，已降到二十八九度了。我因痔疮发得很厉害，日内要到第五门诊部中医那里去治疗。楼下不日将换新邻，不知好处吗？过去项家处的还是很好的，现还没搬。”（1977年8月14日）

秋，担心老友高亨会受帮累。

唐兰来信：“前天去看晋生，颓唐如故，对于怕受帮累，忧心忡忡，反复向弟辩白，但语气中可以看到，过去他对他们是寄予无限期望的。他申说两年来什么都没有他的分，如人大主席团啊，人大常委会啊，治丧委员会啊，等等。并说，按理他是和主席见过面并通过信的，是应该有他的。我想塞翁失马，未为非福吧！”“南霸天指朱永嘉，我想是对的；杨宽论法家的文章确有可批处；刘大杰则想不到，文学史专颂周曌，意欲何为？”（1977年8月16日）

唐兰来信："（晋生）他只是热衷而已，还不是以趋炎附势而作威福者，与四皓之流固不同也……叔平先生著作即将出版，寅老恐亦快出，均是快事。"（1977 年 10 月 2 日）

12 月，拟撰文批驳杨宽《战国史》谓"楚灭越在怀王二十三年"之说。

唐兰来信："您要写楚灭越的文章，好极了。复旦是否出刊物？如需找地方发表，我这里也可想办法。"（1977 年 12 月 27 日）

【时事】9 月 25 日，历时一个多月的全国高等学校招生工作会议结束，决定恢复高考。

一九七八年戊午　七十六岁

在复旦大学，除承担学校安排的工作，主要精力整理陈寅恪先生遗著。

1 月，写成《"楚灭越在怀王二十三年"说平议》一文。

唐兰来信："对大文的意见，总的来说，在口气方面，似乎可略缓和，百家争鸣，似不必采取敌对态度，或藐视态度，只是摆事实，明是非而已；另一点，即小的校勘字句方面，能省即省，减少枝蔓，似亦行文一法。最好讲一问题，让读者一口气读下去，不作停顿，文笔流畅，是容易受欢迎的。"（1978 年 2 月 2 日）

深悔预为迁京卖书。

与朱子方信："我的那些书，已在两年前卖给牡丹江师范学院，并早已运走了。其中，有《四部丛刊》二、三编，家里的书因没地方放，不得不卖。他们运走后，用那里面的书时，便找不到。很后悔当时把这部丛刊卖出，已来不及了……陈先生的书，当陈先生被‘四人帮’迫害致死之后，书完全由他们图书馆拿走。我有一部难得的抄本钱牧斋集，和其他一些。书在陈先生那里，也都被他们拿去。后来还了我几种普通书，那部十几本的抄本被没收。陈先生在时，经我手买过不少书。就现在情况看，那批书是无法取回再卖了。”（1978 年 1 月 4 日）

3 月，因病常跑医院。辞沈阳讲课邀请。带青年教师和研究生。

与朱子方信：“我连日来忙於看病，今天到长海（医院）又跑了大半天，家里没人，只有你舅母陪我了。看病的人是那么多，挂了号后等了将近两个半小时才看到医生。近又做过两次心电图，心脏不大好，胆固醇也高，一方面打丹参注射液针，一方面在自找中医吃中药。你所说的事（到沈阳教课）即令能成，我有什么力量来给人教课、工作？且我近在改自己有关楚辞的稿子，已深感精力不够。因而不敢再作他想。如其去京，房子是最大难题。如其调你小妹不成，只要有住房，退休迁京亦可。现在，校既让我带青年教师，又给招研究生；而目前情况，‘退休’又不便开口，闹得我进退两难。昨天看了个报考研究生寄来的论文，(师大毕业生，能写有关《吕氏春秋》和李后主论文。另外还写了多篇登在报上的小说。）写得很好，但他却正做某中学的体育教师。如能培养出来，将比现在一些中年教师强得多。”（1978 年 3 月 17 日）

4 月，陈寅恪先生长女陈流求经多方交涉，从中山大学要回父亲的部分文稿和少数诗稿。

致周扬同志信：“直到七八年，大女儿陈流求向广东省政府申诉，中大历史系才于当年四月间将稿件发还家属，但诗集三册和其他零碎稿件尚未发还。”（1979 年 2 月）

陈美延："粉碎'四人帮'后，我们知道父亲的文稿存在历史系后，就曾找过学校党委负责人李佳人（因为是电话采访，此名系音——引者），要回了一批文稿。李佳人批了一个条子给胡守为。为什么要把条子给胡守为？因为据说有一条命令，父亲的文稿只有胡守为可以看可以用。胡守为交回了《柳如是别传》，但《寒柳堂记梦未定稿》和父亲的诗稿却没有下落了。"（徐庆全2003年11月16日电话采访记录）

陈美延《〈陈寅恪诗集〉后记》："'文革'结束后，我们姐妹即为寻找、归还佚稿而多方奔走呼吁，终于在1978年从有关方面取回大部分文稿和少数诗稿。我们立即将全部稿件交给父亲生前亲自嘱托的蒋天枢先生。蒋先生付出艰辛的劳动，主持出版了《陈寅恪文集》。"

与陈小从信："先生身后，'四人帮'仍不放过，将遗稿全部由美延手中拿走。后又落到历史系手里，拒不交还家属。直至七七（八）年上半年才由流求向各方面函信交涉，始发还家属，才有出版可能。可惜已有些丧失，或部分迄今不交还。"（1979年11月4日）

5月，谈出版古籍使用简化字的利弊。

与林东海信："近来各地出版的古籍，虽未用新出简体字，但均用往年公布的简体字，如上海出版的《李贺诗歌集注》亦然。这对于广大读者固属方便，但内容难懂，即用简体字仍然不解决问题，而对于少数读者仍然感到障碍。有些简体字如'体''动'，固没有什么问题，而树葉的'叶'便时成问题。更突出的是用'帘'来代替'簾'，则问题更多：'帘'本是古代卖酒家外面挂的幌子；另外，旧社会用棉和布做的遮风的也叫做'门帘'。如诗里使用'酒帘'语，一看便知是酒家幌子，但对一般人则易起误会。再如李贺诗‘簾外月光吐，簾中树影斜’。如都易成帘，便成大问题。又如以‘云’为雲，在古籍中也易生误会。既然还有繁体字，为什么印古书时不可以用？至去年公布的简体，教部实在太欠考虑。邓副主让中小学课本不用新简体字，全国欢迎。但报纸仍在使用，平空添了无数文盲，所以大家都希望报纸改回去。总之，所谓文字改革委员会的人们，如其吃饱饭没事做，自请改行好了。”（1978 年 5 月 16 日）

唐兰先生病瘫。

唐益年来信：“我父亲因连日劳累，自香港回京后即病倒，不能及时复信。前数月，我父亲已感到左腿略有不适，行走间会突然发觉失去控制，但因活动紧张，一时未能引起重视，致使过度劳累。回京后，即发现左侧出现轻瘫症状。经医院诊断，系由于脑血管硬化引起的供血不足，中医则认为是半身不遂初起。目前，我父亲正在进行积极治疗和静养。治疗是在中医研究院进行针灸，同时服用中药。遵照医嘱，我父亲已停止一切活动和工作，保证休养。”（1978 年 5 月 21 日）

唐兰来信：“我已将近大耋，死亦何憾！可惜还有许多事情要做，总有一些不甘心罢了。”（1978 年 6 月 30 日）

上半年，朱子方任辽宁省社科院研究员、历史研究所所长。杨国琛考取复旦生物系遗传所研究生，拟调钟垣来沪。

7 月，鼓励老友唐兰完成未竟事业，拟赴京看望老友。

唐兰来信：“来函说我还可做二三十年事业，足可起舞。昨看刘海粟画展册，渠於 1957 年中风，1962 年后又复作画，今已八十三矣，使我更增信心。余致力中国文字革命四十余年，顷方制定中华

民族新文字方案。”（1978年7月20日）

高亨来信：“顷接25日函，敬悉令婿考上研究生，钟垣调到上海，您们夫妇老年有人照顾，这是件大事。您自当到事有结果后再来北京，我们相见稍迟无妨。”（1978年7月29日）

8月，高亨邀先生合注《太玄经》。

高亨来信：“吾兄先把楚辞新注及序写毕，那些没有多大意义的杂文不要写了。然后，与弟合写太玄经，不知吾兄同意否？”（1978年8月21日）

9月初，指导研究生束景南。

束景南自传：“1978年9月，我重返大学学习，走进了复旦大学，开始了我一生真正意义上的学术研究生涯。……我的导师蒋天枢先生，是陈寅恪先生最器重的弟子，他整理出版了陈寅恪先生文集，还为陈寅恪先生作了年谱。蒋先生治学严谨精深，对学生要求很严，我第二次到蒋先生家里聆教时，蒋先生就拿出了《柳如是别传》的手稿给我看，强调说研究先秦两汉文学首先要过古文字关，做学问要从自己校勘古籍入手。所以我在复旦读研究生主要蒋先生的要求学习甲骨文、金文，由苦读‘前四史’进入到对先秦两汉文学哲学的研究，我从蒋先生那里学到了陈寅恪大师的治学路子与治学精神。”（浙大文科《缅怀束景南先生》2024年5月24日）

9月，唐兰病情好转。

唐兰来信：“我的情形已较好，可以不用杖，随便步行了。但为了慎重，出去还是拿杖的。明日翦伯赞追悼会，虽颇想去，但怕太

累，只得作罢。”（1978年9月2日）

夏秋，收到陈氏姐妹寄来讨回的陈寅恪先生遗稿，校阅《柳如是别传》。

致周扬同志信：“一九六四年夏，我曾到广州看望陈师。师当面嘱咐我，他身后给他整理稿件。以故，家属把收回的稿件都寄给我，计有《寒柳堂集》《金明馆丛稿初编》《二编》及《柳如是别传》等等。”

11月，为胞弟落实政策，持唐兰信到上博见沈之瑜。

唐兰致沈之瑜信：“之瑜馆长：兹介绍友人蒋天枢教授前往拜访，询问有关落实政策方面情况，请惠予会晤为荷。蒋天枢教授系复旦大学教授，其弟蒋天格曾在贵馆任群工部主任，在林彪、‘四人帮’时期被迫害致死。专此介绍。 致 敬礼 唐兰 11.6”

与朱子方信：“为你三舅的事，去年曾去博物馆找他们沈之瑜馆长。”（1979年除夕）

唐兰来信：“天格事希望得到昭雪，上海还是办得好的，北京故宫就死气沉沉了……叶保民顷来信，很感谢您对他的指引。此人似是可造之材，写来一篇文章，也颇可观。中国之大，不愁不出人才也，特是否能遇知音耳。”并告：“前日走路略多，腿忽发哆嗦，颇以复发为虑，可见尚未复原，还得小心谨慎。”（1978年12月12日）

注：叶保民，时复旦大学中文系学生。

是年，为索讨陈寅恪先生遗稿《寒柳堂记梦未定稿》，致信广东省委会、习仲勋同志。

据徐庆全《追寻陈寅恪遗稿》引先生信：“广东省委会、习仲勋同志：我是复旦大学的一位老教师，现在为了有关陈寅恪先生遗著问题，冒昧地向您写这封信。已故中山大学历史系教授陈寅恪，是我早年的老师。陈老师晚年著述中有篇《寒柳堂记梦未定稿》长文，是陈老师生平最后的一篇重要著作。当时本有清稿二份，并在六七年运动中失去。现在从陈师母的笔记册中查出，被历史系三年级学生王健全拿走一份。册中并附贴王健全收据一纸，文如下：'历史系学生王健全十二月十五日收到陈寅恪第七次交代材料同日收到《寒柳堂记梦未定稿》一份。67.12.15.'王健全现在海口市人民广播电台工作，本想由私人去信索讨，深恐其不肯交还。为此呈请想法饬令王健全即将《寒柳堂记梦未定稿》用信挂号寄还'广州中山大学西南区陈小彭收'，以便早日刊入集中。琐琐奉渎，顺致 敬礼 上海复旦大学　蒋天枢敬呈"

刊物约稿，修改交付《烟屿楼集〈记杭堇浦〉辨诬》一文。

《烟屿楼集〈记杭堇浦〉辨诬》一文附记："一九三一年，余在沈阳，九一八事变后逃回北平（当日旧称）。时至北平图书馆校补旧作谢山年谱，并草谢山著述考。此文初稿，即《著述考》中《鲒埼亭集》后之附篇。一九七八年据旧稿草成此篇。一九八〇年曾刊布於《学林漫录初集》。"

【时事】4月，国务院原副总理习仲勋出任中共广东省委第二书记、第一书记，广东省省长，广州军区第一政委、党委第一书记。

一九七九年己未　七十七岁

复旦大学中文系专任教授，带硕士研究生，搜集、编校陈寅恪先生遗稿，撰写《陈寅恪先生编年事辑》。

1月6日，中国大百科全书出版社上海分社第五期《简报》刊登先生致广东省委会、习仲勋同志的信。

中国大百科全书出版社上海分社第五期《简报》编者“说明”：“一月下旬，我们访问了复旦大学老教授蒋天枢。他是陈寅恪弟子，一向和陈过从甚密。据他反映，陈寅恪在‘文化大革命’中受到很大冲击，存书遗稿多散失。其中《寒柳堂记梦未定稿》是陈晚年所写的自传性作品，对于研究陈的身世和当时时代背景有重大意义。全文共六节，陈生前曾将此稿誊写二份，运动中全被抄去。一份被中山大学王健全拿走，另一份现存中山大学（蒋天枢向我们口头反映了后一情况，信中未提出）。至今这些遗稿还未归还家属，政策仍未落实。蒋天枢为此给广东省委书记习仲勋写了一封信，希望我们替他代转。”（引自徐庆全《追寻陈寅恪遗稿》，载2004年11月25日《人民政协报》）

徐庆全《追寻陈寅恪遗稿》引2003年11月25日采访王元化电话记录：“1952年，我曾在复旦大学做过教授，与蒋先生虽然来往不多，但也认识。碰到蒋先生后，他谈到正在编辑的陈先生文稿的事情。蒋先生为追回陈先生的文稿焦急，我也很焦急。我对蒋先生说：我们一起来呼吁。我那时虽然还戴着‘胡风反革命集团’分子的帽子，但已经在大百科全书出版社上海分社工作了。那时，我们有一份情况简报，是专门送给有关领导看的。我得知蒋先生致信习仲勋后，就把这封信拿来，加了个说明，在简报上登出来，目的是引起有关领导的重视。后来，我想，要解决这件事，还得中央有关同志出面。当时，梅益在中国社会科学院担任副院长，胡乔木是院长。我和梅益在抗战时期曾一起工作过，彼此很熟，我给梅益和胡乔木各写了一封信。信中我对梅益说，这件事很重要，胡乔木如果出面，或可解决，请他把我给胡乔木的信转交，并面请乔木同志关注此事。我把这期简报也附上了。”

1 月 11 日上午，唐兰先生在京逝世。

与朱子方信：“接唐先生儿子电，立庵已於本月 11 日午去世了。悲痛之至！”（1979 年 1 月 12 日）“唐先生的逝世，对於我真是太大的震动，悲哀久久不能去怀……天却偏偏夺去唐先生这样有大用的人才。他有好多有关古史的著作都没完成。你看见人民日报了吧？死后的哀荣，有什么补益呢……唐先生逝后，我很想给他写几首挽诗，只写了开头一首：‘五十年来旧交深。沈阳津沽过从亲。春明冬夜城南路，踏雪寻歌记尚新。’后来因为心情难过，写不下去，将来再续写吧。你大妹和吕开盛代我去参加了唐先生的追悼会，向遗体告别。我本来也想找机票去京，你舅母和小杨都不放我去。我去年夏天，本想到北京去过些天，看看老朋友。你舅母拖我，让我今年夏天再去，她可陪同我一道去。哪知这一拖延竟与唐先生永诀呢！回想那年他送我们到前门车站，非等送我们上车他不肯回去。情景仍历历在目，而人却人天永隔了！”（1979 年除夕）

注：信中“回想那年他送我们到前门车站”，指 1973 年秋离京回沪时。

1 月，校阅完陈寅恪先生《柳如是别传》。

与朱子方信：“顷忆起，昔年寅恪先生似曾托你代向沈阳故宫博物院拍摄清顾苓绘河东君初访半野堂小影。前曾向寅师后人索取此照像，据云已在多次抄家中遗失。陈先生著《柳如是别传》，我最近校阅完，全书凡五十馀万字，写得实在好，实是部有关明清间的历史著作，对历史事件中不少创见。是陈先生花了十年工夫写成的。我想把它印入全集外，另外出单行本。很想在书前印入顾苓这幅画像。你还可以再托人借出照幅照片吗？需要照多大（几寸）才可清楚？是让照相馆照，还是等洪军能到沈阳再照为好？盼告，需款多吗？”（1979年1月12日）“相片照得满清楚，当能制版。此图后面可能有顾苓所记和其他人题跋吧？”（1979年1月27日）

注：信中所说“昔年寅恪先生似曾托你代向沈阳故宫博物院拍摄清顾苓绘河东君初访半野堂小影”，由于沈阳博物馆工作人员疏忽，当时拍照寄陈师的实是清人余秋室所绘“河东君初访半野堂小影”。此次朱子方寄舅父的仍是余绘。顾苓所绘“河东君初访半野堂小影”亦藏沈阳博物馆内，直至1995年朱子方再次拍照时才发现。

年初，为撰写《陈寅恪先生编年事辑》搜集资料。

陈流求《回忆我家逃难前后》一文附记：“遵蒋天枢教授嘱，1979年初稿已寄蒋老参改。”

注：为追还陈寅恪先生文稿和搜集《编年事辑》资料，先生与陈师三个女儿频频通信，仅与陈流求通信六十余封。

2月上旬，王元化将赴昆明，参加中国社会科学院文学研究所2月10日—22日在昆明召开的全国文学规划会议，闻中宣部周扬同志到会，即找到先生，嘱给周扬写信，与会时面交。先生遂给周扬写了一封长信。

《致周扬同志》：“陈师自一九六七年起，即遭受‘四人帮’种种迫害，先后逼迫交代本人罪行，责令检查；甚至陶铸同志、胡乔木同志到中大去看他，都要作详细检查交代。有时气竭声嘶，仍被迫不已。甚至诬陷老人为外国特务。不分日夜，到住宅中抄掠，陈师母的首饰珠宝等被抄走后，至今渺无下落。继又逼迫迁居小的住宅，书籍无法存放，由图书馆全部运走。……在种种迫害情况下，两位老人饮恨吞声。终于，陈师在六九年十月七日，陈师母在十一月廿一日，相继抱恨逝世。在两位老人逝世半年之后，‘四人帮’党羽所谓‘专案组’者，借口“审查特务案件”，把家中所存的新旧著作稿件，从陈先生小女儿陈美延手中，以威胁劫持方式全部拿走。后来又辗转被历史系取去。中经家属多次索讨，迄不发还。陈师仅有三个女儿，大女儿陈流求，成都人民医院内科医生。二女儿陈小彭、三女儿陈美延，分别在中山大学生物、化学系工作。直到七八年，大女儿陈流求向广东省政府申诉，中大历史系才于当年四月间将稿件发还家属，但诗集三册和其他零碎稿件尚未发还。一九六四年夏，我曾到广州看望陈师，师当面嘱我，他身后给他整理稿件。以故家属把收回的稿件都寄给我，计有:《寒柳堂集》《金明馆丛稿初编》《二编》及《柳如是别传》，等等。此传清稿、初稿共三十余册，约五六十万言，是陈师晚年花了近十年工力写成的。于明清间史事多有发明。将合成《陈寅恪文集》由上海古籍出版社刊行。陈先生在写成《柳如是别传》之后，继又写出《寒柳堂记梦未定稿》长文，是叙写自身家世和生平的。据黄萱先生（她是广东第二中山医学院院长的夫人，任陈先生助教近二十年）讲：此文草成后，她曾亲自缮写誊清稿两份。不久黄即被历史系造反者驱逐回家，“不准再给陈寅恪当助手”。现此文原稿及誊清稿两份，均散失不见。近在陈师母笔记簿中找到一份当时历史系三年级学生王健全拿此文誊清稿一份的亲笔收据。王健全现在海口市人民广播电台工作。已详给习仲勋同志信中。此外，陈师母亲自缮写的诗稿三册，也希望周老能函商中山大学校党委负责同志（据说诗稿三册存放在校长室保险柜里），将诗稿三册交还家属。其他一些零碎稿件，据说存放在档案室保险柜或历史系箱子里。至于另外一份《寒柳堂记梦未定稿》现在谁手，还无法查清。在未交还家属稿件之前，所有稿件都经过历史系主任胡守为手，不识该文是否在他手里？现在本人整理陈师遗著工作，尚有许多未做。身边所存陈先生昔年给我的一些诗稿，正在整理清写中。自己的《楚辞新注》等旧稿，也要花许多精力整理。……年老力衰，目前即查找资料和缮写工作等，都需本人自做，时感心长力短之苦。”

2月15日，王元化将先生信寄周扬。

王元化致周扬信：“我现已调至大百科上海分社工作，这次来昆明召开文学规划会，以为可以见到您，现听说您不来了，很遗憾。复旦大学老教授蒋天枢为陈寅恪先生遗稿散失事写了一封信给习仲勋同志，我社印了一份《简报》现附上。蒋天枢先生原信已由梅益代转。蒋天枢先生又给您写了一封信，更详细地叙述了陈寅恪先生在运动中遭受的迫害及遗稿散失情况，现附呈。据蒋先生说，陈寅恪先生于六九年逝世后，虽举行过追悼会，但当时四害横行之际，只是敷衍了事。迄今尚未给陈寅恪先生进行彻底的平反昭雪。由于陈寅恪先生在学术界是个有影响的人物，现将情况反映如上。”（徐庆全《追寻陈寅恪遗稿》）

徐庆全《追寻陈寅恪遗稿》：“周扬接到蒋天枢和王元化的信后，也十分重视。据有关材料，周扬考虑到，蒋天枢已有信给习仲勋，自己不便催问。而其时，中央正准备召开理论务虚会，广东方面要来人参加这次会议，届时‘见到广东方面的同志再从旁提醒一下就行了’。”

2月，章培恒著《洪升年谱》由上海古籍出版社出版。

《〈洪升年谱〉前言》：“本书写于一九五七至六二年间，当时我在蒋天枢师严格的、富于启发性的指导下，刚开始从事古典文学的研究。”

5 月，蒋钟垣调国家医药管理总局上海医药工业研究院工作。

与朱子方信：“小杨去年考上生物系遗传学研究生。你小妹也已於上月调回来了。”（1979 年 6 月 28 日）

《楚辞新注导论二》在上海《中华文史论丛》第二辑刊出。

与朱子方信：“我那篇文章，本是十多年前给该刊物的，复刊后……直到改横行、简体字后才付印。”（1979 年 6 月 28 日）

6 月，《陈寅恪文集》编校稿交上海古籍出版社，边搜集资料边撰写《陈寅恪先生编年事辑》。

《〈编年事辑〉题识》：“余欲纂《寅恪先生编年事辑》已数年，悠忽蹉跎，今乃得从事辑录，距先生之逝世已将十周年，余亦老矣。追怀一九六四年夏谒先生於广州，复承教诲，一别遂不获再见，恸何如之！所知粗疏缺略，不敢名曰年谱，故题《编年事辑》云。兹所纪述，凡在光绪十六年庚寅先生出生前，有关先生家世、祖、父事迹之纪述，题曰《前记》。先生诗文中年月，多著旧历。其癸巳元夕诗有句云：‘先生过岭诗为历。此是南来四上元。’今所纪述，以用干支纪年为主，遵先生意也。先生论著已悉交版社，故未能撮举。仅著编年目录附后。尚希知者纠其谬误阙失，所深望焉。一九七九年六月二十日受业蒋天枢敬识。拙稿承钱默存、张公逸两先生暨家属及先生的助手黄萱惠予指正阙失，藉免愆尤，谨致谢意。”

与朱子方信：“我近在写《寅恪先生编年事辑》，虽材料已搜得，本以为易易，做起来仍颇费力。反而把自己修改旧稿的事抛开了。既无人协助，写出来后，还要自己找人来抄写。但会写繁体字的人日少了，又可奈何！（已找到解放时一个毕业的老学生）。”（1979 年 6 月 28 日）

7月7日，仍为写作《陈寅恪先生编年事辑》搜集资料。

与陈小从信："我是寅恪师早年的学生。现在正在写'寅恪先生编年事辑'，关于隆恪先生，我只知道是哪一年和寅恪先生一同去日本一事，其他则一无所知。盼您接到此信后，将隆恪先生（隆恪先生是否字'彦和'？）生平一些重要事情、和哪年去世的事告诉我。关于您妈妈的名字、籍贯，和外公的名字，也盼见告。对於方恪、登恪两先生事迹，凡您所知道的，也望告我。又，您的生平、和哪些年在艺专读书事，亦可提及。在多年以前我到广州去时，师母给我一张散原翁在北平时的全家照片，其中后立者，除寅恪师和师母外，另外想就是您大伯母、和您的父母和您的像吧？此照片摄於哪一年，您还记得吗？以上所询各事，盼即见复为荷！"（1979年7月7日）

张求会《蒋天枢致陈小从未刊信札辑注》引陈小从致张求会信："蒋天枢先生为了编写《事辑》，需要有关寅叔家世及亲属之资料，先是找到广州华南植物园之封怀堂兄，由堂兄之荐，才有上述这封信。从此，历时约十载，邮简往返，遂积至约六十函。先生去世距今二十载矣，检出遗札重温，谆谆细雨润无声，先生温良恭俭让之古德风范，犹现眼前。"（2008年4月）

陈小从《图说义宁陈氏·传薪人》："我与蒋先生原未识荆，在他编撰《陈寅恪先生编年事辑》中，为商榷有关家史资料，才与我建立起通信联系。在此事进展过程中，蒋先生嘱我抄寄先父有关遗诗，以备选入书中，因之对同照阁诗大加赞赏，愿为出版作将伯之呼。我是1980年冬携父亲诗稿前往上海向蒋先生请益的，见面后，他的第一句话就是：'师伯的诗及为人，我是钦佩之至。可惜未曾拜识，假如当时能相识，我一定会推荐他来复旦任教。'后来，在他及汪荣祖、何广棪等先生的推动下，先父遗作《同照阁诗钞》终于

1984年在香港出版。我自己走上文史‘研究’之路，引路人有两位，一为李一平世伯，一为蒋天枢先生。”

7月24日，与陈小从谈《陈寅恪文集》及《编年事辑》。

与陈小从信：“关於寅恪师的诗集，生前本有师母手钞清本三册，师和师母被‘四人帮’迫害致死后，第二年所有著作稿件全被坏人强迫拿走。前年夏天才将主要稿件交还家属，并寄来上海出版。至於诗稿三册，则迄今尚未发还。幸而我手有些零星诗稿和师母手钞目录并所钞出的一部分，经我整理后按年编定为‘陈寅恪先生诗存’，约有生平作品的约略一半。已附编於《寒柳堂集》之后作为诗集的一部分。在‘寅恪先生文集’中，将作为第一册。那三本诗稿如能就近讨回，看还能加入‘二编’否？因为先生生前的要求，要直行排，繁体字，所以全部集子都将按照师遗志出版。因现在繁体字排字工人既少，和排版的迟缓，全集出齐尚不知哪年。只盼望能快些。我写的《寅恪先生编年事辑》，将附印在全集之后。现已写出‘前记’和从寅恪先生出生到民国十四年止为‘卷上’。卷上已写出，约两万多字，有地方已把你给我的材料补入。业找人钞录，钞出后，将寄您一份，等您提意见修改后，才作为定稿。卷下，将从民国十五年师到清华任教起，直至被迫害去世。被迫害情况，凡所能知，尽可以写进去。将来如他们不同意，便把那几年简化起来。我们自己的底稿，则照旧保存。将来钞出后，也将给您一份，征求您的意见。可惜我知道您的家住上海一事太迟了，否则我有可能见到您爸爸和母亲，就可多听到些教诲了。关于彦和先生和您的诗，如有钞成本子的，盼寄给我一阅。阅后仍寄还。我处关于寅师及师母的信札，‘文化大革命’期间已荡然无存。您处如有家庭间信札，能寄给我看一下吗？”（1979年7月24日）

秋，章培恒晋升为副教授，应邀赴日本讲学。

倪振良《长河弄潮——记文学史专家章培恒》："去年秋天，章培恒被提升为副教授，随后，应邀去日本神户大学讲学一年。任教期满时，神户大学校长特致信复旦校长苏步青：'章先生博学而又诚实的人品以及充满热情的教学态度，是我们教职员学生所全部敬爱的，中国学专业的学生热望来年也继续听章培恒先生的课。'"（光明日报 1980 年 11 月 2 日）

10 月初，《编年事辑》大体写就，拟征求意见，再行修改。

与陈小从信："您所告'祖父生日'日子是对的，'九月'则错了。因为老人诗集里，讲到生日，是在旧历二月。殁於旧历八月，是对的，流求妹忆为'九月'，可能错了……我写的'事辑'，已大体写就。可惜一时没找到人代抄写，无法寄给您看。并且，还想修改、增补。总之，须把抄本寄您和流求妹看过，提了意见，经修改后，才能算为定稿。"（1979 年 10 月 10 日）

10 月 21 日，致信陈小从，询问《神雪馆诗稿》原稿、《散原精舍文集》"别集"、陈隆恪日记等事，并嘱其如何整理其父《同照阁诗钞》。

10 月 25 日，致信陈小从，称赞"您和封怀兄才是陈家今天能继承家风的诗人。您的诗出语天然秀美，自然而淡雅"，并谈《陈寅恪文集》和《编年事辑》。

与陈小从信："你六叔的《诗存》大概明年可以出版，(《诗存》在第一册《寒柳堂集》之后。）出版后我就寄给您看。陆续将把全集都寄给您。（因为'全集'之名须请示国家才能用，所以全书只称'文集'。真是忌讳太多了。）彦和师伯有关之作，需待您的复信后，才能补入'事辑'中……您六叔的一生经历了无限颠连苦难，后来

生涯虽安定了，但感情上仍有许多痛苦，一寓之於诗。可惜失去了许多，迄今未能找全。”（1979 年 10 月 25 日）

11 月 4 日，与陈小从信，谈经历、家事与陈师关系等。

与陈小从信：“我是民国十六年在北京清华研究院读书时认识先生的。那时先（生）已卅七岁，尚未和师母结婚。回想起来，那时是多么地幼稚无知！那时的导师们对学生亲同骨肉，有时我们陪侍先生到附近寺宇或西山去玩，今天给先生写‘事辑’，有些事已记不起了。我今年已七十七岁。抗日战争期间，本有两个男孩，因生活穷困，病死在四川。现只有老伴和两个女儿：大女儿学建筑，清华毕业，现在北京四机部工作，已有一男孩、一女孩，已上小学。小女儿和女婿原都在长沙轻工业研究所工作，都是复旦生物系毕业。现女婿在复旦作生物系遗传所的研究生，因此，女儿也在本年六月从长沙调回上海，现在医工研究院分院工作。身边总算有个女儿可以照顾些了。小女儿只一个男孩，刚上小学。我虽然学识浅陋，但陈先生是我生平最敬重的老师。抗战期间和以后，仅在重庆、南京、上海（即去广州时）见过几次。后来在五三年、六四年到广州看过陈先生两次。（都仅各住了十来天。）当先生被迫害死的那年，我生了场大病几死，因而久没给先生去信，师母在师逝世时曾写信来，怕我搬家，信寄到系里，被人扣压四十多天，及我回信，师母已看不到了。先生身后，‘四人帮’仍不放过，将遗稿全部由美延手中拿走。后又落到历史系手里，拒不交还家属。直至七七年上半年才由流求向各方面函信交涉，始发还家属，才有出版可能。可惜已有些丧失，或部分迄今不交还。我所说的‘诗存’，只是我处所有、及后来寄来的零星纸片，从其中录出来的。现抄成诗稿三册，较全部诗约有三分之二多些。很多诗只存题目及首句（师母手抄目录一册，题下仅存首句）。所缺的诗，只有待‘诗稿三册’发还后才能补入。我抄出发表的‘诗存’外，还有些不宜发表的。关于彦和（师）伯的诗，我有两种设想：一种是将‘同照阁诗钞’单独出版，一种是附印在先生的‘诗存’之后。这些，都还没给出版社商谈过。您的意思怎样？但都盼把四十岁后之作早日寄来。您所要的‘钱柳因缘’后改名‘柳如是别传’，约七十多万字。现稿子已全交出版社。‘元白诗笺证稿’初到岭大时，印过线装本，后来改了很多，交由上海中华出版。继又有所修改，中华前年把修改部分附印在后面。我当时买过两本，都早被人拿去。现我只存有重印后先生赠我的一册。‘论再生缘’我处本有多本，业被人讨光。现把我处仅存的‘元白诗笺证（稿）’平装本一册、线装本‘论再生缘’一册，另包挂号寄上。‘论再生缘’另有‘校补记’多页，主要是驳郭沫若在光明日报发表之说，可惜‘中华文史论丛’印出来之后郭没能看到。这两种，明年将都在‘全集’中印出。等印出来后，我定把‘全集’寄给您一部。那时您将可看到六叔的全部著作了。日内即将‘事辑’卷上，修改后寄给您。您阅后可转给封怀兄，并请他把一些我不知道的事告我。”（1979 年 11 月 4 日）

11 月，写信给陈寅恪先生亲属，谈撰写《编年事辑》事。

与陈小从信：“据闻，陈先生著作不日就要发排。你讲‘年底钞完’，怕已来不及了。而且陈先生的《诗存》数量不大，我今天已擅自作主，把您近寄的几页，和前寄的订成一小册，打算明天就寄交出版社（如等他们来，怕耽误时间）。和他们商量，附印在后面。且看他们如何答复我。这种办法，您同意吗？给先生写的‘事辑’第一卷，已让人复写出，并已作了修改、增补。现寄上一份。其中哪些有错误，哪些当删，哪些当改？都请一一见示。封怀先生那里，请您转给他，请他仔细推究，一一签注意见，好么？告我时，只提出某页、某年、第几行，有什么问题即可。关于先师的身世，所知的太少。於家属方面不免写得多些，藉以知道先师的身世和生活环境。其中提到沈子培处较多些，因为在近代学术史中，沈寐叟和王静安两先生，是师所重视的学者。此'事辑'，上卷为到清华之前。中卷是到清华后以至去广州之前。卷下则为到广州以后。到广州后的事，如封怀先生能再告诉我一些，以便再补充，那就是我很大的奢望了。"（1979 年 11 月 28 日）

张求会《蒋天枢致陈小从未刊信札辑注》："笔者手头有蒋天枢先生与陈小从先生和陈封怀先生通信的影印件六十多封，为《编年事辑》收集资料的信件达十八封之多。"

为朱铸禹《全祖望集汇校集注》作序。

《〈全祖望集汇校集注〉序》："朱铸禹先生整理的《全祖望集》，将《鲒埼亭内外编》《诗集》《经史问答》《句馀土音》等合编，并汇集各种评校文字，可说是现今最好的读本。出版社因我喜读谢山的文集，约我写序言，实则我于谢山'无能为役'，不敢言序也。一九七九年十一月写於复旦寓舍。"

12 月，《编年事辑》撰就，犹有所憾，不免感伤。

《陈寅恪先生编年事辑·卷下》："先生於元史於通史惜俱未竟其志〔俞氏文已深惜之〕。生平对於历史及其他方面论著，汪荣祖所著传中，均有论述，〔持论甚正，〕不复述。先生不特为大史学家，旧体诗亦卓然大家。先生诗出於唐宋，寄情遥深。尤其於宋诗致力甚久。家学固如是也。尝教人读宋诗以药庸俗之弊，其旨可见。惜《诗存》所刊，仅及其半。师母手写诗稿三册，至今未见还，至可伤矣！一九七九年十二月识。”

本年，带硕士研究生束景南、邵毅平。

邵毅平《跟蒋天枢先生读书》：“我初见蒋先生的时候，他问我：‘你知道当代史学家有谁？’我说：‘郭沫若，范文澜，翦伯赞。’他问：‘你知道陈援庵先生吗？’我说：‘不知道。’他又问：‘陈寅恪先生你知道吗？’我说：‘也不知道。’惹得他大为生气，差点把我赶走。”“蒋先生指导研究生的方法不是讲课，而是指定一些基本的原典来读。在我们的‘培养计划’上，写的不是须上什么课，而是须读什么书。文字、音韵、训诂类的有《尔雅》《说文》《方言》《释名》《广韵》等，文史类有《诗经》《楚辞》《左传》《国语》《战国策》《史记》《汉书》《后汉书》《三国志》《资治通鉴》等，诸子类有《荀子》《墨子》《庄子》《韩非子》等。‘指导方式’栏则写着‘阅读与辅导’。我想这也是蒋先生一个很独特的地方（其他老先生也有采用同样方法的）。跟蒋先生读书，最大的好处就是读原典，而不是从空头理论、概论之类东西出发。这也是我觉得最受益的地方。我们隔周一次上蒋先生家里去，读书中无论遇到什么问题，都可以向他请教，由他来解答，或指示我们去找什么书。虽然他不是用上课的方式，但因为每次见面时，我们要汇报读到什么地方，发现了一些什么问题，所以就不能够偷懒（其实也不敢偷懒），所以一直比较战战兢兢。当时也不是很懂，但后来慢慢发现，从做学问的角度来说，读原典是最重要的，上课反而不是很重要。”“蒋先生一再关照我们，不要随便发表论文，而是要多读书，把基础夯实。”“我们当时读古代文学，是从文献学、也就是目录、版本、校勘学入手的。蒋先生对我们有两个基本要求，一是要我们读没有标点的书，二是论文必须写繁体字。这不是‘语言文字法’的问题，而是因为你的专业就是这个。我之所以还识几个字，就是因为蒋先生的关系。蒋先生还有一个要求，要求我们写毛笔字，可我始终没能做到。蒋先生那时就说，你不会写毛笔字，以后要后悔的。”

年内，长女蒋钟堉病情渐重。

吕开盛：“1979 年开始（钟堉）病情逐渐加重。”（1997 年 3 月 16 日致朱浩熙）

一九八〇年庚申　七十八岁

复旦大学中文系，带硕士研究生，从事著述。

1 月,《编年事辑》书稿写完，校《陈寅恪文集》排印稿。

与朱子方信：“收到你来信多天了，因在赶写《寅恪先生编年事辑》没立即给你复信。《事辑》已全部写完，已倩人誊录。全书分三卷，上卷到清华之前，中卷到清华之后，下卷到广州之后。下卷最难写，陈先生到广州之后曾给我好多信，都在‘文化大革命’中毁光了。只能就所知写出一二。‘文化大革命’中被迫害情况，也略备一二。这一点，恐怕印时通不过，我是姑且写出来再说。”（1980 年 1 月 14 日）

与陈小从信：“寅师的文集，前已告你，最前一部分打样已印出。前些天他们又把‘柳如是别传’（全部约六七十万字）五章中的前四章排版打样寄给我，让我校。说是打样中如有重大错误，还可校改，定样后就不易改动了。我近些天来，都在校此稿，约五十万字。已校出不少错误。昨天已寄还他们。照这种情况看，到今年年底，有全部印出的可能。您听到当也很高兴吧。关于‘同照阁诗钞’，您钞时不妨多钞些，以便将来如有能印的机会时，装订成册时不至太薄。并希三两年内能有‘解禁’的时候。几位首长的旧体诗不是都已印出吗？我现在求您两事：一是‘师曾先生遗诗’一册，‘文化大革命’前我有一册，被人拿去，运动中抄家抄走了。我所用是向学校图书馆借的。您寒假去广州时，请问封怀兄，如他那里有复本，给我一册可以吗？二是想请您画幅小屏幅，您能答应吗？……再，陈师母生前与寅师倡和之作，都已附录入先生诗集中。别有师母寄给我的一首五言长诗，兹奉上，盼将来还我。诗长，不再另钞，乞谅！寅师的诗，有些我处有而未便印的，还有几首。不便钞寄。”（1980 年 1 月 12 日）

拟春天赴京看望老友高亨。

与朱子方信：“你大妹也来信告我晋生近况。我很想明年春天能到北京去看他。但不知有无阻碍耳。”（1980 年 1 月 14 日）

吉林师大邀请前往讲学。

与朱子方信：“长春有位朋友约我去吉林师大去讲学，实无此精力了。系里想让我明春给研究生到学校教室去讲课，我还没答应他们呢。惟近来身体还好，无念！我带两个研究生，平常都是到家里来。”（1980 年 1 月 14 日）

春节期间，被占住的一楼房屋归还。

与朱子方信：“楼下被两位夫妇都是党员的人占住，直到过春节才搬走。目前正在修理房子，约须一两星期才能完全修好，正式搬进来。”（1980 年 2 月 27 日）

2 月，《编年事辑》初稿复写后寄出征求意见，抽暇重拾旧稿《楚辞新注》

进行整理。

《编年事辑·题识》："拙稿承钱默存、张公逸两先生暨家属及先生的助手黄萱惠予指正阙失，藉免衍尤，谨致谢意。"

与陈小从信："接到挂号信，收到从未见过的照片两帧，异常感谢！全家照片不太清晰，想将兄弟三人照片印入，缓日与出版社商酌。今天又收到第二信，知'事辑'稿两册业收到，并知即将去穗，为您兄妹团聚而高兴！惟中下两册，尚未及寄给美延、小彭两人看过（上册已寄还），盼您便中见到她们两姊妹时给她们看下。并恳望由您经手将此上中下三册从穗寄还，无任企盼！"（1980年2月14日）

与朱子方信："《寅恪先生编年事辑》，倩人复写出后，已寄交家属（陈先生有三女、一侄、一侄女）和陈先生早年学生朋友看，等他们提出意见，作最后修改后，才能作为定稿，交给出版社。即附印在陈先生全集之最后。（将来希望有单独抽印本）一俟他们看过寄回后，有可能给你寄一全份，让你看看。你如有什么意见，也可写给我。但，现还不知何时才能寄给你。""我是在中断了我修改《楚辞新注》旧稿时才把《事辑》写成的。现在仍在继续修改我的旧稿。由于系里不肯给我一位助手，给我作誊写工作，我只得找了位早年毕业学生来给我抄写或复写（是位解放初毕业女学生，名叫周荷珍，已五十多岁，退休在家）。"（1980年2月27日）"近来本想把我的旧稿整理出来，可是日常琐事及酬应事时相烦扰。常用怅悒！"（1980年3月14日晚）

3月20日，向陈氏兄妹催退《事辑》书稿复印件。

与陈小从信："本想等收到上册后再给您回信。但迄今尚未收到上册。又，早已函美延，催其速将中下册寄来。亦迄未见到，殊焦

急。……‘谈话资料’盼即行写就惠寄。”（1980 年 3 月 20 日）

注:《陈小从笺释》:“‘谈话资料’大概是我寒假去广州封怀二哥处，由他忆述在南京散原精舍老家庭往事，而由我作笔录之文。（此亦先由蒋老提出要二哥写点资料。）”（2008 年 4 月）

4 月上旬,《编年事辑》修改定稿，交上海古籍出版社。

与陈小从信:“广州中下册已寄来多天。封怀兄希望要底本，将来想将寄您看的那部寄封怀兄。其他事奉复如下：希望封怀兄最近能将您写的笔记寄来，并希望能在一个星期之内收到。还希望能补上你大伯生日。胡先骕各条，前已照您意删去。承告师对胡有微言，就更不需提及胡了……‘事辑’已全部修改完。仍很不满意，亦无何办法。又，告诉您一事，下册末原附有黄萱所记‘语录’，封怀兄颇欣赏。但经过几位朋友看，其中错误百出，决不能代表先生的语言。已经决定全部删掉。黄自已也曾来信，盼不要刊出。所以，将来刊出之本无此‘语录’。”（1980 年 4 月 8 日）

与陈封怀信:“接奉寄示记录稿，至为感切！由於您寄到学校，我不常去校，迟了几天才收到。再，前者小从妹寄来的您的‘几点看法’中，您认为‘有些与本题关系不大的’，业已尽可能删去。至家人所提供材料，因为改动则‘失真’，故多用原文。有不必要的讲话，则删节。至於你所提到的‘黄萱的几段回忆录’，黄萱先生已多次来信，不让发表。同时，有几位相知朋友看过那些‘回忆录’之后，认为错误甚多，不宜刊出。以此，决计将那些‘回忆录’全删掉了。谨此奉闻。我写的‘事辑’错误定很多，以迫於交稿期，不及再请您订正了。您的回忆录，以牵涉时间甚长，只得附於卷后，敬以奉闻。”（1980 年 4 月 12 日）

与陈小从信：“‘事辑’定稿已交出版社。事情颇有波折，上月北京科学院某要人派人来沪，想将交出版社的‘事辑’稿子拿去北京，在他们办的有关历史刊物上发表。我因想要印直行排、繁体字，碍於情面，经与出版社洽商，由我再修改一份稿子，一份交由北京先发表，一份仍交出版社照旧排印，将来在北京发表以后，然后发行。当时北京来人同意了。后来他报告北京，又说不要了。累我麻烦了好久。‘事辑’经您大力协助，始得有成，谨向您致谢。您代封怀兄写的‘回忆录’，起初本想全文附在最后，后来怕他们有意见，索性将原文有关部分分别节录入当年下。未经与您商酌，乞谅！现将封怀兄修改后的原稿寄给您，请保存。再，付印稿中有些后来加入的，您所看稿中还没有，特告。盼您有暇时继续钞录‘同照阁诗钞’，备有机会付印。你钞给我的均完整保存，不必重钞。”（1980年5月12日）

陈寅恪文集之一《寒柳堂集》由上海古籍出版社出版。经先生同意，书出之前，《论再生缘》一文在《中华文史论丛》发表。

汪荣祖《史家陈寅恪传》：“《论再生缘》一稿於1953年9月起草，翌年2月完成。寅恪晚年编此文入《寒柳堂集》，1980年上海古籍出版社初版发行。书出之前，出版社征得蒋天枢的同意，先在同一出版社出版的《中华文史论丛》中发表。”

在人民日报工作的陈封雄索要《事辑》稿，将手头仅有的一份寄去。

与陈小从信：“接来信，敬悉一一。同时也接北京封雄兄来信，业将手边仅存之一份钞稿寄北京。并请他看完后，即寄给封怀兄。因封怀兄恐出版社再有删改，想留存一份原稿也。您如寄封雄兄信时，亦可讲明这一原因。再，我写给封雄兄（信）中，曾询问他你大伯父生月、生日。他如知道并告我，将来出版社让我校稿时，可以补入。又，并曾问封雄兄有关蔡锷（松坡）事迹，我已在《松坡全集》中找到，请他不要再查了。现我正在找‘词学季刊’一旧杂志（七七事变前两年刊行），看能否找到你七叔的词。复旦仅有此刊物前四册，其中没载他的词。不久就要到暑假了，您还有上海之游的兴趣吗？您前钞的‘同照阁诗钞’，曾寄给我两次。第二次最后一首是‘雨中午睡’，下并注明：‘节录至辛巳年夏，时年五十四岁。’盼您有暇时继续钞给我。小彭似乎一时还走不成，如在她走以前，您能钞完寄给我，我即寄给小彭，看能不能在香港出版。您不计较‘稿费’吧？我以为以能出版为第一义。不知您意如何？盼示。”（未注日期，信中有“不久就要到暑假了”一语，写信时间应为6月中下旬。）

《陈小从笺释》：“父遗诗带港出版问题，蒋函屡次提及，最终还是由汪带出，始获在香港里仁书局出版，盖缘由前定。（显然由汪经手交何，远较托小彭带出为佳也。）七叔之词，传世者较少，蒋老频频为记挂，如老人能延龄过百，今日得捧读‘陈方恪先生诗词’，其欣跃之情当如何？”（2008年4月）

注：据张求会《蒋天枢致陈小从未刊信札辑注》：“潘益民辑注之《陈方恪诗词集》，2007年1月始由江西人民出版社刊行。‘汪’，汪荣祖；‘何’，何广棪。” 陈封雄，陈师曾之子，时在人民日报社工作。

7月，对出版社审阅后的《编年事辑》书稿再行增补。

与陈小从信：“前些时，出版社把审阅后之‘事辑’三册送我再后看一遍，我又乘此机会将先生的批注书中摘录多条补入。您有关大伯父生日的意见，也乘机补入了。可见做事一点疏忽不得，我一疏忽

便忘了许多事情。幸天假之缘，得以补过。”（1980年8月4日）

8月16日，钟堉出差来沪。

与朱子方信：“你大妹出差来，约呆一周，回时带海川回京。”（1980年8月18日）

8月23日，发烧，上吐下泻，服药四五天稍愈，时有低烧。

刘青莲与蒋钟堉信：“你走时，你爸爸在发烧，五点钟钟垣回来，陪爸爸去吴伯伯家，吴开了药八时吃下药，后来又吐又泻。”（1980年9月4日）

9月初，病情稍愈即无闲时。

与陈小从信：“接您信不久，我因受暑生病，病好后体力一直未恢复，至今才作复。寅师集出版后将寄您一部，我已早将您的住址告知出版社。您新迁住址，盼早告。并盼告知您原住处，如有书物，即转您。小彭很可能走不成。盼您暇时仍把‘同照阁诗钞’抄给我。以便有机会时想法印。”（1980年9月12日）

9月，《寒柳堂集》由上海古籍出版社出版。

与朱子方信：“陈先生文集已出版第一册《寒柳堂集》。我已让出版社给你寄一部。此集本当名为全集，以避免马列称全集之故，只能称文集。此为第一批出书，第二批为《金明馆丛稿初编》一册，第三批为《金明馆丛稿二编》一册，第四批为《隋唐制度渊源论》《唐代政治史述论》《元白诗笺证稿》三种，第五批为《柳如是别传》，此传可能要分订两册或三册（全部约六七十万字，实际上是讲明末清初历史的）。最后为附编，是我写的《陈寅恪先生编年事

辑》。全书大概要到明年清明节左右才可出齐。寄你的书，可能也要分四五批寄。特先告你。”（1980 年 9 月）

与朱浩熙信：“惟经时忙於琐事、杂务，不能及时写点东西，时为怏怅！近年为昔年老师陈寅恪先生整编集子，今秋可开始出版第一册，拟寄给吾侄一部，先此奉告。当函出版社直接寄出，如已来不及，或晚些时由我处寄上。”（1980 年 10 月 2 日）

10 月，谈陈寅恪先生诗存。

与陈小从信：“您可多读些六叔的诗了。不过，印出的诗中，有些隐有讽意，不大显著的，您当可理解。至於犯忌讳过甚的还有些，则没敢刊出。还有些诗，是交给出版社稿子后才搜集到的，也没能印出。所以此一册中，即就我手中所有，也非全部。先生的诗是一生精神命脉所在。我敢说一句话：也是中国文化之灵魂的所寄托。”（1980 年 10 月 24 日）

与长女谈修改旧稿和抄稿。

与钟堉信：“节后又将你抄的文校了一下。我给你寄原稿时太匆忙了，有的该改的没改，有的该抹去的没删，所以有的地方错是由我的粗心。可见人做任何事情都是粗心不得的。你写的很仔细，错的很少。”（1980 年 10 月 4 日）

与年轻人谈写作与读书。

与朱浩熙信：“吾侄如有暇，盼加意锻炼写作。各种文体都可锻炼写。同时，多读书，积累知识，对写作是用处很大的。以我的看法，读书千万不宜看标点本，标点好了，光溜溜滑下去了。用不标点的书，非思考不可，思考，才是人智慧的源泉。古今来大作家都是善於思考，而又善於积累材料，如《水浒传》《红楼梦》之类，不但有丰富的积累，同时还能用思入微……切盼吾侄利用当前时间作自我培植。人生，是工作到老，学到老的。”（1980年10月18日）

章培恒结束在日为期一年的讲学回到上海。

查志华《一个品格高尚的学者——记复旦大学中文系蒋天枢教授》：“对于他最困难的时候，给了他极大帮助的蒋天枢，他却流露出永志难忘的深情。”“蒋天枢教授是著名学者陈寅恪的学生。他治学态度朴实、严谨，又有创见。他不好名利，为人耿直。章跟着他，他总是以心相待，从不歧视。”“章说：‘跟蒋先生的那几年，可以说是我做学问的准备期。蒋先生不仅教我治学，还教我做人。他自己不重名利，也一直要求我不要追名逐利，不要去写那种骗钱的东西。’”（1982年3月5日解放日报）

秋，上海博物馆就蒋天格自杀结论：“死因是资产阶级恋爱观”。

高亨来信：“天格老弟坠入情网，至以身殉之。弟闻之亦极为伤悼！他的单位所作结论‘死因是资产阶级恋爱观’，是很正确的。资产阶级知识分子一坠入情网，便成为最愚蠢最糊涂之人，将忘其国，忘其家，忘其亲，忘其兄弟，忘其妻子，忘其自身，忘宇宙之一切，唯眷眷于一人，不得斯人，则四大皆空，悲观厌世，却以钟情自许……所热爱者唯有一个女人，所以摒弃一切，甘以身殉。吾兄笃于手足之情，难以骤然忘掉。”（1980年11月24日）

注：关于蒋天格自杀结论，2021年12月8日，曾致信上海博物馆馆长杨志刚先生，恳请提供原始资料，憾未见复。高亨先生此信所说，应有所本。

11 月初，陕西人民出版社主持人上门征稿，推荐《同照阁诗钞》。

与陈小从信：“现有一急事奉告，顷晤陕西人民出版社主持人来征稿，我即以‘同照阁诗钞’请他们出版，渠欣然乐从。现在拟请您即行从事钞录，或者由您圈出，雇人清写，再由您校对一遍。还有，钞时，宜尽量多钞一些，即有涉及时事，亦不必有所顾忌。我打算，一俟您续钞的寄到，即连同我身边所有寄给该出版社。仍是直行排，繁体字。您有何要求，务盼告。再，昨碰到一位吕贞白老先生（江西人），他讲和你爸爸与你七叔都常有往来。‘同照阁诗钞’出版时，拟请他写篇序，您同意吗？盼告。”（1980 年 11 月 11 日）

与陈小从信：“关于同照阁诗，我的看法谨奉告：虽然不必把千一百馀首全印，但亦不能过少。您前抄给我的诗，未入选的似甚多。最好能和原稿对照，凡可选者均抄补进去。（用粘贴法加入。）此其一。又，前所抄第一首为‘将见六弟於长沙’，如此开端嫌突兀，最好把此诗前的几首，全录出寄来，以便补入。此其二。彦和师伯除诗外，还有文章吗？不管有多些篇，都可寄我，可印在诗之后或前，可名为《同照阁诗文集》。同时，我愿写几句话，作为‘前言’。此其三。又，你妈妈的诗或词，和画，我都想看看，诗也可附在集后。此其四。此外，便是补钞后面的诗了。您如能来沪，乘天不太冷时，来一趟最好。也可将原手稿全部带来，以决定前所漏略的哪些应补入。你从前谈过您上海有亲戚，如亲戚那里不好住，我家也可对付些天。请不要为住处有所顾虑。”（1980 年 11 月 19 日）

注：吕贞白，据先生《〈吕伯子遗书序〉序》及《〈吕伯子诗词集〉弁言》：伯子名传元，字贞白，以字行，亦自称吕伯子，江西九江人也，中华书局上海编辑所编辑，华东师范大学和复旦大学兼职教授。

11 月下旬，仍牵挂老友高亨。

与钟埥信：“前几天接你高伯伯信，信是别人替写的。难道他又生病，或是病又加重了？我也不便问他看电视没有，目前这大快人心的事件，如他也看到，可能会有感触。人生总是人生，很不易和外界绝缘，何况他又是一个无权无势的人，也无力拒绝与哪些人接触。但是目前我实在没法安慰他。儿哪天有机会去看他时，须多方安慰他，并道我无时不在怀念在京的最老的朋友。”（1980 年 11 月 30 日）

注：信中说“大快人心的事件”，指 11 月 20 日，最高人民法院特别法庭开庭，公审林彪、江青反革命集团案主犯。

11 月 30 日，与陈小从信，再次邀请陈小从来沪。

12 月初，校阅《寒柳堂集》书，对《事辑》出版前利用其中素材写文章发表极为不满。

与陈小从信：“兹寄上友人（先生助手黄萱）寄来的‘羊城晚报’上的剪报，内为令兄封雄大文。早知如此，我决不把‘事辑’稿本三册寄给他。不知为什么他要抢在‘事辑’未出版之前，先要发表他的大文（据友人云，‘羊城晚报’之前，已在‘人民日报’及‘战地’二卷上发表过）？又不知为什么他在文章中绝口不谈已见到‘编年事辑’稿本事？你六叔去世已十几年，‘四人帮’倒台也已数载，为什么他早不发表纪念文章，偏偏要在这个时候？将来‘事辑’出版后，还会有人认为我盗窃他人文呢！”（1980 年 12 月 8 日）

与朱浩熙信：“《寒柳堂集》最前面有一目录，最后所附《陈寅恪先生编年事辑》，为我所写。此全集可能共约十册，将来会陆续寄给您。但此册中错字不少，约如下：诗页五〇倒六行，‘癸丑’‘丑’字改为‘卯’。诗页三四，《改旧句寄北》题目下加注‘参丁亥春日清华园作’九字。诗页二七、倒三行，‘花事亦随’，‘亦’改‘已’。文集一六七页、倒七行，‘务其文之著也’，‘务’改‘恶’。盼任照改。”（1980年12月17日）

12月，谈对印书使用简体字的看法。

与朱浩熙信：“近来印书喜用简体字。曾看到印本《辞海》，全用简体字。我对看简体字印书，兴趣不大。我的看法，已简化的字数有限，省力有限，而对於截断中国文化的力量则很大，如要再进一步简化，所谓得者一而丧者百也。况且，出了国门，即是香港，印书仍全用繁体字。要知，纵横亿万里，上下数千年，无文字上隔阂者，世界上只中国耳。”（1980年12月22日）

是年，章培恒晋升教授，任中文系主任。

【时事】11月20日，最高人民法院特别法庭开庭，公审林彪、江青反革命集团案主犯江青、张春桥、姚文元、王洪文、陈伯达、黄永胜、吴法宪、李作鹏、邱会作、江腾蛟。

一九八一年辛酉　七十九岁

复旦大学中文系研究生导师。

1月，修改旧稿《屈原年表初稿》，补写“后记”。

《屈原年表初稿》文后记：“一九八一年一月，修改旧稿写讫。《(屈原年表)后记》则修改时所补。”

1、2月之交，陈小从来访。先生为《同照阁诗钞》撰写“前言”。

陈小从《图记义宁陈氏·传薪人》：“我与蒋先生原未识荆，在他编辑《陈寅恪先生编年事辑》一书时，为商榷有关家史资料，才与我建立起通信联系。在此事进展过程中，蒋先生嘱我抄寄先父有关遗诗，以备选入书中，因之对同照阁诗大加赞赏，愿为出版作将伯之呼。我是1980年冬携父亲诗稿前往上海向蒋先生请益的，见面后，他的第一句话就是：'师伯的诗及为人，我是钦佩之至。可惜未曾拜识，假如当时能相识，我一定会推荐他来复旦任教。'后来，在他及汪荣祖、何广棪等先生的推动下，先父遗作《同照阁诗钞》终于1984年在香港出版。我自己走上文史研究之路，引路人有两位，一为李一平世伯，一为蒋天枢先生。"

与陈小从信："接来信后，知平安抵家。适正赶上忙忙乱乱之日，终日不得宁息。今始得作复，无任感怅！您走时未得送行，行前又未能抽身到市里，买点东西送您，实万分仄歉！老而不能自由有如此！《柳如是别传》出版后，下面将是已经出过版的《隋唐制度渊源论》《唐代政治史述论》《元白诗笺证稿》三种，皆已有纸版，只是重印而已。然后才是'事辑'。'事辑'现已发排，晚些时方能出版。"（1981年2月9日）

《〈同照阁诗钞〉前言》："彦和先生，生平所历，坎坷多於平途，其嶔崎磊落之情思，抑塞郁抑之怀胞，一寓托之於诗。晚清百馀年来，世道俶诡变幻，先生时撷之以入诗，以故同照阁诗於晚清以还世道隆汙所反映者实多。此留心近世史者所宜观览也。诗署名'同照阁'者，散原老人庐山牯岭'松门别墅'中阁也，老人离牯岭后，彦和先生常居之，为书匾其上，因以名其集。本文所述彦和先生事，本诸先生女公子小从所述，谨并识之。辛酉春后学蒋天枢敬识。"

2月，撰写《〈楚辞论文集〉引言》。《楚辞论文集》书稿寄西北大学友人。

《〈楚辞论文集〉引言》："五十年代后期，余授专业课楚辞，成《楚辞新注》。六〇年撰《楚辞新注导论》。六四年又撰《楚辞新注导论二》。后又撰《汉人论述屈原事迹中的一些问题》及《后汉书王逸传考释》等文。当时本思对《新注》进行修改并补所未备，而终岁栗碌，益以'十年浩劫'，余大病几死，百事俱废，旧业遂荒。前岁始得从事董理《新注》，中更间以他业，致未竣事。今者姑将旧文辑为一集，类皆陆士衡所谓'冗长'之作也。尝思，将来如取以附之《新注》，则篇章过繁，乃别为一编。友人怂恿付刊，因题曰《楚辞论文集》，付友人别为刊行，取陆氏'离之则双美'义也。"文末注："一九八一年二月蒋天枢识於上海复旦第一宿舍。"

注：文中所谓"友人"者，西北大学中文系单演义教授也。

3月17日，患病毒性感冒住院治疗。

与朱浩熙信："我于三月十七日晚感到身体不舒服，早睡，半夜起床，鞋还没穿上，就摔倒在地上，待家里人扶起后，一量体温，高达40℃。十八日晨送到医院，医生认为需住院观察。之后高烧达八、九日不退。医生采取各种治疗措施，体温才渐趋正常。直到五月七日才出院。现在身体十分虚弱，行走不便，生活也不能完全自理。医生认为必须静养数月，不能工作和会客。据目前的情况，需要较长一个时期才能恢复健康。住院期间，一直需人陪住。四月初，我大女儿钟埼也从北京回来，姐妹二人轮流陪我在医院。"（1981年5月14日）

春，次婿杨国琛研究生毕业，到生化制品所工作。

5月、6月，居家养病。

高亨来信："接钟埼侄女来信，得悉您患了一场大病，使我惊惧不安，后知已告痊，但尚未恢复健康，衷心少慰。遥望沪滨，系念

萦于寤寐。切盼吾兄加意休养，谨于外出。您已是八十高龄的老人了。”（1981年5月12日）

与高亨进行“复古”与“从俗”的论争。

高亨来信：“您老了，添了一种缺点，学术思想偏向复古守旧。喜欢繁体字，反对简化字，喜欢直写，反对横写。何必如此呢？甚至反对夫妻称‘爱人’。我们应该从众、从俗。您的楚辞新论交陕西人民出版社，也提出用繁体字、直写的条件，予该社以困难，又何必如此呢？文章好坏，不在古不古。”（1981年6月1日）

《同照阁诗钞》书稿寄西安。

致陈小从信：“经这场大病后，体质下降许多，身体十分虚弱，行走不便，生活尚不能完全自理。遵医嘱，近几个月内，不能会客，不能看书，不能写东西。据此情况，尚需较长时期才能恢复健康。我出院后，才看到你的来信。你把《诗钞》抄好以后，望直接寄给‘西安、西北大学、中文系单演义教授’收交出版社。因我自己不能写信，特让小女儿代笔作复。”（1981年5月13日）

5月下旬，“文革”后的第一届研究生毕业。

马美信《师恩难忘——记朱东润、章培恒、赵景深先生二三事》：“1981年5月，中文系在资料室召开第一届毕业生毕业典礼。朱先生在会上说：‘有人说我的学生记性很好，但记性好不一定能做好学问。陈寅恪的记性很好，他的《柳如是别传》引用大量资料，我想把他引用的资料编成索引，也没有编成。但是花那么大精力，用上百万字为一个妓女作传，有什么意思呢？’陈寅恪的关门弟子蒋天枢听了这番话，坐不住了，他并未直接反驳朱先生对《柳如是别传》的批评，而是说：‘我不像朱先生那样著作等身，我只是要求学生认真读书，打下扎实的基础，要像陈寅恪先生那样潜心学问，不要急功近利赶时髦。’蒋先生话说得婉转，但明显表示对朱先生学问的不满。朱先生又针锋相对地说了一些话，会议的气氛顿时变得很紧张。主持会议的系主任章培恒赶紧转移话题，平息了这场纷争。”

注：先生“文革”后第一届研究生为束景南，毕业后到苏州大学工作，后调浙江大学。

6 月上旬，谈培养学者问题。

与钟埔信：“在今天，培养一个普普通通大学毕业生，并非难事；而培养一个有成就的学者，却并不那么容易了。如其到了考上大学时再来，那时，他的记忆力已差，而且大学是有许多可学可不学的课要装进脑袋，能接纳的容量就很少了……”（1981 年 6 月 8 日）

注：信中所说“他”，指外孙吕海川。

6 月中旬，病稍好，居家调养。

刘青莲与钟埔信：“爸爸近日身体进展不快，因为我要去楼下去做事（修一楼住房），没人与他说话。他自己一无聊就要看书，因此恢复很慢。你到京后又要忙家务，又要忙工作，可要当心身体。在此一月多，受累很多，没吃好，更没睡好。爸爸和我一提起你在医院陪他，就说你辛苦了一个多月。”（1981 年 6 月 30 日）

与钟埔信：“我可以写字了……我的两个研究生，现在完全由章培恒替我带。系里本来想给我再招研究生，已和章培恒商定，今明两年都不给我招研究生……你高伯伯（晋生）听说我病后，已经来

过三四封信，可见他对我的关怀。”（1981 年 6 月 15 日）

6 月下旬，钟堉住北大医院治疗，确诊为胶原病，对父母只说是风湿病。
7 月，与高亨继续进行“复古”与“从俗”的论争。

与钟堉信：“你高伯伯信嫌我让西安印书用繁体字为‘复古’，我讲他近来印的两本书全是繁体字直行排。他讲我不称‘爱人’为不能‘从俗’，我讲‘爱人’是从外文翻译进来的，它的含意是‘姘头’，如有人称夫人为‘姘头’，岂不是笑话？决不是从俗不从俗的问题。”（1981 年 7 月 17 日）

谈提高小学生作文水平。

与钟堉信：“孩子的作文不好，主要是看的东西太少。你家既没有报纸，也没有让海川学着看。盼你能订份《北京晚报》。另外，我让你买部《水浒传》《三国演义》给海川看，既可增长些历史知识，也可增强他的文学素养。我像海川的年龄时已看（偷着看）《三国演义》，而且十四、五岁时就会作旧体诗了。当时曾写了一个小本子。只因你爷爷不喜欢我作诗，后来便将本子烧掉，再不作诗了。可见大人的奖励对孩子是有关系的……像上次带来的北京的小学模范文选等，不但孩子不爱看，看了也是没用的。要知道把孩子不喜欢的东西硬往头脑里塞，是不起作用的。你所说‘好好给他补习语文’，大概也是塞填这种东西。我认为，最好你能让他暑假里读完几本《三国演义》。”（1981 年 7 月 17 日）

长女住院期间，仍为代抄文稿。

与钟堉信：“来信及钞稿俱收到，无念。第二篇三份已够，不必再寄来。儿抄得很好，早令你学此道，何至有今日悔恨……海川、

海春，都想教他们学这行。趁我精力还好，实想把他们兄妹俩都培养成材。”（1981 年 7 月 21 日）

注：信中所讲“此道”，指文史学科。

谈海峡两岸出版的陈寅恪著作。

与钟堉信：“你所讲台湾出版《陈寅恪全集》事，我也见到第一、第二两册，是出版社买的。上海出版界《全集》的名称不敢用，而《文集》的第二、第三册，只各印三千册，不但不能供国外买，国内也不够。”（1981 年 7 月 21 日）

9 月，因病还不能正常写字，已萦念旧稿整理。

与朱子方信：“我两月来常作甩手活动，已能写字，只是写来很不自然……这次的病给我的身体造成很大的损伤，至今走路仍不大方便，仅能在门外作少时的散步，走多了便感膝骨痛，只好慢慢地锻炼。只恨十年动乱没能将我的旧稿修改好，仅将我的楚辞写好了离骚、九辩、九歌三篇写成，天问刚开了头便生病了。不知什么时候才能恢复我的工作。自恨所学不过巴掌那么大，二三十年来终日忙碌，不但无作文时间，也无读书时间，今已年老，无精力再多读些书了。去年集录旧文为《楚辞论文集》，已交陕西人民出版社（他们来了两三次，不好意思不给他们），何时出书尚不可知。想再辑一册《丁丑丙戌间论学杂著》，而将后来几篇文章附入其中。很想等身体再好一些，写一简短前言并目录。将来想付上海古籍出版社（因为他们能用繁体字、直行），还不知他们肯要否，姑作此想而已。年老精力差，学校又不肯给一助教代抄写，有时只能让你大妹誊录或复写，生活困顿亦可慨。”（1981 年 9 月 10 日）

拟出席“王静安先生学术纪念会”。

与钟堉信：“（带去）抄的文章，你有空就抄，只能抄好再给人家。（上海师范大学十月里要开‘王静安先生学术纪念会’，许多清华研究院同学都来。届时如许可，我也应当参加。）”（1981年9月14日）

注：先生嘱长女代抄文稿为1949年所撰旧稿《〈盘庚篇校笺〉叙》。会议原定当年十月，后推迟一年。此文被收入华东师范大学出版社1983年出版的《王国维学术研究论集》第一辑。

谈带研究生。

与钟堉信：“今年，我自己的研究生外，另外还有三个，每星期的一个下午，讲两小时，他们四人一起来，不至怎么吃力。”（1981年9月27日）

长女蒋钟堉病情缓解。

与钟堉信：“来信说你已很好，究已好到什么程度，还不清楚，盼你能以精神的力量战胜病魔，顽强地好转起来！盼你从心坎里恢复你青年的活力！堉儿！为什么你竟遭到这样的磨难呀？一切都靠你的坚强毅力！”（1981年9月28日）

秋，钱钟书介绍台湾中正大学教授汪荣祖来访。

汪荣祖《史家陈寅恪传》之《增订版自叙》：“我於1981年之秋在上海复旦大学初识蒋先生，皤然长者，侃侃而谈，洵属可敬，后又延至其寓所，出示陈先生生前所有之黄藤手杖，并惠赠《元白诗笺证稿》与《论再生缘》最原始的本子。我又屡蒙蒋先生复书，解答疑难，尤其是一封毛笔宣纸所书长函，详叙所知，令我获益最多。”

《汪荣祖教授访谈录》(2004年1月12日):“我1981年来的时候,跟蒋天枢、唐长孺先生都有来往,还与两位唱酬过诗……我听蒋天枢先生说,陈寅恪作诗等于发牢骚。这也很正常,从古以来,诗人都是借诗发牢骚。他不满意的时候就发,还寄给朋友看,包括寄给汤用彤。汤用彤当时比较佩服毛泽东,他觉得陈寅恪怎么可以这样。他也看出陈寅恪在发牢骚啊。据蒋天枢说,汤用彤把陈寅恪的诗给毛泽东看……可是毛泽东看看,笑了笑,根本没有什么。毛泽东也是会作诗的,他晓得这是个传统,所以根本不是那样对立。研究陈寅恪,要实事求是,不应把他与政治牵强附会得太厉害。”(林华、晓涛《汪荣祖教授访谈录》,《史学史研究》,2004年06期)

与陈小从信:“汪荣祖写有‘史家陈寅恪传’,系港人黄振甫代为出版,出版后黄即寄给小彭两册,小彭寄我一册。‘事辑’中所称‘汪传’者即此书。汪先到北京,后来上海,钱钟书介绍他给我,所以认识。”(1982年2月8日)

10月10日,谈陈隆恪诗选编和陈寅恪先生诗。

与陈小从信:“以不便作书,久未写信,乞谅!……外地来信堆累几案待复,已给流求、美延作书,又拖了几天才得给您写信。我近来仍什么事不能作,稍写封信,便觉劳累,莫谈其他工作了。近来抄选诗工作,不识做得如何?我个人想法,令尊诗不必选太多,不必拘於三分之二的规定,传世在於精而不在於多也。最好付印时文字约在廿万字以下,庶印成册不至分量过重。还有,早年诗用典者,今人能懂者殊少也。你六叔诗稿,索回无望,往昔印为‘补编’之念,已不能实现。他老人家生平风骨嶙峋,抗战前与其后之作,多有讽世之旨,其不甚显著者,亦可刊出也。惜小人作祟,将使先生心血付之东流,可悲殊甚!”(1981年10月10日)

11 月，谈读唐宋大家及陈寅恪文集。

与李振杰（时在澳大利亚做访问学者）信："无论回国与否，盼把韩集仔细再读一遍。陈先生《论韩愈》一文，你读过吗？韩集之后，可先读宋《欧阳修集》，然后再回头读柳宗元及其他唐人集。以欧最善学韩，故先读之亦是好事。……陈寅恪先生文集，我已给你留了一部，等你回国后再给你吧。将来你可对陈先生集好好读一过。陈先生不但在中国是位伟大学者，也是世界学术界声称卓著的学者。书后面附有我所辑《陈寅恪先生编年事辑》，你可藉此略知陈先生生平梗概。"（1981 年 11 月 1 日）

上海博物馆退还蒋天格部分书籍。

与钟堉信："你叔的书，已退还了一部四部丛刊初编两千多册，但书厨没了，取回的只是扎好的三十几捆。另外还有一部百衲本二十二史。两部书共约三千册。只是四部丛刊中有一部书缺了第三十二、三十三、三十四三本，重复了二十二、二十三、二十四三本。因为抄家书很多部混在一起，整理的人把它拼起来，所以搞得很乱。我们取回的一部编号为'戊'，已是拼成的第五部了。这两部书现尚堆放未卖，想卖，就一定要受坑，你说卖不卖呢？此事，早已从徐汇区运回，告诉你。"（1981 年 11 月 21 日）

11 月中旬、12 月中旬之间，陈美延来沪看望。

与陈小从信："美延去黄岩看她病重的公公，携带男孩苍山同往。曾转道来沪，曾见一面，匆匆返中山大学了。"（1981 年 12 月 18 日）

注：先生 11 月 12 日与小从信，说到"美延身体很差，常因工作劳

累住校内医院，天长道远，亦无力协助之也。”

12 月下旬，因拔牙做手术，口腔发炎住院。

与钟堉信：“近一周来，因创口有点发炎，稍有些痛。现在天天换药，已经一周。照口腔科医生意见，再换两天药即停下来，停几天如不感到痛，即可出院。估计约在1月1号左右。”（1981年12月27日）

是年，先生有意把长女钟堉调苏南工作。苏州同意接收，因故未能调成。

与朱浩熙信：“过去你曾想法把钟堉调苏州，我们虽很同意，但她丈夫吕开盛坚持不肯去，故她讲单位不肯放。附告实际情况如此。”（1983 年 5 月 22 日）

年底，蒋钟堉病情严重，坚持完成北大二分校设计任务才住院治疗。

【时事】4 月，中共中央副主席陈云在杭州的一次会议上对整理古籍作了重要谈话。9 月 10 日，中共中央以文件形式，批转陈云同志在杭州一次会议上的讲话《整理古籍是继承祖国文化遗产的一项重要工作》。

一九八二年壬戌　八十岁

复旦大学中文系硕生研究生导师。

1 月初，为陈小从筹划《同照阁诗钞》出版事，审阅俞启崇《〈同照阁诗钞〉序》。

与陈小从信：“接来信，知稿已寄出，至慰！我意，诗既系选录，似可仍名曰《同照阁诗钞》，用‘钞’字比用‘稿’字好些。请您斟酌。李一平先生题诗，刊於‘前言’前，或‘前言’后都可，请您斟酌。您处想有底稿，请写一清楚楷体寄西安。（原稿亦附信内寄还。）你表弟‘后记’，我意，前一页半中的话，似不必说，不须说。后面一部分，我僭妄改了数处寄还，请您用真书、繁体字，誊写一份一同寄西安。并告他们，放在书的最后。”（1982年1月4日）

注：信中所说“李一平先生题诗”，指李一平《读彦和兄遗诗感赋一律》：“读罢遗篇百感新，馀生血泪殉天伦。江南月是传家物，笔底怀耽誓墓贫。过眼云烟诗外味，填胸哀乐画中人。高歌忘老吾犹在，魂绕松门酾酒巾。”载《同照阁诗钞》卷首。

《陈小从笺释》：“《同照阁诗钞》在港出版前，我曾将俞启崇所写序寄蒋老审阅，蒋则认为前半篇似衍，仅用下半篇。又，我曾有请（俞）大维姑丈写个短序的念头，但阻碍不少，蒋函所提亟为正确，故未敢冒昧行事也。”（2008年4月）

1月上旬，接陕西人民出版社《同照阁诗钞》退稿。

与陈小从信：“顷陕西人民出版社突然将《同照阁诗钞》稿四册退还给我。我惊讶之馀，又感到很好笑。没关系，稿存我这里，留待机缘。他们的信两封，附上。……前信附去的李一平的诗，和令表弟的后记文，想已收到。请把李一平的诗，单抄一张格子纸，令表弟的后记，另抄两张纸。抄好后再寄给我。抄时务盼都写繁体字。那篇‘前言’，我又改了一些地方。不知您是托什么人抄的，满纸都是简体字，累了我一身汗，才把它一一改正过来。已改的，就不再和您商酌了。”（1982年1月12日）

注：信中所说“那篇‘前言’”，指先生所写《〈同照阁诗钞〉前言》。

长女钟堉病情趋重。

与钟堉信："这几天，天天想给你写信，并十分挂念你。你妈尤其怕你的关节炎重了，会并发其他毛病，日夜焦急……当你的手不便写字时，或者事忙时，可让小海川代你写几行，由你口说，他写，也可训练他写东西，约略报告你们情况即可……盼儿健康恢复得快些。"（1982年1月10日）

与朱子方信："你大妹本说春节来上海，后因风湿关节炎病大发，致不能行动……"（1982年2月24日）

1月16日，上书中共中央副主席陈云，就整理古籍和清华大学复建文科陈述建议。

致陈云副主席信："一，古籍出版机构亟须增加，商务印书馆可否恢复其出版古籍工作。由于我国文化遗产极其丰富，从国务院古籍整理出版规划小组初步拟出的供讨论用的规划来看，出版任务已极繁重。而目前以出版古籍为专业的出版社，只有上海古籍出版社和北京中华书局两家，要担负这样繁重的出版任务恐有困难。同时，由于专门的古籍出版机构在南方和北方都各成一家，实际上成为"垄断"局面，这对于迅速提高出版物的数量和质量都颇不利。再说，以我们这样一个大国而只有两家专门出古籍的出版社，似也不相称。所以，古籍出版机构亟须增加。另一方面，商务印书馆在旧社会出版过许多古籍和文、史、哲学的学术著作，如其所出版的《丛书集成》《万有文库》《国学小丛书》，影印的《百纳本廿四史》《四部丛刊》初编、续编、三编等，不但在当时颇有影响，至今国内外仍在流通。这是一个在国际上有一定地位的出版社。而且，台湾现在也仍有商务印书馆，在继续出版这方面的书籍。利用商务原有的声望，迅速扩大影响。所出古书销行颇广，获利不少。我们的商务印书馆在继续出版科技等书籍的同时，可否恢复原来建制，兼出古籍和文、史、哲方面的书。其好处有三：甲，改变目前古籍出版机构不足的局面。乙，有利于加强我们所出古籍在国外及港澳的竞争力。丙，由于台湾也有商务，扩大后的商务印书馆也可作为对台湾进行统战工作的渠道之一。二，综合性大学的学科亟须增加，可否以清华大学为基础创办一个具有各种学科的综合大学。我国现有的综合性大学，一般只有文科（中文、外文、哲学、历史等）理科两种学科，有的综合性大学还有法商科的个别专业（如法律、经济等）。这种建制是一九五二年确定的，在当时是很适宜的。但在这三十年中，情况有了很大变化。首先，由于科学的发展，牵涉到两种或两种以上学科的所谓“边缘学科”越来越多，例如，需要文科和工科共同研究、理科和工科共同研究、理科和医科共同研究、工科和商科共同研究的项目日益增加，而我们的综合性大学却基本上只有文理两科，对迅速发展科学事业很不利。其次，在科学发展的这种新情况下，国外大学的学科越来越多。以日本来说，许多大学都同时具有文、理、工、医、法、商、农等学院。以我们这样一个大国，而综合性大学基本只有两个学科，似也不相称。所以，今后似宜迅速创办多种学科的综合性大学。作为试点，是否可以清华大学为基础来试办。清华大学在旧社会原本有文、法、理、工、农五个学院，为国大学之冠，尤其文学院的历史、语文、外文各系所培养出来的人才布及全国，为其他大学所不及。理法科亦均各有特色，所培育人才，多蜚声国际。目前的清华大学虽已成为工科大学，但一则它有以前的多科性综合大学的传统，再则从设备及人力等条件说，在工科大学的基础上增设文、理、法等科较为容易。在文理大学的基础上增设工科等则比较费事。所以，以清华大学为基础来创办，似可收事半功倍之效。此外，我国现有的大学教学，在分科、分系、分组上都过细，文科尤为突出。这跟现在科学发展情况也有不相适应之处，主要是培养出来的人容易有知识面不广的缺点。可否在现有的基础上借鉴西方（包括日本）的大学教学经验和我国古代的书院制度，再作一些改进，以便做到在培养通才的基础上造就专才。”

注：据徐葆耕《蒋天枢：重建文科的始作俑者》：陈云办公室将此信交中共中央宣传部，中宣部拟定公文，即将此信转给教育部党组，同时有邓力群、王任重、郁文等人的批示，要求教育部认真研究蒋天枢的建议。教育部办公室将此信呈送部党组书记张承先和周林、黄辛白阅示，张承先转蒋南翔阅，并建议征求清华大学党委的意见。此信很快转到清华大学。清华大学的校领导都在信上作了批示。“当时的校长刘达是辅仁大学中文系毕业的，对办文科有一定兴趣。最后意见似乎大体统一了。当时担任宣传部长的罗征启起草了给教育部党组的报告，赞成清华向综合化方向发展，并拟先建经济管理系和在马列教研室的基础上组建社会科学系，在宣传部领导下成立文史教研。”

清华大学呈文的时间是1982年元月，在先生发信的当月就作出反应，办理的效率极高。1985年，又建立了社会科学系、中国语言文学系等。徐葆耕认为：“蒋先生是清华复建文科的首倡者，而且实实在在地催生了清华的文科。”蒋先生“对清华文科的复建起了‘第一推动力’的作用”，是“无名英雄”和“始作俑者”。

1月22日（除夕），收到《陈寅恪先生编年事辑》新书。《陈寅恪文集》七种九册、附录一册出齐。遂重拾旧作整理。

与朱子方信：“我给陈先生写的编年事辑，前日才送书来，日内当寄你一本。此书他们只印五千册，且纸劣……”（1982年1月

24 日）"兹由邮局寄去两册，另一册已写好给（周）书舲款，便中转致。老同学中只给晋生一册及戴家祥一册。张遵骝要去两册。"（1982 年 2 月 24 日）"我的《楚辞论文集》，本是陕社三次到家索稿，才给他们的。后来他们因我要求用繁体字，他们又将稿子交上海中华（单演义信讲）……《丁丑丙戌间论学杂著》前些时本想将前言写出并附目录，因天寒手冷而止，须待春暖后再写。如有需钞的，也只一两篇，待寻出后再寄你。"（1982 年 1 月 24 日）

1 月，拟将《同照阁诗钞》托汪荣祖带海外出版。

与陈小从信："现在有一台籍在美工作的朋友汪荣祖教授在沪，我已托他将令尊同照阁诗钞稿带至境外，或在香港，或在台出版，不知您同意否？（汪同意带稿。）因需征求您的同意，盼接到此信后，立即复我一航信。汪将在下月初离沪也。如允，或复我一电，'可'或'不可'都行。"（1982 年 1 月 23 日）

《陈小从笺释》："此为陕西出版社退回'同照阁诗稿'后，适逢汪荣祖先生经沪，蒋老遂建议托汪带至境外，此举果成事实。老人对先父之知己之感，拳拳在膺，多方求售，盛情可感可念也。"（2008 年 4 月）

校《楚辞论文集》书稿，补写《弁语》；修改《〈楚辞新注〉序》，辑抗战时期文稿。

《〈楚辞论文集〉弁语》："默念平生，壮岁颇知向学，有志於史。当其时，自谓能脱落枝叶，有'独上高楼，望尽天涯路'之闳愿。其后终日咿吾学而，时复自叹。继则饥驱役於人，韶华虚掷，老而无成，緊！谁咎哉？昔年陈师有咏'印度象鼻竹实'诗，师母绘竹实图并书诗其上以寄枢，'莫教绿鬓负年时。'所以勖枢也。其后，再游羊城，师询所业，以楚辞对。语次，言及温公通鉴，师有‘温公书不载屈原事’语，实以砭枢，不敢自明其衷曲也。今兹衰老，追怀往事，感恨曷及！一九八二年一月补识。”

刘青莲与钟堉信：“爸爸这几天校稿子，是他自己的《楚辞论文集》。”（1982 年 2 月 14 日）

与朱子方信：“西安陕西人民出版社已把我的《楚辞论文集》用繁体字全部打出样来，前些天我已校毕寄还给他们。但出版发行，恐怕还要等几个月吧。另外，所辑抗战时期各文稿，也已大体辑出，但忙忙碌碌，尚未及写序言。现正修改《〈楚辞新注〉序》（已改新注名《楚辞章句校释》）一长文，因有一处要文章，将以此文付之。”（1982 年 2 月 24 日）

谈朱子方与人合撰《辽代墓志考释》。

与朱子方信：“你的《辽代墓志考释》，可就自己能找到的材料，抓紧时间，独力为之。你和人合作的想法，本是错误的。目前无论老年少年，大多不学无术，甚至盗窃他人而成著作，其无耻达到令人骇怪的地步。我们这里有位八十多岁的老头子，盗窃过去某诗人成果，写成了几本书出版。”（1982 年 1 月 24 日）

接陈小从寄来陈宝箴诗文目录。

与陈小从信：“接奉廿六日书，同时看到压在书底下的您前信并右铭公诗文目录，可惜此目录中诗文无清录副本在我处，不然，可以同时交汪带去了。所可惜者，遗文中无奏疏一类，不识何故？再，可挽留汪教授迟至二月半成行，如清钞，还来得及否？以我就目录看，此间未必能即予出版，以举主右铭公声望反不及所荐之谭嗣同为俗人所知也。倘有奏疏稿，因史料关系，反较易为人接受。从前曾听人说，奏疏稿原存您大伯母处，然否？关于同照阁诗钞携出境外事，切盼您勿和您大哥及陈封雄谈起，稿未出境，已闹得满城风雨，殊於事不利也。切盼切盼！”（1982年1月底～2月初）

2月，昔年学生李振杰从澳大利亚代购球蛋白针剂。

与李振杰信：“陈先生文集六册，和《附录》我写的《编年事辑》一册，也托王、陈两同志带上，便你先睹为快……您给我带的球蛋白针剂五盒已收到，至谢！此物本是我托你购买，而且，花了您仅有的外汇，务请将价钱告我，切盼！”（1982年2月4日）“您不告我所询事，心殊耿耿。在您，固旧交不计，在我则属托而无偿，终为不安也。此药我已打过一针，感觉很好。依药盒上所载，粉剂似可保存年馀。彼时体已康复，不再需此矣。”（1982年3月4日）

2月上旬，筹划右铭公陈宝箴遗集出版事。

与陈小从信：“关於右铭公遗集，我的意见有几点如下：一、我个人意，拟将此集定名为‘陈右铭中丞遗集’或‘陈右铭中丞诗文存’，不审尊意如何？二、您前所寄目录，我曾拿给出版社人看，他们没讲印或不印，观其气色，似兴趣不大。三、此遗文中末一篇‘四觉老人书示隆恪’一首，并非老人立意为文，似不宜列为一篇，只可作附录。四、文目中有一行：‘与田鼎臣书答黄鸿九书’，是一文抑二文？抑所钞有脱字？五、您是否愿将此遗稿全份寄给我，我托人用微型胶卷影照一份，将来再有便时带至国外。如影照后更能印出五六份则更好，但不知您意如何？因为我想到，如影照，不但可保存你方恪叔手写原样，并可保存郭嵩焘手批，且可避免抄写发生错误，并可多留几份人间。”（1982年2月8日）

《陈小从笺释》：“此函之‘五’，‘您是否愿将此遗稿全寄给我’，系指寅叔付我保管之右铭公遗文遗诗。我得此函后，遂托伯嫂赴沪之便带往上海，并亲自前往复旦交到蒋老手中。”（2008 年 4 月）

2 月，长女钟堉病情转重。

刘青莲与钟堉信：“血小板很低，医生又无好办法，吃中药是很慢，医院又不想叫多住，回家，家里条件很差，再说出院后要经常跑去看病，也是很累的。据妹说，你的病情很复杂。再说吕开盛为你已经辛苦了半年了，他的身体也不太好。而且家务繁重，因此很想叫你回上海来治病。可听你妹妹说，须要你病情稳定，才可作此打算。下一步如果出院后，要托你的单位将公费医疗转好。妹说这件事也是不易办的，不过要尽力去办。你一向是困难不给父母讲的，总是你自己克服，以致身体到这步田地。我和爸爸还在鼓里坐着。等到妹妹从北京回来，姨姨、章培恒都知道，我们都不知道，后来慢慢才追问出一些来，但还没把严重性说出来，最近才给我讲了些你的病情，她讲你的病要有好的医疗和好的环境。钟堉你可不能再大意了。”（1982 年 2 月 18 日）

与钟堉信：“我有篇文章，你如能写，就给你寄去让你钞。你目前情况能否钞东西，盼告。”（1982 年 2 月 21 日）“我的稿子虽已写出，无人代钞，又有单位来索稿件，不便将原稿交他们，只得寄病体未复的女儿代钞。能於（三月）二十号左右寄来即可，因三月底为收稿截止期。”（1982 年 2 月 28 日）

3 月 4 日，谈读书。

与李振杰信：“你在澳时，读全谢山集很有兴趣，将来，在工作稍暇时，仍可读些其他清人集，或唐宋人集，慢慢扩大思想境界，亦是人生乐事。寄许德政的书，我想等另外三册出来后，一齐寄去，

也可算作完整的一套书。寄时当用平挂号，用不着航寄也。”（1982年3月4日）

注：信中所说“寄许德政的书”，指《陈寅恪文集》。

3月5日，解放日报发文，赞扬先生的高尚品格。

查志华《一个品格高尚的学者——记复旦大学中文系蒋天枢教授》：“在他的努力下，《陈寅恪文集》终于出版了，在国内外学术界引起强烈反响。出版社按照正常的稿酬制度，寄给他一千元编辑费。可是蒋天枢不愿接受。他在给出版社这位编辑的信中说，早先‘曾奉一函，向您讲明，本人绝对不能接受酬金。并请您转告贵社领导。兹再向您郑重声明：本人绝对、坚决不受此款。该项支票即便您社业已发出，仍须由您社支取注销。我绝对不领取此款。’说来有趣，蒋拒不领款，支票在邮局里躺了好几天，税务局却根据个人所得八百元以上要纳税的规定，一张催税单接踵而至，要他即去交税。蒋教授在给出版社的信中诙谐地说：‘我款既不受，何交税之有？贵社不是故意给我制造麻烦吗？’结果，只得由出版社注销了事。”先生表示：“编辑《陈寅恪文集》是我对老师应尽的责任。接受酬金是无论如何做不到的。”记者感叹道：“我们这个文明古国历来是讲究治学做人并重、人品文品如一的。十年内乱后的今天，人们对于文坛的道德水准予以深切的关心。出版社有时就像一面三棱镜，文坛的面面观在这里都得到了折射。正如古籍出版社那位编辑所说：‘像蒋教授这样不重名利、品格高尚的人才是令人感佩的。’”

3月9日，坦陈写作《编年事辑》的中心意旨。谈陈寅恪先生之诗。

与朱子方信：“信已收到，看后很有感触。你看过陈先生，故一往情深，一般人对陈某何许人都不大清楚了。我这本《事辑》，中心意旨是想写出：陈先生‘是中国历史文化所托命之人’这一点主旨，但有些话不便讲，文不便引，这一意念模糊了。这是我对书虽出版，心中实怅然的一点感情。先生学术面貌见於文，精神面貌则具於诗：他的感情、识趣、峻洁的情操，威武不能屈的信念皆在於诗。诗实具有史的性质，在旧社会新社会所作，同然。你想懂些艺术，先生的诗不可不熟读，不宜等闲视之也。如集中的《贫女》一首，杜牧的‘取之尽锱铢，用之如泥沙’二句可以作此诗注解。又如《丁酉五日客广州作》一诗，句句是端阳，句句有寄托，你试反复读之即见。又如《题修史图》（页二九）原本三首，我只刊出前后二首，中间一首未刊。原句如下：‘国魄消沈（指外蒙）史亦亡。简编桀犬滋雌黄。著书纵具阳秋笔，那有名山泪万行。’又如三二页《迂叟》一诗，实感於旧文化之将就沦亡。先生目虽不见，其嗅觉、触觉，固异常灵敏也。你欲长长学问，应对陈先生集好好读之。集中错字甚多，另附去校勘记一份。”（1982 年 3 月 9 日）

谈研究工作万不可与人合作。

与朱子方信：“你对研究工作，万不可和别人合作，世风日下，人心不可测也。又，只顾自己写出文章，莫愁无出版处。我认识几家。你可写好后，缓缓修改，自有出者。”（1982 年 3 月 9 日）

春，整理旧稿，拟结集《丁丑丙戌间论学杂著》。

与钟堉信：“上月二十七日接你信后，旋即於三月一日给你发信，并寄去稿子一件，书一本。”（1982年3月10日）“抄稿并信收到，悉一一。给人家寄出前，我又仔细校了一遍，发现我原稿上脱了两字，另一处则脱了一句，可见做事慌心不得……我忙着给研究生看毕业论文，今天才回你信。”（1982 年 3 月 18 日）“我那篇文章后面用红笔写的，是附加语。用直行写完正文后，空一行，再用全低两字的方式，写在那文章后面，即可。此文抄好后，即和上次未写完的文章，一同寄来。”（1982年4月20日）“来信收到，继又收到所抄稿。你抄得很好，全符格式。只是原稿中有不妥的地方，须改几字。有关楚辞校笺的稿子，目前还谈不上付刊，且待将来补齐后再说。另一篇原是打字本的文章，拟於最近编成一册《丁丑丙戌间论学杂著》，以抗战期间所写文为主，而以稍后之数篇附入。前面则加入少作三篇，你所抄者，即第三篇也。大概此册交由河南出版社出版，有学生在那里。缓几天，打算先写篇前言。”（1982年5月6日）

注：近期长女所抄稿，主要是《丁丑丙戌间论学杂著》书稿，亦有《楚辞》论文稿。5月6日信中所说“河南出版社”，为中州古籍出版社。“有学生在那里”，指昔年学生沈伟方在该社。

3月，审改研究生论文，读陈右铭遗集。

与陈小从信：“连月来我都在忙於改正研究生毕业论文……当尊嫂萧乃兰及令侄女来舍间时，我已在忙於此事，终日闹得精力疲惫，致久未给您复信。所寄诗稿三月八日收到。且令曾祖右铭公遗集亦阁置久未得校读。（前日另一研究生又送来他的大作，我只得暂给束之高阁。）年已八十，尚未能退休偷闲，为之怅恨！前日始得快读右铭公遗集，（此稿汪荣祖很想让我照相数份，先给他寄一份去。我想，他是想搜得材料写文章，在未出版前寄予他，对出版不利，因而尚未照相。）感到闳阔胸怀与当日政治家风度。惜初步小试，即遭遇不偶，未竟其志。苟光绪继续秉政，清室或不至速亡如彼。西后实亡清之罪魁也。又，遗文各篇，大都有年可核。约略均在三十岁左右及四十岁稍前之作。读各家评论，似此遗集即以‘二疏论’为首篇。或者你七叔钞稿时即从‘二疏论’起，但不知前半篇缺於何时？从遗稿看，凡已上奏之疏，均不录入。就遗集内容看，出版当无问题。只是此钞稿大都草写，必须有誊清稿一份，才能交出版社。如何觅人妥写，待与友人商之。又，此遗集，连同诗文，分量不大，恐须用大字号排。如用小五号，将仅一薄薄小册耳。所可惜者，昔年无人为之刊木耳。再者，就遗集评文语抄在诗前一方式看，似原拟文在前，诗在后。但往昔木刊本集子，大都诗在前，文在后。你六叔集子，印时因诗收辑得不全，故附《寒柳堂集》后，备将来易於补入。所痛心的是，诗稿终未讨还。此稿如付印时，亦拟诗放在前面。你的意见如何？（各家评语，似乎有的可以不用，如褒抑意均有者是。您意如何。俟得您复信，我才找人抄，抄时可将不用之条除去。）汪荣祖早已离沪去台并回美。行前我告他：同照阁诗如能在港印，即在港印。否则即带台。他到广州时曾去找美延。当已早经港走了。但迄今尚无信来。”（1982 年 3 月 27 日）

4 月 12 日，媒体发文，赞先生人品文品。

隽雷《一稿多投的另一种》：“文品体现着人品。我不由想起蒋天枢教授的一宗事迹：为了编辑《陈寅恪文集》，蒋教授耗费了巨大的心血，然而他把这看作对老师（陈寅恪）应尽的责任，‘绝对、坚决’地拒收一千元稿酬，以致古籍出版社的一位编辑对此感叹说：‘像蒋天枢教授这样不重名利、品格高尚的人是令人感佩的。’唯愿像蒋天枢教授这样的人品文品高洁的名家多一些，这对于影响、教育后辈，荡涤文坛的不正之风，显然是很有裨益的。”（解放日报 1982 的 4 月 12 日）

4 月，患感冒。谈出版陈氏先人遗诗文事。

与陈小从信："周来患感冒，吃多帖中药始痊，致稽复。诸乞谅之！关于如何印右铭公遗集事，前所言'排老四号'字，乃出我的意见。近始知是根本办不到的事。以'文革'期间多数体字铜模被销毁，尤其大号字。以致现在即使需用稍大的字，多系现刻铅模。以致印大字本成为不可能的事了。很可惜，倘在'民国'期间，还有刻木刊本的可能（我有位朋友的'庄子今笺'即是在开封木刻成一大本的），现在全国任何处都找不到木刻处所了。有位朋友说，现在凡是分量少的，大都是两种、或三种，合刊在一处。不能单独成为集子。这样，您是决不会同意的。因此，尚未正式和出版社谈过。您看怎么办呢？汪已回美国。关於'同照阁诗钞'，汪近来信未详谈，仅言'诗钞可望於港付梓'。我曾把照片和您的通讯处都写明，装在稿件包里。我想，香港如肯印时，会和您通信，并请您校样的。香港没有简体字，印时当悉为繁体。目前我仅有一点小小顾虑，您抄稿时以不肯割爱之故，分量过大了一点，不知会不会影响付刊。希望这仅仅是我个人的顾虑。您寄来的抄稿，并没多大用处。用简体抄本交印字工人，他们必然也排简体字。如再全部改成繁体字，那末，所花精力就太大了。您七叔手抄原稿，我仔细读过一遍。感到大都有史料价值，可传。且估计大都卅多岁写的，但那宏阔的气魄，政治家的局度，流溢行间。和你六叔诗的文字精练，寄托遥深，又自不同。惜传下来的稿太少耳。"（1982年4月16日）

《陈小从笺释》："此处言'七叔抄稿'，按指寅叔托伯嫂带出交我之右铭公遗稿，因那时误以为是七叔之笔迹。"（2008年4月12日）

与陈小从信："前些天，突然想，将后寄来之清抄稿交出版社。以其有标点，且较草写本易辨识也。但在未交去之前，须细看一遍，不意错、脱字不少，且有脱十几字者。不料读至中间，在'与娄军门止移军书'之后，又缺《与段观察论办教匪书》一长文未抄，不识何故？又，后面尚有十四篇未抄，是已抄好未寄来，还是尚没来得及抄？如均已抄齐，盼也寄来，便交出版社。还有，两份诗稿，您另抄过没有？因为不完不全，没法给出版社。还乞将上所述未抄情况见告。汪君将同照阁诗钞交香港后，不知香港有人和您联系否？又，带来的'右铭公遗集诗文稿'，我既未依照汪的意见，复印出寄给他，而且，我至今还没给汪回信。汪处有您的地址（是为给出版社用），不知汪是否会直接给您去信，询问右铭公遗稿的情况？假若万一有此种情况，您将如何答复他？是否可讲：因遗稿只有一份，故迄今未寄给我。此虽是推测之事，但也应作些思想上准备。"（1982年4月25日）

5月，上海博物馆再退所抄蒋天格藏书。

与钟堉信："前些天，你叔叔的一些杂书,（大多平装小册子），又退还千多册，昨天已和前退的二十四史，一齐卖掉了。因为我自己有一部百衲本和木板二十四史，所以退回的一部，只好卖掉了。很多有用的书，卖起来都是三不值一，深深感到卖书是件伤心的事。不卖，屋子里又容不下这么多的重量，有什么办法呢！"（1982年5月22日）

感叹学习中国历史文化的人越来越少。

与钟堉信："我常想：现在不怕没有学自然科学的人，学那些东西的人多得很，而且都找机会出国。而是学中国历史、能领会中国文化的人越来越少，中年教师中像样的已如凤毛麟角了，有小小成就的尤其是少。再就我讲，我现在如开始培养幼小的苗，还可以把他培养有点根基。晚几年我的精力日衰，如其等海川中学毕业能考上大学时再来向我学习，到那时，对我、对海川都具有很大的困难

了。我头脑里的东西，我积累起的这些书本，都是不容易得到的。”（1982年5月22日）

春夏之交，知长女患胶原病。

刘青莲与钟堉信：“上次海川说你是胶原病，我也不懂，只知你这次又是鼻子出血、血小板减少。我因当时爸爸也是血小板减少，很危险，以致推测你的病，是使你以后多注意身体，不要算计钱。”（1982年6月1日）

6月，编辑右铭公陈宝箴遗稿。

与陈小从信：“您愿搜集右铭公奏疏之已刊布者，甚好！盼搜到后即抄好寄来，我当代为重编辑。带来的稿子全是早年所作，如能既分类，又可分出时间先后，则更好。就稿子抄就之文，盼先寄来。少量书简，亦盼抄好寄来。您想较完备地搜集遗稿，如将已见刊本和未发表的混同编起，是很好的。（抄自某书的，抄好后，最好夹一纸条，注明见某书某卷。并请另注明抄自光绪某年某月。如有抄误处，便於核对。）”（1982年6月5日）

与陈小从信：“所寄抄稿，已收到。粗粗将第一篇《与段观察论办教匪书》看一下，看到第二页第八行，戛然而止。取原稿核之，仅抄了原文的三分之一。究竟是什么原故，为什么不抄全文？是不是抄者认为所论‘教匪’有所不便？那么，某人的思想未免太进步了，这文是反映历史情况的文件，写实，则作者的负责精神。又，所抄文，全是用简体字。您是否想将来用简体字来印？用简体字稿交排印工人，他们会给再改繁体字吗？有的人，对於写字，实在太有些偷懒了。我在校阅时，如其都把它改成繁体，年老力弱的人，已无此精力。盼切切告抄稿人，必须都写繁体。‘与段观察书’，补

写时，可从第九行写起，好把它粘在一起。”（1982 年 6 月 7 日）

与大学文科教师谈研究与读书。

与李振杰信：“近来研究文学史的人，美其名曰断代研究。不知唐代大文学家，唐以前书无不读。你曾在国外看过全谢山集，清人对清以前的书，多方搜求着抄或读。今日自命为作专门研究的人，常识尚未具，不过视研究为装饰品而已。您做工作态度认真，在教课时，时须多所涉猎，无形中便得到长进，教小说、报刊，都是如此。您既已读了《韩昌黎集》，可以暇时翻翻目录书，看看韩集到底有多少注本，需要的时候，可以拿来作参考。目前读时，虽有些茫然，不管它，慢慢其他大家集子看得多了，就会感到天天有变化。譬如韩集里《进学解》《师说》等，应反复熟读，熟读深思，能透彻理解时，自会怡然理得，心情开朗。陈先生早年曾写过《韩愈与唐代小说》，是用英文写的，后来程千帆曾把它译成中文。程所附加的说明，是不正确的，如看到时，莫为所惑。英文本，未收入文集。程曾想把他的译文，收入文集，我没理他。培恒同志自从国外归来，职务、名衔，越业越多，被人重视，也可成为灾难。因为这样下去，成了个终年忙碌的人，不容易再求进步了。”（1982 年 6 月 10 日）

胡振绥（大连铁道学院任教）来访。

胡振绥与朱浩熙信：“1982 年出差上海，见到分别 26 年的天枢舅。他当即拿出一个存款单，户名：朱俊英，上有 190 元存款。原来是母亲留给天枢舅的一点钱，作为几次住在他家的酬谢。天枢舅坚决不收，把母亲给的钱变成 50 美元，给她存起来。‘文革’后，又把这些钱变成人民币存入银行。他说，要一直等到我母亲回来时再还给她。1982 年见到我后，说这笔钱无法给我母亲，于是，把这笔钱

给了我。我取出时，连同利息，已达210元。”（1991年9月28日）

注：胡振绥到复旦大学时间是1982年6月中上旬。

大病后身体大不如前。

刘青莲与陈小从信：“秉南从去年大病后身体大不如前，记意（忆）力也衰退了。每次外出，须要人陪，而我们小辈都有工作，要陪他总得请假，况近来上海天气转热，老人如去查资料总不方便，因此我想关於你们的事推迟至暑后天气凉快时再谈。”（1982年6月22日）

7月，《楚辞论文集》由陕西人民出版社出版。

8月1日，香港里仁书局决定出版《同照阁诗钞》。

与陈小从信：“日前接在美汪荣祖来信，云，同照阁诗钞将由香港何广棪所办‘香港里仁书局’（香港英皇道十四号侨兴大厦四楼D座）出版。汪函并述何广棪语云：‘同照阁诗钞本局决定出版。此事曾奉函俞部长，部长甚表欣慰，且一再催促及早进行。’云云。谨奉告，希释念。前所奉寄‘事辑’三册，仅有一册改正错字，如赠人时，须照改。此书是六月四日所寄，来信未言，不知收到否？”（1982年8月1日）

与陈小从信：“接来书并所写‘后记’，悉一一。因日来溽热，甚惫。拟稍缓两天给您校阅。我意，以删字或删句为主，不得已时稍添一两字，不识尊意然否？同照阁诗钞，幸系由汪亲自带出……将您的‘后记’换回俞崇启‘后记’，我很赞同。唯您想通过何广棪请俞写序事，实为一情况复杂的事，不可不考虑一下。一般说来，俞的年龄已是九十或更高的年岁，能否为书写序文，不可不考虑。其二，如俞写序，可能要先看看同照阁诗钞稿。目前的实际情况，大陆出版的书和稿件、信件，台湾禁止进口和发行。从美国寄往台湾则比较方便。虽然说稿件寄给俞，或可不检查，但万一疏忽有失，将无法挽回。其三，此书如将来在国内发行，而书前有台湾要人所作之序，您不想到会有问题吗？其四，政治形势的变化，无法预料，万一有不可想象的新局面，您在国外印书事件的本身，怕将成为被追究的事，其他更难预料。为此种种，此事尚请您思考一下。……‘后记’已校阅出，附函寄还，不当之处，希您更行斟酌。”（1982 年 8 月 12 日）

注：信中“唯您想通过何广棪请俞写序事”，“俞”指俞大维。俞大维（1897—1993）圣约翰大学毕业，后赴美国、德国深造，著名弹道学专家，曾任国民政府军政部兵工署署长、军政部次长、交通部长等职，赴台后，曾任防务部门部长。

9 月上旬，与将赴南斯拉夫作访问学者表侄朱耀斌谈读书与研究。

与朱耀斌信：“接来书无任欣慰！自你去后，深感此间可长谈之人之少。信到时，值正溽热，未即复，近来雨，稍觉凉爽，才得提笔，希望能在你离京之前收到此信……你所谈读书情况，我亦深有同感。多年来我既未能写点东西，又未得好好读点书，现在比较有点时间了，要做的事很多，而年已老迈，精力已来不及照顾到许多，真是终日徒呼负负，奈何奈何！儿辈日劝我少看书，不知能得时间读点书，正是莫大的乐趣。此情，少年人所难喻也……你即将赴南斯拉夫，听了很高兴。局居国内，见闻既寡，恐你所能见到的资料亦不多，所得到的实验工具怕也不够。此次，真希望你直接间接的见闻，多多益善。唯是所要学的当然头绪纷烦，但出国在外，恐时间亦有所限，似宜集中精力，专攻某些项目，而把精力所不能兼顾到的，节省去一些。你意如何？道远不克饯送。”（1982 年 9 月 8 日）

9月8日，谈《同照阁诗钞》出版事。

与陈小从信：“昨接汪荣祖来信，并附来影照何在香港某刊物发表的何所作《读陈隆恪先生同照阁诗钞随笔》一长文，文中引到俞启崇‘后记’文。文后写‘八二年六月廿九日撰稿’，当然还没接到您的跋文。您寄给何广棪的文章，想在八月中旬吧？可能不日即可得到何回信。您复汪的信，想亦早寄出。打样后，如何校对问题，您和何谈了吗？也许何会把他写的文章随函寄给您。至於将来向国内发行事，想何自会和出版公司洽商，就没什么批准的问题了。汪信中也问我‘需书若干册，请示知，当转告何君’。我想，您处已要了五十册，我要五本即可。至於送吕老的一册，还是由您寄，比较郑重些。您意如何？关於《同照阁诗钞》印出后，装订形式，我想，最好和你六叔文集版面同样大小，因为印得版面过大了，人家保存起来不大方便，不识您意如何？盼与何信时谈及。”（1982年9月9日）

秋，《丁丑丙戌间论学杂著》书稿交中州出版社。
出席在华东师范大学召开的无锡国专校友会。

据《国专校友之声》报，会由王蘧常主持，先生与蔡尚思、张世禄、胡曲园、陈千钧、陈子展、朱东润、顾廷龙、苏渊雷、梁漱溟、饶宗颐等43人共拟《恢复中国文学院（原无锡国学专修学校）缘起》，向社会呼吁恢复无锡国学专修馆。

注：《恢复中国文学院（原无锡国学专修学校）缘起》一文，刊于1987年创刊的《国专校友之声》报）。

陈麦青：“秋天，我陪蒋先生出席在华师大召开的无锡国专校友会。会上，主持人提议为已故唐文治先生默哀。蒋先生大病之后，

身体不好，还是颤颤巍巍地站了起来。令人十分感动。”（1990年3月9日在古籍所座谈会上发言）

10月，关心《同照阁诗钞》在港出版事。

与陈小从信：“旧体诗出版后，怕是销路不会广，稿酬恐亦难得，希您能原谅这种情况。何既然是出版者，似不必将他的名字列入‘后记’，而可以将他的‘诗钞随笔’附在集后……如果何以为印一册太厚，两册则太耗费，您不妨将原抄稿中某些篇目抽掉，俾能省些篇幅，仍印装一册为宜。”（1982年10月10日）

复旦一舍11号一楼房子整修完工。家人拟为先生庆贺八十诞辰。

朱子方《忆舅父蒋天枢先生》：“舅父生於光绪二十九年（1903年）。当时，我已几年没去上海，又欣逢舅父八十大寿，特与在北京工作的大表妹钟堉商量，一同去上海给舅父祝寿。钟堉虽然有病，也很乐意去祝寿。於是我於10月上旬写信告诉舅父。”

与朱子方信：“私念，你也已七十左右了吧？为了给我过生日，你仆仆远道来沪，心里颇感不安；又念与你多时不见，也盼得聚谈些时，也就让你来吧。至於你和钟堉来的时间，他讲十一月初来，不知你的工作忙吗？我的生日是（旧历）十月初三日，大概十一月十七。你动身日期，可视你工作忙否确定。确切的日期由你自己斟酌吧。……住房外包工大修，我本来在写点东西，已十几天没法工作了。近稍安定些，整理书物又忙多天，还没搞完。今天总可安放桌子写信了。忙碌得颇惫。”（1982年10月20日）

11月12日，因口腔发炎引起高烧，住院治疗。

与朱浩熙信：“我於去年十一月十二日因口腔发炎，引起四十度高烧，家人又把我送进医院。挂了八天药瓶，将烧退去。休养了些天，将仅存的四颗臼齿次第拔去，因而直到本月初才出院。”（1983年1月21日）

与朱子方信：“我住院时，拔最后一颗牙时，出了些麻烦，因为从前的医生拔牙时把牙根未拔出，因而又生了颗小牙，只露一点头，医生把小牙拔掉后，才发现大齿根仍存在，拍照，底下已和其他牙骨连在一起，年久，牙根又蚀碎，更没法拔，因而锤敲凿子打，花了很长时间把它搞平些，以致半边脸肿得很大，创口又久不全好，因而拖了多天才於日前出院。目前只是吃东西仍不方便，回家方便多了。希你们不要挂念。你前信讲，拟托人买球蛋白，务盼立即作罢。前些天已收到陈美延从广州寄来若干瓶，完全够用了。”（1983年1月13日）

11月16日（旧历十月初三日），外甥朱子方和长女到沪。

朱子方《忆舅父蒋天枢先生》：“钟堉本来打算11月初赴沪，不带孩子，把海川、海春留在北京，但后来因妹夫吕开盛因公到四川开会，11月中旬才能回来，两个孩子在家没人带，只好改变计划，写信让我先走。我回信给她：‘你身体不好，我更应该陪你一同走。至于哪天走，由你决定。把日期告诉我，我先去京。’出乎意料之外的是：我们於11月16日下午到上海，舅父已因为牙床发炎，高烧不止，住进了医院，庆寿活动未能进行，十分遗憾！”“我在上海住了十多天，除到医院陪伴舅父之外，还到上海古籍、上海人民出版社洽谈出版研究成果问题等。钟堉想在上海多住些天，等舅父痊愈出院再走。我因下月初还有参加评定学术职称的任务，就先回来了。”

注：钟堉拖着病体，昼夜陪护父亲，在家人一再催促下，约12月中旬返京，并说回沪过春节。

12 月下旬，蒋钟堉病情突然发作。

与钟堉信："接来信，知你旧病关节炎突然发作，看字迹想病发得不轻。我和你妈都至为悬念！希望你把春节来沪事完全不再予以考虑，专心医护病体。你这次的病，固然由于劳累，但营养不好，亦是重因……总之，万不要再为省钱，使病体不能早日恢复。至盼至嘱。再，等你的病好后，不管什么时候，还是能来上海治理，想法让你的关节炎快快地治好。"（1982 年 12 月 31 日）

一九八三年癸亥　八十一岁

复旦大学中文系教授，硕士研究生导师。

1 月 3 日，出院回家休养，仍心系陈先生著作流布。

与钟堉信："我是这月三日出院的……我回家后很好，常吃青菜末、肉末、胡萝卜末，有时青菜烧得烂些，我也可以，而且经常吃烧得老些的干饭，不像住院时完全靠吃稀饭了……前天出版社又将今年补印的《唐代政治史述略》《隋唐制度渊源论》《元白诗笺证稿》三书补印本送来，打算今明天给李振杰各寄两部去，是补给他和许德政的。他可以把你带去的书，和我补寄的三本书，配在一起，再托人转给许德政。"（1983 年 1 月 12 日）

与李振杰信："我出院时，正值出版社将补印的三书送到家中，因即给你寄去两份。这份全书，本来是由我处可以寄，因平寄怕丢失（此集闻只往美、日发售，澳则无），而航寄又寄不起，故带京想让您觅外交部便人带去。这事去年本来是想和您函商一下的，未及写信而我又生病了，以致未能先函商妥帖。现在，我看你不妨稍等待一下便人，德政也不会急急需看此书的。早知你要寄，便不给你带去了……我以为领导应当好好考虑让你再在业务上更上一层楼！要知，人不能老是‘中年’啊！回顾‘文化大革命’前的十几年，和‘文化大革命’后的十三年，把我的光阴白白虚掷！以致今天老而无成，实在是悔恨交加。所以深希望你们不再像我的遭遇。”（1983 年 1 月 26 日）

1 月下旬，收到陕西人民出版社寄来《楚辞论文集》样书。

与钟堉信：“我在西安出版的《楚辞论文集》已寄样书来，我已去信出版社让他们代我寄给你高伯伯、张伯伯各一本。”（1983 年 1 月 24 日）

高亨来信：“昨日上午，陕西人民出版社同志寄来大著《楚辞论文集》一册。我非常高兴，马上展读，见到您的卓识特见，为之拍掌，此大可贺也。希望老兄早日写出《楚辞新注》，使双美具、二难并也。”（1983 年 2 月 10 日）

2 月中旬，唯念读书与修改旧稿。

与朱子方信：“学校里和社会上‘自负盈亏’的改革一样，也在大谈改革，老头子们对此也无所谓，至多不过准备告老还乡罢了。我所念念难忘的事，一则能再读点书，二则旧稿子希望身体好些，能再修改一下。”（1983 年 2 月 17 日）

与钟堉信：“你前信说要给我抄稿子，但不知你今后还很忙吗？如果你还有空闲的话，晚些时我再写出稿子，就寄给你。有不少旧稿子已让一个学生代抄（你前寄回稿，早让一位助教抄好），将来他们开学后要忙，不打算再让他抄了。”（1983 年 2 月 8 日）

注：此处说抄稿子，当指修改的《楚辞章句校释》部分书稿。

3 月初，将新作稿寄高亨征求意见。

高亨来信：“来信及著作稿本均已收到，我将仔细地阅读您的稿本，有意见时便向您提出。有人说您比较固执，是不是呢？您写文章为什么喜欢用文言文而不用白话？写信写书为什么写直行而不写横行呢？这不就是反抗社会潮流吗？请您考虑。”（1983 年 3 月 15 日）

注：此处所说抄“著作稿本”，指《〈楚辞章句校释〉叙》文稿。

3 月 24 日，为装假牙再动手术。

与钟堉信：“昨天我去医院打模子装牙，经孔医生诊视，说上牙床有个牙根突出一块骨，去掉才能打模重装。所以我和你妹下午出来吃饭，重去动了点小手术。”（1983 年 3 月 25 日）

4 月 12 日，《陈寅恪文集》补印，为增订《编年事辑》搜寻资料。

与陈小从信：“好像两月以前，曾往水利（学）院十舍一号给您去了一信。信中奉告您：师曾先生的生日是二月十七日。见他的门人俞剑华所写《陈师曾》文。并询问您：知道您祖母生年月日吗？《同照阁诗钞》印行情况如何？该信收到吗？我年前只是因牙病住了些时院，将牙全部拔光，现在正进行重装全副假牙，尚须一些时间才可装妥。几个月来无牙吃东西，甚以为苦，其他还好，诸希释念！今年初，你六叔文集，已经再版，第一册《寒柳堂集》中补了十来首诗，《金明馆丛稿二编》中补了五篇文。错字亦改正了一些。”（1983 年 4 月 12 日）“廿日手书敬悉一一。知散原老人及师曾先生墓能修复，如能垂为古迹，实属可喜事。往读先生诗‘岂意青山葬未安’之句，每为痛恨不已。昔年先生曾告：墓在六和塔后。往年去杭州时遍觅未能见，岂其时已遭破坏乎？过去有些有权的人，做的蠢事实太多了。对於近代最有名诗人，竟一无所知，能不以蠢名之！先生诗谓：‘空闻白墓浇常湿，岂意青山葬未安。’痛乎其言，痛乎其言。今天还能懂些什么？‘作为文物保管’也算难得了吧。更盼先生及师母骨灰也能葬在那里……右铭公文稿，曾给吕贞白先生看，他讲，要交上海古籍出版社出版，故我现正在令学生誊录（繁体字），将来膳写清楚后，即交吕老。现您忽讲要交湖北出版社承印，他们有没有繁体字？而且，如果湖南或江西要出版，还有点道理，今天湖北也伸手，主要是他们拉不到稿子罢了。此事再请您考虑一下，即令寄还您，也需我处完全清抄好之后，您意如何？右铭公由慈禧密旨赐自尽之说，未必可靠，（万不会你祖父能瞒过一切人。）目前，你万不要著之文字发表。您所寄《江西文史资料》尚未收到。《事辑》他们重版过两次，不但没再给我几本书，连其中错字也没改（已交勘误表）……”（1983 年 4 月 24 日）

4 月，钟堉患系统性红瘢狼疮住院治疗。

朱子方《忆舅父蒋天枢先生》：“1983 年 4 月中旬，我到北京开会，钟堉因病重已住进北大医学院附属医院。我赶到医院看她，见她脸、身上都已浮肿，眼已肿得不能睁开，病情十分严重。开完会，我本应留下来，帮助陪护她，待她病情有所好转再回沈阳。可是，我当时只想着工作、开会、评职称，……散会的那天晚上，就到医院与钟堉话别。就是这次住院，她的病被确诊为系统性红瘢狼疮。无知的我，不了解红瘢狼疮的危害，以为治疗有了希望，哪知这是目前还无法治愈的绝症啊！”

5 月初，与昔年学生谈工作、生活和读书。

与李振杰信：“陈先生集承托人带给德政，至为感谢！日前已接德政来信，渠甫生一子，未三月而夭殇，我多日尚未能给他覆信，真想不出怎样才能劝慰他。孩子只是肺部感染，而他却须每天驾车跑百多公里往看妻儿。我拟以‘倘在国内，未必至是’八字来启导他，您以为如何？德政远离祖国，实是一次失策举动。国外宁有所谓桃源乎？我的推测，他的走，是否由於多年没有升等而起？国家培养一个人才，殊非易事，假若能让他回国，不识还可办得到否？我想，如其万一他肯回来的话，决无再回科院之理，如其能让回京在学校教书，不识您以为如何？试想，他可能去的地方，怕只有北师大和你们学校，不识韩兆琦能推荐他吗？这也不过是未有衣料而先谈裁剪的事罢了。此种想法，不知您以为合理乎，否耶？”“待你来年稍闲后，不知还想读些清人集吗？《鲒埼亭集》，你对它的兴趣如何？如有兴趣，也不妨再读一遍。还想，或者还打算再读些什么？不要过分客气，也不要自馁，千千万万！人生的历程，只是个意志活动的历程。张海迪的作风实有可学习处。”（1983年5月5日）

5月中旬，命小女钟垣赴京探望长女病情，带海春到沪。

与钟墒信：“钟垣回，知你因练气功手肿，近稍好否？念念。记得你练气功前曾来信讲，练后会有手肿现象，不知是何道理。因怕你不便作书，故久未写信……时常想到：你没徐逸清毅力，终日磨难，使我时挂心怀。”（1983年5月22日）

5月14日，驳《陈三立传略》关于陈宝箴被慈禧赐死、私放文廷式等说。

与陈小从信：“对於《陈三立传略》反复阅读，感到真可算是称得上‘一鸣惊人’之作。为此，我查了一下逐日记载史事的《清实录》和《清史稿》及其他有关传记，从无记述右铭公被杀事件者。即记述清代轶事最为周详的《花随人圣庵摭忆》一书，对右铭公之死，亦从未见有轶闻异说。况《清实录》逐日记事，即杀一芝麻大的小官，从不遗漏，而对一革职巡抚之赐死，一字不及，西后虽然肆凶作恶，难道她要偷偷摸摸地杀人？似没什么必要，记录史事的人竟为她避忌而不言？况且，庚子那年五六月间，八国联军已陷天津，北京已汲汲（岌岌）可危，那拉氏方惊惶之不暇，而竟念及已革职之一巡抚，欲杀之而后快，岂非大滑稽之事？所谓‘戴远传文录手稿’之未刊稿，即真有其书，实在连‘野史’的资格都够不上，而您和令兄竟深信不疑，窃所不解。且节录该文之人，既不讲明录自‘文录’的哪一篇，又不明讲此文之上下文是何等用意，引文章的人，何以这等马虎？即就所引这段文说，记录的人，是记他父亲的行事，记者所记，为本人亲见乎？闻诸其父乎？此极密之事，写文章的人，理应说明来由。而且，就这段文章字句言，也漏洞不少，西后之旨，向来都称‘懿旨’，并无‘密旨’这种说法，只有‘赐死’，从不言赐某某人‘自尽’者。还有，写文章的人，是根据他父亲於五二年冬钞录下来的，所钞是否只此一小段？这种骇人听闻的‘轶事’，为什么他父亲当日未著文发表，而却要等待他儿子来写？是什么时候看到这段抄文，是否直等他写文章之前，才看到这一材料？这些，都一点也没交代。再进一步说，戴远传的‘文录’有没有一个正式名称？既然有不少史料，他儿子又是中学教员，为什么不在过去的杂志上择优发表？而必待今天来写文章？再就令祖散原老人来说，生平诗文之谨严，一字不苟，所作墓志文不少，都可当作史料。为什么独於写自己父亲行状时，却著‘以微疾卒’，知而不言为不实，避而不书为曲笔，‘以微疾卒’，无论怎么说也不能表现‘被杀’之意吧？假若‘被杀’而书‘以微疾卒’，不是既不真实而又自诬其父吗？我想，散原老人决不会如此。因而，《陈三立传略》，是厚诬散原老人，老人地下有知，必为之痛哭。还有，其文引您的《先祖散原老人轶事数则》有关老人乡试和文廷式两条，都有问题：其一，深恶八股文，和会做八股文，是纯然两回事，在他乡试之前和之后，都是非做八股文不可的。您大概不甚了然於乡、会试制度，两者既要做八股文，同时也要做古文体的策论，老人只能以古文写策论，而不能以古文形式写八股。而且，老人乡试时的八股文题为'岁寒然后知松柏之后凋也'，是见於记载的。其二，讲你曾祖父将捉拿文（廷）式的密诏压着不传达，还给文二百两路费让他潜逃的话，怕也是得之无稽之传闻。你曾祖父是从光绪廿一年七月至光绪廿四年八月任湖南巡抚。文廷式在光绪廿一年冬免职，永不叙用，并驱逐回籍，文即过上海至长沙，其时，并无'密拿归案'事。廿二年，文在经营萍乡煤矿事。光绪廿三年，文廷式在湘，曾追录前后所记时事为《闻尘偶记》。廿三年冬，即离湘去上海。其时，根本没有被缉捕这回事。廿四年戊戌政变发作后，廷式才虑有祸难，乃从上海逃往日本。廿六年三月，自日本回上海，屏居沪渎。次年九月至金陵，住散原老人家。如果你说你曾祖父为了儿子的一位朋友，竟敢违抗严旨，公然放走逃犯，那真可说'胆大包天，罪不可赦'了。实际上，那时，文廷式根本没有被捉拿这回事。总之，吾等当效法先辈的谨严风度，不可闻谣备录，并信以为真也。"（1983年5月14日）

5月28日，朱子方离京回沈多日，犹豫再三，给舅父母写信，报告钟堉真实病情。

5月下旬，与昔年学生再谈读书。

与李振杰信："陈先生集，盼时浏览，当时有收益处。新出版书，我所见甚少，似印有几种历史书，可看。又，已故陈垣著《元代西域人华化考》两薄册，最当看。你校如有《励耘书屋丛书》，内有此书。……易、书，确当浏览一下，您在京，如能觅到近人（已故）杨筠如所著《尚书覈诂》读之，当可较收益。您想读《战国策》，很好，不知你读什么本子？此书有宋鲍彪注本（四部丛刊所印本），有汉高诱《战国策注》、清黄丕烈仿宋剡川姚氏刊本。此本为最好，远胜鲍彪注本。《士礼居丛书》中有此书，另外也有单行本。读时，最好能校一下，前些年文物出版社有《战国策纵横家书》一册，是马王堆出土的汉人写本，有些可以校《战国策》。如读名人集，最好先读《韩昌黎集》，再读杜工部集。韩集，可找民国间影印的宋世綵堂韩柳两文集本子来读；杜集，可找《钱笺杜工部集》来读，此书原有木刊本，听说近排成铅印本了。清人文集，可读顾亭林诗文集、梅村家藏稿、钱大昕潜研堂诗文集、抱经堂集（上四书，四部丛刊里都有。）等，都是内容丰富，可以开拓知识面的著作。”（1983年5月30日）

6月2日，再谈陈宝箴抗旨放走文廷式传言。

与陈小从信：“顷又奉上月廿九日信，悉一一。在光绪廿四年之前，还根本没有逮捕文廷式的命令。在廿三年冬天以前，文廷（式）仍在湖南，其时并没有受拘捕的威胁。你曾祖父是光绪廿四年八月被免职的。文廷式感到危险，也是在廿四年听到北京政变之后。在令曾祖父被免职的前一年冬天，文已在上海，第二年秋天听说北京政变，乃逃往日本。您所说的‘右铭公的罢官令是八月廿一日发的，比缉捕文廷式谕旨迟十来天。即使已得罢官令，仍有权在手，能便宜行事’云云，但是早在前一年冬天，文廷式已经在上海，他在上海听到政变事，即逃去日本。文既然早已不在湖南，令曾祖父又何从而压阁秘令，让文逃走？刚才又接吕老信，云：‘顷奉手札，知陈右老事，出自九江某人之手，此人弟不识，且不知之，惟闵孝同知其人，乃闵孝伋之弟。孝伋以教读为生，并非博雅之士。戴明震则不知其人。凡所云云，均齐东野人之谈，不足信。后辈多不知祖先之轶事，殊令人不寒而栗。’”（1983 年 6 月 2 日）

6 月 3 日，知长女真实病情，深感震惊。

与钟墒信：“你的病情，钟垣一直瞒着我。我还以为你仅是手肿，仍在上班呢，因而我也没有询问海春。现在，我才完全清楚了。子方已经半年没信来，昨天忽来一信，告诉你的病的情况。不是子方来信，你妹怕我和你妈挂念，还一直不肯讲。你的身体居然坏到如此！虽然看到你所写的信，你是强打起精神写的。但爸妈看到后，却懵无所知，竟不知你的病情那么厉害！墒儿，盼你能安心、宽心，养你的病，在饮食上，尽量宽宏大量起来！不要顾虑到许多。……企盼你身体、心情都一天天好起来。”（1983 年 6 月 4 日）刘青莲附信：“你平时身体不好，从不愿告诉我们，以致你爸爸生病，你陪的最多，也影响了你的健康。现在想起来，我非常后悔。”

朱子方《忆舅父蒋天枢先生》：“1983 年 4 月钟墒发病，本来没有告诉家里。二表妹钟垣来北京看姐姐，回到上海也没向父母报告实情。而我於 5 月 28 日竟写报告钟墒实情的那封信，对舅父母的震动和打击是可想而知的。舅父母必然震惊、生气，焦虑不安。钟垣也要受到斥责。我的错误确实严重，只有上书请罪，请求舅父母宽恕。”

7 月，昔年学生、国家文物局局长张德勤来沪看望老师。

与钟墒信：“前些时，张德勤来上海，曾到家来，讲回京后，要去医院看你。”（1983 年 7 月 26 日）

9 月，新学年开始，带研究生。

与朱浩熙信："接来信已多日，以忙於研究生事（今年有四位研究生，稍忙些），转眼多时。"（1983年9月19日）

与钟堉信："我带研究生事，既然像马一样已经上套，只有带到一个阶段。一开头由我讲，以后略略指导，不费什么力了。"（1983年10月4日）

10月初，命小女钟垣再次赴京看望钟堉。

与钟堉信："十月四日你妹动身赴京，想早已见到。她去时，我告她，你姐如要出院，你可陪同她来沪。"（1983年10月8日）

10月上旬，钟堉出院回家养病。

与钟堉信："接你十二日信，悉一一。既为你出院高兴，也为你不来而怅然！……希望你换吃中药后，能逐渐调理得方子更合适。"（1983年10月18日）"现在你的血小板已升到八万，还可以。我去年在医院也仅仅是八万多，白血球比你现在还少许多。你现在白血球高还是炎症现象。……希你也不要想这想那，整天心境愉快地养你的病，你这次损伤的太厉害了，都缘平时太不知道保养身体。经此教训，希望醒悟，我们就放心了。"（1983年11月14日）

与李振杰信："钟堉生病，多承您和德勤关注至感！现虽然出院，惟京居疗养条件并不理想，恐须较长时间才可康复。"（1983年11月12日）

11月，谈时下学术空气和读书问题。

与李振杰信："学术空气不浓，不单是您校，也为全国性大问题，也许是'读书无用论'还在作祟吧，虽然没人敢正面提倡，它的暗流却是存在的。我现在仍想读点书，可是人老没精力了，回想卅多年壮年光阴空空虚度，不胜浩叹！您读过《战国策》和《元代西域人华化考》两书，盼在思想上分别对待：《战国策》作为上古时期思想界比较发达时期，其最大特色是百家争鸣，学术辉煌地发展。而这部书却较多地叙写了各国间策士的勾心斗争，而较少地叙述当时的学术发展。继此，应当流览一下《国语》《左传》，以完成一套对春秋间较全面的理解。至於《元代西域人华化考》，则是阐扬这一时代'中国文化'表现出了它突出的特色。应当注意那一时期许多外族舍弃了他们固有的文化宗教，而倾心於中国文化，终於成了中国的诗人、学者、艺术家等等。这一点应当特别注意：因为中国有长期的兼容并包的学术和文化，所以能有今日的广土、众民。毛主席异想天开地发动'文化大革命'，而不知没有中国的悠久的文化，即无有他所能治理的广土众民也。”（1983年11月12日）

12月，校阅《丁丑丙戌间论学杂著》书稿。

刘青莲与钟堉信：“你爸爸近来比较忙，河南要出版的那本书已在校对。我们会注意他，叫他不要太累。”（1983年12月18日）

谈右铭公文集出版事。

与陈小从信：“多日前与吕老谈起右铭公文集出版事，他说分量过少，难以成册，须请您补抄《东华续录》光绪朝期间中的四篇（另附一条注明）。我处人都忙於工作，请您找您从前说过的那位朋友代钞。注意：须抄繁体字，标点或不标点，都可，抄好后请校对。谨此专函奉陈。另外还须从他人集中找些附录材料，只有由我寻人代办了。”（1983年12月12日）

“此任务——抄右铭公集奏疏文三篇事——交给您，实只是工作中小部分。不但希望您把那几篇文抄出（末注明抄自某书某卷），并且还须复写成三份（一份交出版社，一份留您处作将来校清稿之用，一份给吕老审阅），万望您不要为爱孙之故，忽略了令曾祖的身后大业。（此书出版后所给版税归您。）还有，您在广州大嫂的名字，我已忘记。盼便告。我处并非闲着不管事，还须把范当世所写的墓志铭、郭嵩焘等友人集中与令曾祖有关文、诗，全行钞录，附在集后，才可以成编。借书抄文的这些事，悉由我办。将来复写出后，也会给您一份。”（1983年12月21日）

是年，复旦大学古籍整理研究所成立，带古典文献学和古代文学的研究生。

复旦古籍所所长陈广宏2020年在“纪念《陈寅恪文集》出版四十周年暨纪念版发布会”上的致辞：“我们复旦古籍所是一个不大的研究机构，我们1983年建所，历史也并不长，建所的整个过程都和蒋天枢先生的晚年联系在一起。蒋先生的晚年做了两件重要的事情：一件是为老师出《陈寅恪文集》，一件是古籍所成立之后，带古典文献学和古代文学的研究生。我自己也听过蒋先生专书研究的课，我们那一届是七个人。蒋先生整理师说，是因为他认为陈寅恪先生是中国历史文化所托命之人，而他传授师说，也是因为他要为中国文化续命。《陈寅恪文集》当然是陈寅恪先生一生学问所系，陈先生和弟子蒋天枢先生传授的渊源同样是一笔精神文化遗产。”

章培恒：“我的毛笔字写得很糟。八十年代初，我已是正教授，担任中文系主任了，1983年的一天，蒋先生有一次忽然到我家来，送我几支笔，一块嘉定年间生产的墨，说：‘你有空好好练练字吧！’这实在使我感激和惭愧。如不是出于真感情，蒋先生不会这样。他对学生亲如家人。”（1990年3月9日座谈会上的发言）

一九八四年甲子　八十二岁

复旦大学中文系硕士生导师。

1月1日，中州古籍出版社为出版《论学杂著》拍照。

沈伟方为先生拍照，印入《论学杂著》，并将照片寄先生，照后题字："尼父云：知者乐仁者寿。惟吾师仁知兼备，故得以康宁有自，寿考攸归。八四年元旦。"

注：沈伟方为先生昔年学生，时在中州古籍出版社工作。

1月22日，谈陈寅恪、陈隆恪诗风之同异。

与陈小从信："同照（阁）诗出版事，我看何广棪有点搪塞之意。您不听我'传世不在多'的意见，大力抄录。如其您所抄只有寄出的一半，或一少半，可能会早出版。令尊胆小，缺乏有寓托之作，像你六叔诗中之《贫女》及《丁酉五日客广州作》之咏事，《丁酉七夕》诗之咏'反右'等，同照阁集中无有也。您或不以我见为然也。若泛泛咏时咏事之诗，固可作可不作也。"（1984年1月22日）

年初，促令长女钟堉春暖时节务必来沪医病。

与钟堉信："你妹已告你上海有位老医生善治你这种病。我有位老朋友和这位老医师是深交，你来后，我可托这位老友介绍。希望你能於春暖后来沪治疗。但望你在这段时间内好好保养身体，无再生别的病。"（1984年1月14日）"前几天接老友吕贞白来信，附了一页，讲给你找医生看病的事。现将此一页附上。你的病，既然找到有专长的医生能治，不要失此良机。而且吕先生讲，可以到他家去看，不必到瑞金医院去排队挂号。估计从给你开始看到完全治好，总需一段时间，你务必旧历三月初即动身来沪。你妈说，即令办不好转院手续，就自己出费。”（1984 年 1 月 24 日）附吕贞白先生手书：“丁济南医师与弟极熟极熟。令女公子如需要丁诊病，毫无问题。弟有一女弟子亦患胶原病，是济南诊好。机会万不可失。万不可失。谨此奉告贞又拜。”“我二十四日的信，给你规定了旧历三月来上海。今年春节后立春，恐怕到旧历二月间已经很暖了。三月初不会再有什么湿冷天气，你何必那样犹豫不决呢！这位丁济南医师是我好朋友的挚友，而且他治好过胶原病病人。儿要知道，现在这些有名的医生，都是上了年纪的。盼你千万不要错过这个机会，务於旧历三月初动身来沪。盼望着能把你的病完全治好再回去。这事，你必须听我的。估计这一两个月期间能办好转诊手续。你到现在还必须吃激素类药，万莫再听信那些医生的话了。你的身体闹到生这么一场大病，都是千差万错的贻误所致，万不能再贻误下去了！”（1984 年 2 月 1 日）

2 月 1 日，谈右铭公文集整理事。

与陈小从信：“所抄寄稿亦收到。抄文中，前二短札均难派用场，只光绪廿四年二月、七月两疏可用（前嘱学生查目，未阅原文也）。照此情况，仍所增无几。倘将您所示目录中四折，即《奏釐（正）学术造就人材折》、《头品顶戴湖南巡抚陈宝箴跪奏为时艰愈迫谨陈兴事练兵筹款事宜……》、及光绪廿四年六月十八日折、光绪廿四年九月十四日折四折，及与张之洞、熊希龄书等四五篇杂文，一齐抄出补入，庶可成册。以上各文，也盼您能照样抄寄。尤其是《档案史料》中文章，尤为重要。不审尊意如何？附上所抄文十三页，另外还多文章要抄附，俟抄好后另寄上。”（1984 年 2 月 1 日）

2 月初，为讲课和研究向上海图书馆借阅古籍。

与于为刚信：“旋於十二月底由学生孙力手收到复制李元仲别传

十六大张，印制精好，无任感荷！值旧历年初，俗务纷烦，未克即行申谢，疏稽之咎实难宽逭。……开春后俟气候煦和，当图再赴贵馆阅书。顷在叶氏卷盦藏书目录中查得书数种，目如下：涉园七十年纪略一卷　民国廿八年排印本一册（传记类）；蒋季眉稿一卷　清蒋拭之，稿本一册（清人集类）；清道人遗集及附录 李瑞清，民国廿八年排印本三册；夕红楼集八卷 民国周大烈 民十九年排印本一册；夕红楼续集三卷　同上　民廿三年排印本一册。上列书五种，如上图有者，即不必从合众转来。惟《蒋季眉稿》一卷，恐上图所无，除此一种本外，其他四种排印本，可以借出否？待春暖到贵馆时，当可晤教也。晤（潘）景郑、（顾）起潜两先生时，乞代致候。”（1984 年 2 月 8 日）

注：于为刚为先生常去上图访书时相识，叙谈方知有姻亲关系。与朱子方信：“你三妹丈于超，有个哥哥于为刚，在上图工作，曾努力过版本学，已学得满好了。于为刚本是无锡社会教育学院毕业，是专学图书馆学的。”（1980 年 9 月）

2 月 16 日，应钟堉恳请，托人将海春带京。

2 月 23 日，谈搜集右铭公诗文。

与陈小从信：“郭嵩焘是令曾祖生平最好朋友，故他诗文录附的多些。另外，只附录范当世所撰墓志铭。附录仅此而已。右铭公遗文散在出版各书者，不一定都要‘尽力搜寻’。只求其有经世意义和重要者……另外，致熊希龄书可抄印。其他电牍、批示之类，都可不要。吕老想在上海借出《湘学报》，查看有无有用之文。《戊戌人物传稿》，我早看过，其中之‘右铭公传’吕老认为无何可取。因其人文笔并不好而长於投机也。”（1984 年 2 月 23 日）

3 月 7 日，谈南京与袁枚。

与朱浩熙信："南京是六朝名城，古迹到处都是。你正可乘机会多逛一些。昔年，水西门外有清代袁枚'随园'故迹。《袁子才全集》，您将来暇时，不妨涉猎一下。他的文章，是明白如话易懂的。即单是他的《随园诗话》，也可阅览一下，以增博识。"（1984 年 3 月 7 日）

3 月 13 日，蒋钟堉病危。蒋钟垣接电报，火速赴京。

刘青莲与海川、海春信："3 月 13 日接到你爸电报时，当时我要去，杨叔叔、姨不肯，一是怕外公知道，二是怕我到京病倒。我当时虽没去，也是吃不下，睡不着，常瞒着外公，我都是在哭，一直哭到不知不觉睡去。"（1984 年 6 月 13 日）

3 月 23 日下午，蒋钟堉在北大医院病逝，时年 42 岁。

朱子方《忆舅父蒋天枢先生》："1984 年 3 月 23 日钟堉离开人世的那天，我一大早虽到医院去看了看钟堉，见她呼吸正常，就到民族学院开会去了。我没有告诉任何人到什么地方去，什么时候回来，以致钟堉病危时，人们到处找我都没有找到。这天上午，钟堉几次出现险情，呼吸中断，经过一次一次抢救，延至下午 3 时 35 分呼吸停止，我也没有回来。那几天，钟堉一直不好，昏迷不醒。作为唯一的一个哥哥，我本应一直守护在她病床之前，以便时时照顾，而当时竟去开会，置病危的表妹於不顾，真是永远不可饶恕的罪过！"

3 月 31 日，中国电子工业部第十设计院向蒋钟堉遗体告别仪式在八宝山举行。蒋钟垣作为家人代表参加。

第十设计研究院办公室《讣告》："蒋钟堉同志於一九八四年三月二十三日不幸病逝，为响应中央号召，丧事从简。经家属同意，

决定不开追悼会，定於三月三十一日上午十点半在八宝山向遗体告别。”（1984 年 3 月 30 日）

第十设计院《深切悼念蒋钟堉同志》：“（蒋钟堉）热爱专业，积极进取，刻苦钻研业务，工作认真负责，她先后参加 4400、774、长沙电校、北大二分校等二十多个工程的设计任务，多次出差广元、青川、宝鸡、襄樊等地，进行现场设计，为我国电子工业工厂设计作出了应有的贡献。”“有很强的事业心和上进心，虽然长期患病，也从不放松对自己的要求，即使在医生要她休息的情况下，仍常常带病坚持工作。”“生活俭朴，作风正派，待人热情诚恳，与同志亲密相处，关心集体。”（1984 年 3 月 31 日）

4 月初，蒋钟垣返回上海。

刘青莲与海川、海春的信：“我是日夜在想你妈，哭你妈，有时把肝肠都哭痛了……”（1984 年 6 月 13 日）

5 月，谈陈寅恪先生著作。

与陈小从信：“前接三月间信，适得流求书，即将所附俞文转去。不意流求早已见过《团结报》，并补了其中脱字。（逻辑。）您钞的右铭公遗文，抄得怎样了。此间又钞了一些，俟检出寄上。今夏幸未太热，想您起居安好。现在您已有《元白诗笺证稿》等书，其中已将后来订补的附印在后面。前您从我处拿去那一册上有陈师母写的赠款，书中我根据后来修改自己又改在书上的那一本，盼寄还我，好留作纪念。（我改在书上的，后印本均补入了。）”（1984 年 5 月 29 日）

注：所说“俞文”，指俞大维《怀念陈寅恪先生》一文，载香港《大成》第四十九期，中有“两代姻亲，三代世交，七年同学”之语。

7 月 20 日，将右铭公文稿交吕贞白先生。

与陈小从信："有关您曾祖的文稿及其他清钞稿，均已交给吕老先生，作出版准备。您所钞的另外四篇奏折，也请直接寄给吕老，以便汇齐成一整体。"（1984 年 7 月 20 日）

7 月下旬，命次婿杨国琛赴京，把 1975 年 10 月运京的四箱善本书（宋、明、清版本）运回上海。

与吕开盛信："我因钟堉不幸夭折，哀痛未忘，致未即作复。兹着杨国琛赴京，取运我存你处书籍，希望你帮同办理装箱托运等事。我已交代小杨，已装纸箱书，随身携带来沪。木箱书及书厨，则非托运不可。还有，从前钟堉曾将我一小木箱全唐诗，带京闲读。现我仅有此一部全唐诗，书系江西刊小本，错字不少，我还想乘便用好本子校一遍，盼交小杨带回。将来仍交海川。另外，还有部精装本《故宫周刊》六巨册，以钟堉喜欢画，让她带京暇时临摹。现钟堉故去，盼暂存起。此书系我花了不少钱装订起来，目前已是很难得之书。盼存着，将来供孩子临摹书画之用（内有不少名人书法）。运书及书厨事，虽早已托人登记，假若拖延时间过长，即须由你办理运到车站交运了。目前将届七月下旬，海川考学事当早已发榜，盼让海川跟小杨来上海过暑假，等快开学时，再让人带海川回京。明年海春考上中学后，再让她来。另有几件事如下：一、钟堉周岁时照片及幼年照片，盼觅出几张交小杨带来。二、钟堉生平常写日记，尤其是上大学时的日记，盼找出交小杨，我想给钟堉写篇文章。三、去年钟堉妈妈曾给她打了件毛衣，还有钟堉其他衣物，盼都留给海春穿，万勿处理。一时心乱如麻，不一一。"（1984 年 7 月 20 日）"存你处之书，钟堉生前已给我写信，想设法运回，忙於钟堉的病，此事只得搁起。木箱里的那些书，好些我已动过笔，不少经常需要参考使用。故着国琛赴京取回。并无取回卖掉意。你替我想想：一个一生读书生活的人，他会将他的心血累积，送给书贾吗？……钟堉在大学读书时，曾告我，经常写日记。我想她六年大学期间，总有些吧。所以请你觅出带来。以便我给她写文时使用。……全唐诗一箱可暂留你那里。昔年我曾给钟堉楷书抄写的唐诗一册，叫她好好地读。后来那一小箱全唐诗，便也由她带京了。我还以为她会好好教孩子读些诗。前年海春在上海读书，我问她读的唐诗，她竟一无所知，我当时还很抱怨钟堉，为什么不教教孩子。……小杨回沪时，盼你让小杨把海川带来，便我先指导指导他。”（1984 年 7 月 24 日）

8 月 21 日，谈右铭公遗稿出版事。

与陈小从信：“前接惠函并《同照阁诗钞》，以您正到外地，未即奉复致谢，罪罪！顷接八月十七日手书，敬悉一一。您前寄来之四篇文章早收到，至於所说‘共十三篇’者，不知何指？因您前寄之四短篇文章中，并没什么‘共十三篇’也。此次所收到之抄件文章中，有三篇有两份，其他则只一份，不知何故？俟稍阅读一遍，即行送给吕老，请释念。”（1984 年 8 月 21 日）

注：所说“《同照阁诗钞》”，当为香港出版的新书，一九八四年四月由香港里仁书局出版。

9 月初，外孙海川在京入翠微中学读初中。

9 月 14 日，嘱陈小从继续搜集右铭公遗文。

与陈小从信：“九月二日信收到，敬悉。继又收到《元白诗笺证稿》一册。师逝世十年以上，睹师母手迹，感怆之至。右铭公文，您如能继续搜罗，俾成完璧，更好，日内当将您札转给柳老。为严可均《全上古三代六朝文》所作序，盼亦觅抄寄来或直寄吕老。您续抄得之文，盼能及时赶寄来。”（1984 年 9 月 14 日）

注：信中所说“柳老”，当系“吕老”笔误。

9 月，先生邀请吕贞白、顾廷龙先生来复旦大学古籍整理研究所讲学。

高克勤《中华上编的四大编审》：“1984 年 9 月的一天，蒋天枢先生陪着吕贞白与顾廷龙先生来复旦大学古籍研究所，与我们研究生见面。吕贞白拟给研究生讲版本，他衣着随便，一副山人打扮。”（2012 年 2 月 1 日《中华读书报》）

10 月 8 日，吕贞白先生因心脏病突发去世。此后，先生受吕侄女吕姮之请，整理《吕伯子遗书》。

与陈小从信：“告诉你一件意外的不幸消息，吕老不幸於上月八日下午因心肌梗塞逝世了！听说那天上午下午都接见了一些朋友，下午四时许突然病发，在送医院途中逝世了！天夺良人，可痛之至！”（1984 年 11 月 4 日）“平常看到吕老身体是那么好，谁能料到有天外之横祸呢！他没子女，过继了他弟弟的女儿作为继女。平常我也不知她名字，只称之为吕小姐。近才从出版社人信中知她名吕姮。吕老不但和令尊熟，对於你几个叔叔都认识，也见过散原老人，并熟於您家掌故。有很多近世掌故我不熟悉，问他才清楚。他的逝世，是文化界多么大损失呀！”（1984 年 11 月 12 日）

11 月 4 日，因吕贞白先生猝逝，将右铭公遗稿退陈小从。

与陈小从信：“关於右铭公遗稿，吕老逝世后，前两天她侄女叫人把我交吕老的稿件送还我。这些天来，我正为此事踌躇，若再由我交给此间古籍，而他们堆压的稿件如山，即交去，也不知何时才能出版。兹将所有抄稿全部寄给你。（另挂号寄出。其中有一复份，是很久想寄给您而忘记寄的。）您可和汪叔子接洽，统统由北京中华出全集。北京中华也有‘古籍出版社’，您可要求他们用繁体字，直行排。书名也不妨改为‘陈宝箴全集’。您意如何，请酌度。”（1984年11月4日）

注：关于信中提到的汪叔子，据张求会《蒋天枢致陈小从未刊信札辑注》：“‘汪叔子’，时在江西省社会科学院历史研究所工作，1997年始调广州市社会科学院历史所，而编辑陈宝箴遗作之事‘断断续续从南昌一直干到了广州’，后由张求会协助，《陈宝箴集》三册终在2003年、2005年由中华书局分两次正式出版。”

与陈小从信：““昨天看到加拿大华侨叶嘉莹所著《迦陵论诗丛稿》，北京中华出版，繁体字直行排。印得很好。右铭公集如在北京中华印，你提出要求，不会有什么问题。叶书写得很好，论陶、论杜、论义山，都很精彩。您可买本看看。她还著有《迦陵论词丛稿》一书，上海古籍出版。她自己的诗、词，都写得很好。文稿复印本，盼能复印一份给我。”（1984年11月12日）

12月，痛失爱女，哀情难消。

与李振杰信：“爱女夭折，能无悲痛，即欲忘之，固未能也。钟埔的身体，从前是那么好，怎能料到她会短命！无可推诿，只能说这就是命运吧。从表面上看，她是死在白血病，白血病是不治之症。她如果不生海春，或者晚两年再生，根本不会得上这种症，如其能来上海生产，也不会得这种病。偏偏凑巧，那年须在北京生……於是由于输血而得上了白血病……现在，‘指定’医院就医的制度，实在并不可取的呀！咳！无可奈何，只能说人生有命吧。振杰：你可能会说我发牢骚吧？不是，我只是列举事实，告诉老友。老了！虽然还想写点什么，但精力差了，即是改改旧稿，也需花很大气力的。”（1984年12月8日）

冬，天津社会科学院历史研究所卞慧新（僧慧）为撰《吕留良年谱长编》来沪阅书，登门造访。

卞慧新来信：“去冬南行，得聆教言，获益良深。又扰郇厨，尤为感荷……前谈及陈师遗墨事，因思圆庵先生与师交谊素厚，学术切磋，书札往还，疑当不少，如征集未及，拟一问其在京弟子，未识尊意以为何如。”（1985年2月11日）

注：信中所说“圆庵”，应是援庵，陈垣先生字援庵。

是年，国家人事部授予章培恒“有突出贡献的中青年专家”称号。

是年，赋词《金明池》题黄润苏《澹园诗词》。

《金明池》：抗日战争中，流离川东越十载。后随复旦返沪。在夏坝期间，识荣州黄生润苏，蓉城刘季铸晋，刘学化学，黄从卢前、汪旭初受诗词，沈浸其中，斐然有作。世变苍黄，忽忽四十年矣。日昨润苏、铸晋贤伉俪过访，并以《澹园诗词》一册见贻。枨触前尘，赋《金明池》一阕敬题《澹园诗词》，并以志感，敬博一笑。

嘉陵江畔，夏坝滩头，曾是黉宫旧地。忆昔年，天风习习，峭岸拾级千尺。池塘边，小舍相连，也算是，萍踪东西寄迹。更雪窗风急，红红绿绿，是是非非谁记？　　记澹园题咏处，把缙云山色，收归笔底。倡和随，寻芳揽胜，鸳鸯侣深情密契。私愁怅，东归何日？奈河山破碎，身犹旅羁。剑外飞传喜讯，寰宇重光，且更归来树蕙。蒋天枢敬题

注：此词未记写作时间。陈子展《澹园诗词序》落款“写于1984年”。

又据2001年学林出版社出版《澹园诗词》“后记之三”有“《澹园诗词》在一九八四年曾出过手抄复印本”之言，可见先生《金明池》写于1984年。黄润苏，女，字曼琴，号澹园，1945年毕业于复旦大学中文系，1956年任教于复旦大学中文系，教授，著作有《婉约词选一百首》《澹园诗词》等。

一九八五年乙丑　八十三岁

复旦大学中文系硕士研究生导师，协助古籍所工作。

1月中旬，仍在关心右铭公文集出版事。

与陈小从信：“那位王先生和北京中华书局接洽得怎样？是否进行得都很顺利？如果北京中华进展得并不顺利，盼即将进行情况告知。前因上海古籍积稿过多，故想，如其北京能和王辑资料一并出版，材料集中，似较合适。如其进行得不怎样顺利，我仍可向此间古籍介绍，不识您以为如何？据闻，目前出版物，即每份印行万册，尚无利可图，故不甚愿意接收大稿。如何之处，希示复。另外，我有点看法，您所辑得的各种材料，有些似乎零碎、琐屑。右铭公并不藉此等文以传。有些似可删除。不识尊意如何？王某所辑之材料如何，亦盼告。”（1985年1月16日）

注：信中“王先生”，据吕贞白1984年8月21日致陈小从信，即时江西师院王咨臣，江西新建人，藏书家。

1月下旬，海川、海春来沪度寒假。节后，海春回京，海川留沪借读初中。

2月21日，卞慧新来函借书，恳求为其新作题签。

卞慧新来信：“此次在沪杭，校得晚村诗稿钞本四种，各有异同。北京尚有数种，春暖后再往校对。尊校本如便中见及，尚希赐假一校，尤所企望，然万祈勿亟于检寻，因寒舍书籍专意寻找每不能得，而无意中或能呈现也。拙稿《吕留良年谱长编》，据出版社编辑口头应允，将在今年安排付印，深愿得先生赐题书签，以光篇幅。冒昧奉求，尚祈俯允是幸。”（1985年2月21日）

注：卞僧慧《吕留良年谱长编》于2003年由中华书局出版，未见先生题签。

春节后，因无力招待，拒朱子方来沪看望。

与朱子方信：“我今已年八十有三，你舅母也已老迈无力，实在没有精力招待你。况且，小杨就要出国，你小妹天天上班，家里已经很久没有保姆，你舅母只是勉力支撑，天天做点饭果腹而已。”（1985年2月25日）

3月，命次女赴苏州凤凰山公墓购置生圹一区（三个穴位）。再谈右铭公文稿出版事。

与陈小从信：“汪叔子能搜集右铭公未刊疏稿至二百件，可见其用力甚勤，实今日之有心历史文献者。您手中的未刊稿，定为他所没有的。而且王咨臣更收集右铭公书札，将来，名称是‘文集’，还是‘全集’？恐怕是以不定称之‘文集’为好。又搜到诗吗？现在，由汪叔子主持出文集，比在沪由吕老主持出文集，要完备得多多了。可见事情不宜匆促从事。况且，王咨臣能写一年谱附在书后，更非我们始料不及吧。对於能这样办，不但我很高兴，想来您也很满意。如其吕老能延其天年，能知右铭公文集搜集得那么完全，不但会高兴，可能还会作序呢！吕老的诗词，身后我才读到，不久可能影印行世。”（1985年3月17日）

5 月，拟为《全祖望集汇校集注》作序向上图借书。

与于为刚信："前言所欲看之书，因昔年藏有校本全谢山鲒埼亭集，想用杨凤苞所校核对一下（因缺一篇补文），能见杨校原本固好，即叶景葵迻校本亦可。目前时令酷热，拟待至秋凉后再去贵馆，届时当再另奉函，以便您请示顾先生，俾便将书移来。您於目录学研治既勤，历时又久，盼能乘暇写出为盼。"（1984 年 5 月 22 日）

注：《全祖望集汇校集注》，为朱铸禹汇校，上海古籍出版社 2000 年 12 月出版。书前五千言《蒋序》即先生之作。

7 月，《丁丑丙戌间论学杂著》由中州古籍出版社出版。

9 月，外孙女海春在京入读初中。

9 月 15 日，谈右铭公文集、陈门诗集和陈寅恪学术讨论会事。

与陈小从信："右铭公文集原稿、和诗稿小册，前几天已装在一大袋内交邮挂号寄出，想不日可收到。您所拟编的《义宁陈氏五先生诗集》，现下不知已编得怎样？此事，以我的估量，出单行本专门诗集，甚不容易，除政治上有大力人物外，私人诗集，即令再有名气，也很难找到出版社，肯予出版。即如上海古籍出版社，即不肯接受。不知您能找到其他地方吗？杭州墓地问题解决，闻之至快慰。唯不知届时流求、美延能有时间亲临否？关于'陈寅恪学术讨论会'事，听说已有变动，原定今年开的，已改在明年在广州举行。据说已是由新上任的党委书记做主……照新的情况看，届时可能约我到会……也许在美的汪荣祖、余英时（均台湾籍）都对陈先生著作有研究，发表过不少文章，大概都会被邀请吧。"（1985 年 9 月 15 日）

9 月，痛陈家事，心境悲凉。

与外甥女朱淑云信："我和你舅母都年老了，多年在外，长女殇而弟惨死，四顾茫茫，时念你们一些小辈……"（1985 年 9 月 17 日）

注：朱淑云是先生长姊之女、朱子方之妹。

10 月，为增订《编年事辑》，不遗余力搜寻陈先生书札。

与朱子方信："你知道二舅的脾气，坦率而任性，从来不和人耍心眼儿。""看了所带刊物上你发表的文章，知你能不废旧业，至以为慰。希更努力。""看了附带给我的陈述的文章。因而想起一事。当我往年将《陈寅恪先生编年事辑》出版后，曾听人讲，陈述看到书后，自言'从前陈先生曾给他写过几封信，可以补充此书中的材料'云云。因此，我曾让你见到陈述时，请他将陈先生原信各复印一或两份给你，再转给我。这事，你还记得吗？当时陈述是怎么向你讲的，或者是怎样写信告诉你的。此事，你一直没有再向我提起，难道你后来常去北京时，把这事忘了？盼来信告我。我是看到《辽金契丹女真史研究》后才重又想起这事来的。"（1985 年 10 月 12 日）"我所以要你向陈述要陈先生手札复印本，是因为有位香港朋友，收集到流传在国内外所有陈先生手札，将编为一集，影印成书。但不知，给陈述者先后共有几封？从前，我也曾向古籍出版社要过，他们给了我给缪钺的信一札，给陈垣的两短札。并说，没有给陈述的。不知何故？是否陈述本是交给了包敬第？我想，你不妨将情况告陈述，并请他把所保存份寄来。"（1985 年 12 月 31 日）

注：陈述（1911—1992），著名历史学家、民族史学家和历史教育家。曾任东北大学、复旦大学、燕京大学等校教授，中国社科院民族研究所研究员，辽金契丹女真史学会会长等职。

10 月，谈修改重写《楚辞新注》。

与朱子方信："我从前的《楚辞新注》早已改名为《楚辞章句校释》，多年以前（也只是'四人帮'倒后才有时间）已在修改重写。你大妹在日，还给我复写过两三篇。现已修改到最后一部分《九章》，刚在开始。自你大妹夭亡，我万念俱灰，并且感到精力已差。估计再有一两月写完后，我将完全休息。我往年许多计划中想做的工作，只有完全抛弃。在'四人帮'倒台之前，我的有用时间，都被别人剥夺去了！生世如此，又可奈何！"（1985 年 10 月 12 日）

11 月，将《论学杂著》分送亲友，难掩失女之痛。

与李振杰信："最近，我有本杂文文集出版了，寄给你一本请阅，其中那些不妥当的地方，请指出见告。脸上有瘢、有污，别人看得清楚，自己不了了也。你是我老友，我并不是向您讲客气话，想能察之……钟堉故后，我是万念俱灰，有点旧的稿子剩下最后部分尚未改写完。这一稿子最前的三篇，还是钟堉替我复写的。每览及旧稿，不禁为之涕下也。"（1985 年 11 月 25 日）

12 月 6 日，为赴苏州安葬钟堉骨灰预作准备。

与朱浩熙信："你苏州有熟朋友吗？如有，想将来去苏州时请他介绍住的地方。"（1985 年 12 日 6 日）

12 月 8 日，谈陈氏五先生诗和陈寅恪先生学术讨论会。

与陈小从信："陈氏五先生诗，名称既不太妥顺，印行起来又太麻烦。而且《同照阁诗》既已大部印出，至於你六叔的诗，如果只根据《寒柳堂集》中诗重印，对於上海古籍，又有个'版权问题'存在，您将如何应付？问题仅在你七叔、八叔的诗词，无法单独出版。还有，你在山西、江西纵有熟人，却不见得能有繁体字。如没有，还是难於付印。现在我想：不如暂把‘陈氏五先生诗’事搁起，只想法把你大伯诗重印。把七叔、八叔诗少附些在后面，这样，不知有出版社肯接受吗？现在在国内单出版诗集，确是不容易。《同照阁诗钞》原定价港币四十元。即以八折计，尚要卅二元。港币一元约值八角。谁肯以卅二元买一册诗集？您不如干脆告诉书店，售人民币四元到五元，还差不多可以卖出几本。这样，可能您不大同意吧？明冬在广州召开的‘陈寅恪先生学术讨论会’，只能到时看我身体情况如何，才能决定去否？现在还无法定。而且，即令能去，也须由人陪同。”（1985 年 12 月 8 日）

12 月，在吕贞白先生逝世周年之际，完成《吕伯子遗书》，并为之撰《序》。应吕姮之请撰《〈吕伯子诗词〉弁言》。

与朱子方信：“我从前跟你谈古籍出版社老编，名吕贞白，是我老朋友，去秋不幸突然去世。我给他编了遗集，名曰《吕伯子遗书》。日前写一序，兹将草稿附去一阅。”（1985 年 12 月 31 日）

《〈吕伯子诗词〉弁言》：“伯子之诗及其词，余于伯子没后始得读之。伯子之深藏若虚，不自表见如此。余既获读伯子诗词集，耽玩往复，为之醉心，为之下泪。今而后始知伯子之情怀、志操，而今而后，余始深知伯子也。”

《吕伯子遗书序》：“亡友吕贞白，名传元，字贞白，以字行。别字伯子。江西九江人也。余交伯子久，得读伯子诗词，始深知之。其诗其词，余既序而行之矣。伯子为人诚挚，笃於友谊，不轻然诺，久要不忘……伯子笃志於学，群经外，喜诸子，而於诸子中治《吕氏春秋》《淮南子》最勤……伯子长於版本目录之学，伯子生前，曾任复旦古籍整理研究所兼任教授，及华东师大兼任教授……伯子长於词，生平服膺周清真与柳屯田，於清真尤所笃好……伯子往矣！其所著书将长留天壤间。余以伯子老友故，为伯子整理遗著，因将其《吕氏春秋斠补》《淮南子斠补》《药烟录》《茄庵识小录》四种合编之，为题曰《吕伯子遗书》，藉传不朽云。伯子逝世周年矣！因理其遗书，为识其颠末如上。1985 年 12 月蒋天枢谨序。”

注：《〈吕伯子诗词〉弁言》未落款写作时间，但文中有“丙寅春，小姮将印行伯子诗词集”之言，《吕伯子遗书序》作于一九八五年十二月，文中有“其诗其词，余既序而行之矣”之言，可断定《〈吕伯子诗词〉弁言》作于《吕伯子遗书序》之前。

是年，将《陈寅恪先生编年事辑》增补粘贴本寄天津社会科学院卞僧慧，委托其代为整理。

卞僧慧《〈陈寅恪先生年谱长编〉后记》：“秉南教授对所撰《陈寅恪先生编年事辑》进行增订，拟编撰先生年谱，但因年迈体弱，无力完成。一九八五年不以不佞才疏相垂委，以宿疾时作，竟将慧所钞寄之资料及‘先生编年事辑’贴补本及续得之资料，邮寄天津……”

是年，次婿杨国琛考取西德某大学生物遗传学博士研究生，赴德留学。

一九八六年丙寅　八十四岁

约于是年退休。为复旦大学古籍整理研究所返聘，硕士研究生导师，讲授古典文献学和古代文学。

1 月，谈昔年学生成就和家乡教育事业。

与朱浩熙信：“栖山中学经王传典办理后已有很大成绩。希望他锲而不舍，继续下去，为故乡造就一批人才。说老实话，丰沛在封建社会确属文化较高地区，但这些年来，文化却是落后了。只有从教育着手，来改变这一情况。不但要能有多考上大学的人，尤其是要培养能多读书、喜读书、能知自我研讨、有所成就的人。期望教育能造成风气，确非一朝之功，只要步调是对的，总有一天会实现的吧！”（1986年1月15日）

注：王传典，江苏沛县栖山镇人，复旦大学中文系1957届毕业生，在丰县中学任教务主任多年，后调任沛县栖山中学校长，1987年5月病逝。

2月2日，高亨先生逝世。

与吕开盛信：“接高岚信，晋生於二月二日去世了。晋生是钟埴生前最敬重的一位伯伯。钟埴的去世，高家都没敢告诉晋生。晋生是我五十年老友，他的逝世，我以老耄不能去京亲临祭奠。你可率领海川、海春也到高公公灵前吊唁一番。并要另做一只大花圈，上写晋生兄千古，下署弟蒋天枢 刘青莲哀挽，最后一行写：吕开盛率海川 海春同叩首。远在千里，这事只有委托你办了。”（1986年2月8日）“晋生可谓无疾而逝，家里人不给我电报，而用信详告我逝世情况，想亦是念我老，恐我悲切之故。”（1986年3月6日）

2月，拟于春暖后赴苏州安葬长女骨灰。

与朱浩熙信：“前函言想去苏州，并非是想去游玩。因我大女儿钟埴不幸前年三月病故，没前遗言交代孩子，将来她的骨灰葬在父母墓旁。我漂泊一生，后顾茫然。去年令次女到苏州凤凰山山麓买得生圹一区，备有三个穴位。拟於今年春暖后，将钟埴骨灰取回，葬於她的墓穴。算了却一桩心事。现特将事情原委奉告。”（1986年2月22日）

注：接信后，浩熙即与徐州昔年同事、时任苏州广播局副局长魏嘉瓒联系。魏仰慕先生多年，曾报考先生研究生，未被录取。魏接信十分热情，表示定竭尽全力。时任中共徐州市委书记郑良玉 1961 年 7 月入复旦大学研究西欧经济，1971 年至 1981 年在苏州工作，曾任苏州市政府副秘书长，闻讯即致函苏州市政府，请予协助妥办此事。浩熙于 3 月中旬，专程赴沪商谈。先生曾带我到徐家汇拜访王蘧常先生，并到古籍书店购段玉裁《说文》和《五代会要》赠我。

3 月初，拟将长女骨灰自京取回。

与吕开盛函："钟堉在绝气之前，曾有遗言：说将来她的骨灰，要安葬在父母墓旁。此事一直未作稳妥定夺之故，以我和内子当时心中亦茫然无数也。前些时考虑成为定局，即：想在苏州凤凰山山麓公墓区，选择一地方，为我夫妇购置一生圹，其区中为钟堉安置一穴位……为此，向你正式函告。盼你在思想上有所准备，将来如何取回骨灰，再另行函商。"（1986 年 3 月 6 日）"苏州凤凰山购生圹事，前些时已由钟垣去苏办妥。我们夫妇还想找个时间到苏州看一下。你讲钟堉骨灰让两个孩子来沪时带来，那时已届暑热，我们年迈，不便前往。最近，周荷珍来家，讲他们夫妇将於不久时期往京搬回他们在京的东西。因为黄是云的户口已调到上海，他们夫妇将在上海定居也。因此，请他们夫妇去京时，想让他们把钟堉的骨灰带回上海，届时，我和内子也将同到苏州，把钟堉骨灰安葬在我们夫妇生圹之旁。"（1986 年 4 月 10 日）

注：周荷珍夫妇搬家未即成行，拟拖至秋凉。

3 月，接上海古籍出版社送来陈寅恪先生《唐代政治史略稿手写本》，期能出影印本。

《编年事辑》增订本“民国三十年辛巳”：“师昔年曾语枢云：‘此年居香港时作《唐代政治史述论稿》。稿成而太平洋事变作。次年壬午携稿至桂林，钞改后交商务印行。按：先生钞改后之清写手稿，本名《唐代政治史略稿》。写成后寄上海。’近收稿人始交出版社将原稿一册退还。是为先生居港时最完整之墨笔直行手稿。希望将来有人能予以影印。”

注：“近收稿人”，近指一九八六年春，收稿人指原上海浙江兴业银行王兼士先生。

4 月，感慨昔年学生某因身居高位而迷失本性。

与朱浩熙信：“想起一些封建社会的高官如范仲淹，诗、文和政治上都是那么有名，他提倡‘先天下之忧而忧，后天下之乐而乐’，其人名著千古。好像范也是贫寒出身，后来做到宰相、边防驻屯军最高统帅，而始终不易其操守。何古今人为人之如是相悬殊也。”（1986 年 4 月 6 日）

撰《唐代政治史略稿手写本序》。

《唐代政治史略稿手写本序》：“清写稿系定稿，其中仍有改笔，有红色校笔，即双行注与括弧之增减，亦细密斟酌；其他，一字之去留，一笔画之差错，一语之补充，及行款形式之改正，无不精心酌度，悉予订正。由此具见先生思细如发之精神与忠诚负责之生活态度。先生尝称温公读书之精密，师既已效法之，而更阐发昔贤所未及见到之种种问题，斯先生之所以卓绝於今世也。先生往矣！先生业绩长留天壤间。今兹上海古籍出版社将影印先生手写《唐代政治史略稿》，爱珍先生手迹者，将企足而望之。今跋先生此稿，追怀当年遗失之恨，益增今得完璧归赵之欢矣。一九八六年四月及门弟子蒋天枢敬序。”

注：陈寅恪先生《唐代政治史略稿手写本》（外一种）1988 年 由上海古籍出版社出版，2016 年经高克勤辑注再版。

5 月，北京大学中古史研究所将於陈寅恪先生诞辰百年之际编辑出版学术论文集，来函约稿。

6 月，修改旧稿《陈寅恪先生传》。

《陈寅恪先生传》分“求学时代”“在清华园”“南迁岭表”三章，《传》后曰：“综览先生一生，屯蹇之日多，而安舒之日少。远客异国，有断炊之虞。飘泊西南，备颠连之苦。外侮内忧，销魂铄骨。寄家香港，仆仆於滇越蜀道之中（在重庆，有‘见机而作，入土为安’之联语）。奇疾异遇，困顿（失明而无伴护）於天竺、英伦、纽约之际。虽晚年遭逢盛世，而失明之后，继以摈足，终则被迫害致死。天之困厄斯人抑何酷耶？先生虽有‘天其废我是耶非’之慨叹，然而履险如夷，胸怀坦荡，不斤斤於境遇，不戚戚於困穷，而精探力索，超越凡响，‘论学论治，迥异时流’。而忧国忧民之思，悲天悯人之怀，郁勃於胸中，一发之於述作与诗歌。先生之浩气道矣。先生於学，既渊且广。先生之思，既敏且锐。犀利烛牛渚之奸，闳通照一代之后。综括先生治学之特色约有四端：一曰，以淑世为怀。笃信白氏‘文章合为时而著，歌诗合为事而作’（《与元九书》）之旨。二曰，探索自由之义谛。义见《王观堂先生纪念碑铭》及《论再生缘》。三曰，珍惜传统历史文化。此意则文诗中随地见之。而‘迂叟当年感慨深，贞元醉汉托微吟’‘东皇若教柔枝起，老大犹能秉烛游’之句，尤为澹荡移情。四曰，‘续命河汾’之向往。此虽仅於赠叶遐庵诗、《赠蒋秉南序》中偶一发之，实往来心目中之要事。由此四者，具见先生之身实传统历史文化所托命。昔年有某诗人呈先生诗，以谢山、董浦方先生，不识先生亭林、梨洲之俦。彼盖不识古人‘拟人必於其伦’义也。一九八六年六月重修改旧稿讫于上海复旦大学寓居。及门弟子蒋天枢敬撰。”

注：此文收入北京大学中古史研究中心编《纪念陈寅恪先生诞辰百年学术论文集》。

谈当前教育问题。

与李振杰信：“谈到目前教育，已无法让人恭维。别的科系不谈，以中文、历史论，一般说来，程度日益劣、下。道行品格更不必说。高层曾通令，七十岁以上教授悉行退休。（我更是勒令退休之列中人）意盖谓，可让中年人赶快上来。实际上，中年教师除向钱看的人可搞‘外块’外，一般‘老实磨’日耗力於买菜抱孩子等正业，哪有工夫去进修！另外，年纪大的人，不批准带博士研究生，说是‘老了’。这样，我们的高等教育成了以空想为出发点的事业了。中等教育，则非西非东，不知抄自何方。有些地方恶风甚盛，十六七岁已成了杀人犯（前些时枪决了一个十六岁杀人犯）。有的学校初中已会谈恋爱。更因为独生子女多，溺爱成风，还在小孩子，即以营养过度闻。因而好学的孩子成了少数，而品劣的学生则新闻中时见。家长的教育，敌不过环境的熏习。能入污泥而不染者究有几人？以我想，把全部时间逼着孩子搞功课，也不是办法，可打听一下，如有劝导性的小说给孩子看，也是办法。这种新小说，我看的很少，旧小说中如《二刻拍案惊奇》上册中的‘襄敏公元宵失子　十三郎五岁朝天’一篇，便是可让孩子看看的。不知您意如何？不过，古今语言不同，旧小说中用的‘每’字，等于现在人们用‘们’字。此点要先告诉孩子。您九月间去英，英国古老形式的学府中两校，盼就便多了解一下，为我们办借鉴。同时，英人对中国学术历史也比较理解，希留意及之。”（1986 年 6 月 20 日）

7 月初，与吕开盛再商钟堉骨灰送沪事。

与吕开盛信：“关于带骨灰，你想让两个孩子自己带来，不再麻烦别人。这事我们也考虑过：如其暑假带来，不能立即送往苏州，势必须放在家中，我们天天看到，会经常伤心流泪。我们都年老，不应天天看着，经受刺激。所以想等秋凉后让周姐姐带来，就可立即送去苏州安置妥帖，我们也可放心。至于周带骨灰事，是他们主动自愿，他们对钟堉熟识，对堉儿也有份主动感情。至于孩子到他们母亲墓上去的事，将来总会有机会的。”（1986 年 7 月 2 日）

7 月下旬，中暑，发高烧住院治疗。

与吕开盛信：“我前些时因为中暑，发三十九度五的高烧，白吃各种退烧药都不退，因而住进了医院。他们给吊青霉素和葡萄糖，当天就退烧了，但医生又给吊了两天。烧退后人却感到很软弱。住了十天便要求出院了。”（1986 年 8 月 7 日）

9 月，被返聘为古籍所硕士研究生导师。

陈正宏《怀念蒋天枢先生》：“第一次拜见先生的情形，至今历历在目。那天邵毅平师兄带我去先生家，坐在楼下会客室里等了不一会儿，就听见楼梯上响起缓慢的脚步声，接着看见一位面容清瘦、精神矍铄的老人走下楼来，那便是我的导师蒋天枢先生。没有什么寒暄，更没有什么客套，先生坐定后便给了我一通‘教训’，从所学专业的性质到整个学术的发展，从做学问的方法到做人的品德，一口气讲了半小时，临了还正色告诫道：‘以后来我这儿带个笔记本来，我说的话你不要一只耳朵进，一只耳朵出！’以后每次进先生家，我都不忘带上一本硬面抄。在那间面积不大、布置朴素的会客室里，年逾八旬的先生坐在一张旧藤椅上，我坐在先生的对面，像小学生一样恭恭敬敬地记着笔记，遇到听不懂的话就让先生复述一遍，碰上不会写的字便请先生在硬面抄上写一下。那令人感到紧张而又非常充实的一次次课，至今依然难以忘怀。”（1988年7月5日《复旦》校刊新编第218期）

德川《“这是我作为老师一生的心愿：被人超越”》：“他（陈正宏）很幸运，正好碰上已经退休的蒋天枢先生被返聘回复旦，他又成了蒋门弟子。师生结缘那一年，蒋天枢86岁，大陈正宏整整一个甲子，人都说他偏爱这个最小的弟子。蒋先生的严厉声名在外，陈正宏调皮贪玩，甚至有点‘混不吝’，却从来没受过他一句重话。‘还记得先生给我布置的第一个作业，是用竖排繁体的文言文写一篇自传。我是完全不知轻重，文言文我写不来的，繁体字不认识，竖排也不会。先生愣了一下，说：文言文不会，那就白话文吧。繁体字可以去查《新华字典》。竖排好办，你把横的文章竖过来抄一遍就好。于是我就一边查《新华字典》，一边写这篇自传。我说我祖籍是海宁人，高考考来复旦中文系，是想当一个小说家，追寻巴尔扎克的脚步。一直到大三，偶然读陈寅恪先生的《元白诗笺证稿》，这本书写得和侦探小说一样逻辑严密，又文笔典雅，加上后来选了章培恒先生的古籍整理课，就迷上了古书，专门去图书馆借来线装书……那时，我每周五去蒋先生家听课，走进楼下门厅，仰头喊一声。先生的头在楼梯口探了一探，看到是我又回去了，再出现时已唐装整齐，手拄拐杖了。他是很重仪态的，见人从来是一丝不苟。

他给我一个人讲《诗经》，关关雎鸠，在河之洲。说这不是一般的爱情，这其实是上古部落的联姻。还在我的笔记本上，画河中之洲给我看。那些课我至今还记得。'"

10 月，欲事著述却精力渐衰。

与朱子方信："你能不忘旧业，继续写文，足见年老尚能用功。我自感精力渐衰，不想再写什么了。生当忧患之世，大好时光为人掠夺，所想做的几种书都未及着手。（诗、书、左传三种准备工作都已作好）'四人帮'倒台后，才稍有馀闲，顾年事已迈，仅修改了几篇楚辞旧稿，成本的书已无精力着笔，空耗岁月，诚毕生恨事，又奈之何哉！……你幸有好身体，能到赤峰、蒙古草原游历，对你书本上知识，助益不小。不知你曾写有详细游记纪行否？除专业文外，生平所历，亦当有所记述。我回念生平，所经历地方不少，独无纪行之文，至今憾憾也。"（1986 年 10 月 14 日）

10 月，杭州九溪畔之牌坊山陈宝箴夫妇、陈三立夫妇及陈师曾夫妇合葬墓重新修复，列为省级文物保护单位。陈小从、陈美延来沪看望先生。先生将陈师有关文稿交付美延。

与陈小从信："前些时您突然过沪，得晤谈，欢快之至。您并访问了郑逸梅、陈兼与两位老人，亦不可多得机缘也。"（1987 年元月 5 日）

张求会《蒋天枢致陈小从未刊信札辑注》引"陈小从释笺"："此函去'前些时您突然过沪'，则时间应在八六年，赴杭展祖墓后与美延往沪作三日留。"

《师门往事杂录》："所撰《编年事辑》曾於一九三五年下载汤用彤致先生书一通，近回检存旧稿交美延，复得汤札一通……""近时，先生稚女美延自杭州扫墓回，云祖墓旁悉是茶树，欲归取父母骨灰来杭营葬，而祖坟前无隙地，已数上书浙江省政府，迄未得批覆。”（1986 年 12 月 5 日）

注：陈寅恪先生和夫人唐筼已于 2003 年 6 月 16 日葬于庐山植物园。2007 年被列为庐山风景名胜区文物保护单位、2018 年 3 月 9 日升格为江西省文物保护单位。墓由多枚大小不等的砾石组成，右边一直立砾石作为墓碑，上镌“陈寅恪唐筼夫妇长眠于此”，碑阴刻“陈流求 陈小彭 陈美延 庐山植物园敬立 公元二〇〇三年六月十六日”，左边另一块横置石头上刻有“独立之精神自由之思想”，落款“后学湘人 黄永玉敬书 壬午春月”。

12 月 5 日，写成《师门往事杂录》一文。

《师门往事杂录》文末记：“1986 年 12 月 5 日草讫于复旦寓居中。”此文被收入北京大学中古史研究中心编《纪念陈寅恪先生诞辰百年学术论文集》。

12 月 8 日，撰《楚辞章句校释·弁言》一文。

《楚辞章句校释·弁言》文末记：“顷者，上海古籍出版社王维堤同志惠函商讨问题，谨将拙见申说如《弁言》。一九八六年十二月八日蒋天枢写於复旦宿舍。”

注：《楚辞章句校释》一书约于是年中交上海古籍出版社，1989 年 11 月出版，更名为《楚辞校释》，时先生已过世。

与吕开盛信：“近来很忙，既要带研究生，还要写应酬文章，加以人来人往，时感疲劳。”（1986 年 12 月 28 日）

是年，陈流求、陈美延来沪拜望先生，并邀请出席中山大学纪念会。

陈流求与朱浩熙信："80年代中期，86年（？）我与舍妹美延由广州到上海，拜望蒋先生及师母。这是我首次到复旦大学，也是第一次到蒋先生家，说及中山大学准备召开先父纪念会事。蒋先生虽已年迈，仍准备赴会，还说到需要师母或他人陪同等，并见到小外孙约十二岁上下。"（1997年8月4日）

注：陈流求、陈美延此次来沪，似在陈小从、陈美延来沪之后，主要是正式邀请先生出席中山大学召开的《纪念陈寅恪教授国际学术讨论会》。

一九八七年丁卯　八十五岁

复旦大学古籍整理研究所硕士研究生导师。

元月5日，仍为出版陈右铭文集、陈方恪诗集筹谋。因身体原因，决定不出席中山大学《纪念陈寅恪教授国际学术讨论会》。

与陈小从信："我近忆起，沈宗威曾告我，你七叔集子，名《商（适）屦集》，其中诗词，大都刊登於《青鹤杂志》中。盼您能於武昌大图书馆中寻觅此旧刊物，以便抄录。再者，顷查出，沈宗威地址为'上海市河南路十六号，上海市文物保管委员会'。信写到此处，又接您元月2日手书，至快慰。由南昌汪叔子信中具知右铭公集编纂情况。但是文集的正式名称，究竟是'陈右铭文集'，还是'陈宝箴文集'？按理说，'右铭'二字一般人知者少，且此集出版后，台湾可能会有人再版，似乎以'陈宝箴'为宜。或者用'陈宝箴右铭公文集'，公官巡抚，称'公'亦非僭也。祈您酌度之。汪荣祖先生想已回美。去年春天，他曾和章太炎的孙子章△△（忘其名）到我家，后来又曾到杭州开章太炎纪念会，他和章本来说，从杭州开会后将去北京，然后再来上海。可是从那次后汪没再来。今年十月间，广州中大要召开‘陈寅恪先生学术讨论会’，有许多海外学者，如杨联陞、余英时，还有几位法国人都来参加。想来到时汪荣祖定会来的。届时，我因老耄，无力任此远行劳顿及长时间开会，将不前往参加。此事业面告美延妹了。我已很久没和郑逸梅通信。只与陈兼与老人通过两次信，陈已九十岁以上老人，精力尚很好，亦难得晤谈之老人也。《同照阁诗钞》校勘记，请寄我一份为感。十月间广州的会，想您往参加，因为流求、美延都是召集委员。”（1987年元月5日）

注：据张求会《蒋天枢致陈小从未刊信札辑注》引余丽芬《纪念章太炎逝世五十周年学术讨论会综述》（载《杭州大学学报（哲学社会科学版）》1986年第3期），此次会议於1986年6月14日至17日举行。又据汪荣祖自述：“1986年的夏天，我应邀参加在杭州召开的纪念章太炎逝世五十周年学术讨论会。太炎的孙子念驰来接，同赴杭州开会，同游绍兴，后来又在上海相聚。”所说章太炎的孙子即章念驰，时在上海社会科学院历史研究所工作；汪同章念驰拜访先生时间当在1986年夏天。

2月中旬，多方搜集陈寅恪先生书札。拟为金毓黻诞辰百年撰写纪念文。

与朱子方信：“今天才找到你的信，知今年是金的诞辰一百周年。日内觅暇，当写一短文用以纪念。陈述给包敬第各书札，上海古籍已复印给我一份。唯辗转复印，有些地方看不清字迹，为怅恨耳。我已用其中材料写入文章中。不但已看到陈先生给陈述信复印件，还看到给其他人信若干封。我处本来存有陈先生信及失明后到广州以后的信若干封，连同信封都保存着。在‘文化大革命’中皆被红卫兵拿去烧掉了。如其能全保存下来，我写的《陈寅恪先生编年事辑》，何至到广州后一段生活，一无材料凭藉？每想及，辄痛恨万分！”（1987年2月16日）

3月8日，刘青莲偕次女蒋钟垣携蒋钟堉骨灰至苏州，安葬于凤凰山公墓凤凰池区1级西4路7排7号。

蒋钟垣与朱浩熙信：“我和妈妈3月8日已去苏州凤凰公墓将姐姐的骨灰安放好了。因为天气冷，没让爸爸去。（从北京带来的骨灰，我直接放在三楼，也免得他们伤心）复旦到汽车公司是挤车去的。那边是进口大巴士，路途一切还舒适。妈妈对墓地的方向等都满意，所以也就没麻烦你认识的熟人了。这件事办得还顺利，二老满意就好了。顺告知。”（1987年3月31日）

3月，心脏病大发。仍著述不辍。写作《陈寅恪先生读书札记弁言》和《故友金静庵诞辰百周年纪念志感》。

《故友金静庵诞辰百周年纪念志感》记：“今年值静庵诞辰百周年，逝世二十五周年之际，感念老友，追情往昔过从踪迹，不胜其感慨系之。一九八七年三月，志于上海复旦。”

与朱子方信：“关于金静庵百周年诞辰纪念事，顷草出短文一，附函寄去，盼查收。还有一事，金（景芳）作静庵传中，记金生前曾写《王观堂先生轶闻》，此文见於静庵日记《静晤室日记》中。盼你能找到金景芳同志，请他找出《静晤室日记》，觅出此文所在，代为钞录一份，或者复写两份，或者将载此文日记一部分复制下来，还可看到金静庵手迹也。如何之处，盼能酌度办理如何？我近心脏病大发，正疗治中，不多及。”（1987年3月14日）“我有冠心病已多年，只是今春起，脉搏稍缓慢些，每秒钟跳不到六十次。在服用‘宁心宝’等药。我并没在意，仍然照常写文章。陈寅恪先生《读书札记》，将由上海古籍出版，我写了篇《弁言》，附信寄去一份……我近因感受风湿，腰有些痛，正贴用‘麝香解痛膏’治疗。他无所苦，勿念。”（1987 年 4 月 2 日）

《陈寅恪先生读书札记弁言》：“寅恪先生生平读书，有圈点，志其行文脉络鰓理；有校勘，对本校或意校其讹误；有批语，眉批或行间批。”“先生生平读书，用思之细，达于无间，常由小以见其大，复由大以归于细；读者倘能由小以见其大，斯得之矣。先生读书，用思绵密，用语雅隽，立言不多而能发人深省。所记，大抵申抒己见，或取新材料补证旧史；或考校异同，与前贤札记之以铺叙例证得出结论者，颇异其趣。”“先生生平所著书，大多取材于平素用力甚勤之笔记，其批校特密者往往即后来著书之蓝本。”

注：先生此文，手稿落款为：“一九八七年三月及门蒋天枢敬识。”1989 年 4 月《陈寅恪读书札记》于上海古籍出版社出版时，先生《弁言》落款为：“一九八七年九月及门蒋天枢敬撰时值第三届教师节。”可知此文屡经修改。与 3 月稿比较，文字改动较大。

与朱耀斌信：“近来我和内子都还好，只是我前些时因受风湿，弄得腰腿俱痛，只好隔几天到医院‘推拿’，已去过几次，觉得好些，只是行走有些不大方便而已。”（1987 年 4 月 4 日）

4 月 22 日，蒋钟垣起程赴西德探望杨国琛。

与朱浩熙信：“钟垣今日即起程。”（1987 年 4 月 22 日）与朱子方信：“国琛因读博士，须加学德文，尚须两年才能回国。”（1987 年 10 月 14 日）

5 月 3 ～ 6 日，出席全国古籍整理委员会《全明诗》工作汇报会。

章培恒致顾廷龙信："兹有恳者：自五月三日至六日，将于复旦大学举行《全明诗》工作汇报会，周林同志及程千帆先生等均将参加。先生素为学界所共仰，又为本所兼任教授及《全明诗》顾问，届时务祈惠临指教，不胜幸甚。若荷垂允，敢请于会议期间寓居复旦大学外宾招待所，以省往返之劳（费用均由本所承担），五月二日当专车恭迎。"（4 月 28 日）

与朱子方信："我的名义，现在是古籍整理研究所的带研究生的导师。近教部一副部长来视察工作，所里邀请到北大、川大、杭大、山大、南京师大等校代表来复旦，开了五六天会，有些都是熟人，不能不酬应一下。同时，也和你舅母借机会参观了淀山湖和'大观园'。因而多天来颇累。"（1987 年 5 月 7 日）

注：所说教部副部长为时任教育部党组副书记、副部长、国务院古籍整理出版规划小组副组长、全国高校古籍整理研究工作委员会主任周林。

与朱耀斌信："前些时，此间开会较多，我和内子藉机会逛了一天淀山湖，看了仿制的大观园。还和外地客人共同看了场昆曲，十一点才回到家。虽然累些，因我最喜爱昆曲，机会亦至难得也。"（1987 年 5 月 20 日）

5 月初，收到《王观堂先生轶闻》复印件和抄稿。

与朱子方信："你写的钞稿的一份，我寄给加拿大华籍学者叶嘉莹一份，她是北京辅仁出身，长於诗词，曾来复旦中文系讲过课，因而我多年来就认识她，她也多次到家来过。很长时期来研究有关静安先生的著作，出版过好几种关于静安先生的文章和专著，所以我把《王观堂先生轶闻》寄给她。”（1987年5月7日）“你前寄件中，后来才发现文件里有金景芳给你的信，金既代手钞一份，复又将日记原稿复印寄给你，其情甚可感。四十馀年前老友，仍眷念故人，至感疏阔之咎。有暇时盼代我致谢。当时竟未发现金信，足见我之荒疏。此间华师大，有一吴某者（史系主任），以表彰观堂先生自命，观堂先生的手校本《水经注校笺》一书（原书现藏吉林师大），他已得到全书照片，而他不把全书影印，却将自己整理的书，把原书选几页作样品，来刊行。这件事，是借表彰王先生之名而表彰自己，实是可恶之至！而且，其中的文章，也写得似通非通，今世之所谓学人，大抵如是！只应以‘呜呼’二字对之而已！他多年前曾来家问我某些清华老同学事，因而我算认识他。吴某为人如此，故不将静庵文寄给他。”（1987年5月19日）

5月下旬，谈社会脑体倒挂、环境污染现象。

与朱浩熙信：“物价腾踊，苦了知识分子。社会上会做生意和会跑单帮的人，则资金充盈，即卖包子小摊，亦利市万倍。前些天听同事讲，有位暴发户，拿着多量十元大钞，在街上撒着玩……我们对这种现象会有如何感想呢？或者可以说奖励商人的结果吧！”（1987年5月26日）

7月，谈《编年事辑》增补事。

与朱浩熙信：“关于《编年事辑》，过去早想增补、修改，想将其中引用陈先生《读书札记》的地方，全部删掉，而把近出有关陈先生记录，悉行采入。我已老迈无此精力，已将原增补粘贴本，寄给老朋友卞慧新，代为整理。卞系清华大学部第六届历史系毕业，也是陈先生学生，现任天津社会科学部研究员。我和他深交近廿年，他亦愿意受此委托。将来搞好后，打算仍交上海古籍出版。届时书出，您将读到《增订本陈寅恪先生编年事辑》，看样子，可能年底整理好。另外，正在由陈先生许多学生，整理《陈寅恪先生读书札记》，我写了篇《弁言》。也由上海古籍出版。可能今明年先出《隋唐史》一部分。"（1987 年 7 月 20 日）

注：先生此信所讲非常明确，出于对卞的信任，委托他帮助整理，而卞愿意接受委托，书名为《陈寅恪先生编年事辑》增订本，仍交上海古籍出版社出版。可直到次年年初，卞并未将整理稿寄交先生，於先生殁后亦三缄其口。1997 年 6 月，《编年事辑》增订本由上海古籍出版社出版。浩熙将先生 1987 年 7 月 20 日信复印寄复旦。陈正宏复信："来函所示卞慧新先生协助蒋先生修订《事辑》事，我以前稍有所闻，但这次您提供的蒋先生信出，的确十分重要……我曾在书出前托天津社科院同学去卞老家打听，回复说他不愿再谈，而看样子，年纪大了，脑子也有些毛病了。真是没有办法的事。"（1997 年 9 月 15 日）

谈环境污染问题。

与朱浩熙信："今天时时受到污染的包围，环境既恶劣，空气又坏，致衣食起居，感到不安宁。这是我个人的想法，一般人未必如此。复旦近年来，天天在盖房子，见缝插针，附近已无空地。回想初来复旦时，附近的河浜当可捉到鱼，今则到处是房子。有些住市区内的人，感到人多屋少，多迁来乡下。以致当前真是人满为患！大学之大，也以人多而著称了。"（1987 年 7 月 20 日）

9 月，《故友金静庵诞辰百周年纪念志感》一文在《社会科学战线》第三期刊出。

与朱子方信：“《社会科学战线》第三期，早已寄来，并附抽印单篇，忙忙碌碌，未即告诉你。现附信寄去单页四份备用。”（1987年9月16日）

9月，陈美延寄来陈先生部分诗稿和《寒柳堂记梦未定稿》。

与朱子方信：“关于陈先生诗稿，日前美延寄来复印本若干页，大部分是晚年所作，我从未见过，中也有讲到我的诗。另外还有《寒柳堂记梦未定稿》全文，他们骗美延，给她的一份是最初草稿，当时还没有写《吾家与丰润之关系》之一章。此文后来当屡经修改，才写成定本，定本与初稿出入甚大，以故，即将来再版全集，亦不能附入也。至于陈师母手写的诗稿三册，那些坏家伙始终不肯拿出来；又不把寒柳堂记梦原文交出，不知他们是何居心也。”（1987年9月16日）

12月初，衰年畏寒，偶发牢骚。

与朱浩熙信：“近来上海由于强冷空气接连南下，已冷到高温六度，低温（零下）五度。今年冷得这么早，恐怕还有最冷的时间在后头吧？无可奈何，既无暖气，又买不到煤来生炉子，只好听其自然。昔年陈丕显在上海时，冬天发给大量红煤，可以室内装火炉。陈去职后，不给煤，改为发烤火费，现在什么都没有了。”（1987年12月3日）

是年，陈流求来沪拜访，商议陈先生遗著继续出版事。

陈流求与朱浩熙信：“（19）87年，我又到上海复旦大学拜访蒋先生，商议继续出版先父遗作事。此次，见蒋老精神、体力比前差了。”（1997年8月4日）

刘青莲："陈先生大女儿流求1987年来上海，商议继续出版陈先生著作的事。秉南说，对陈先生文集校了一遍，再出时可作为底本，并把新发现的陈先生诗文收进去，遗憾的是《寒柳堂记梦未定稿》不完整了，陈先生的三册诗稿第二册、第三册散失很多。"（1990年3月1日访谈）

一九八八年戊辰　八十六岁

复旦大学古籍整理研究所研究生导师。

2月，复旦中文系欲为老教授留点资料，委派何佩刚老师登门访谈。

何佩刚上门访谈多次，3月26日写成《蒋天枢先生的治学道路简述》(初稿)。

3月初，接到《古今徐州》一书。

与朱浩熙信："《古今徐州》中所印照片，最感兴趣，尤其对于李可染，初不知其为徐州人也。更有憾者，徐州最近出土古物日增，老迈，不克回徐参观，耿耿於怀。侄昔年曾要我写《我与徐州》，思之甚久，我虽是徐州府的'老百姓'，多少年来，只是往来经过，或者市内有亲故，暂住往访而已。例如解放前夕，我在复旦，想回丰县看看，适值王将军正在丰砀间打仗，我只得暂在东关外中国旅行社小住，曾到女师看你俊英姑，她还给我从家带来的黍子面年糕吃，是久已没尝的家乡土产，所以至今还记得。如此而已！"（1988年3月12日）

注："王将军"指王敬久（1902—1964），字又平，江苏丰县人，黄埔军校第一期生，曾任第71军军长、第25军军长兼第37军团

军团长、第32集团军总司令等职，陆军中将，1949年7月去台湾，曾任三军大学教授，1964年6月20日病逝于台南，著有《五十述怀》《抗战八年回忆》等。

3月下旬，为研究生审阅论文。

陈正宏《怀念蒋天枢先生》："最使我忘不了的是先生给我上的最后一次课。那是今年三月下旬的一个细雨霏霏的下午，我带着已经誊清的一部分论文去见先生。一进门，师母就告诉说，前几天先生一个人出去散步，跌了一跤。我心里一紧，忙问摔坏了没有，今天是否让先生休息。师母说不用，你不来先生还老念叨呢。不一会楼梯上便响起了那熟悉的脚步声，先生缓步走了下来。我起身去扶他，问身体可好。他连连说：'没什么，没什么。'一入座便向我要了论文，架起老花镜仔细看了起来。从体例、用词到标点符号，一一指出不当之处，可以改的便让我当场动笔。这样指导了半个多小时，我怕先生太累，便说：'蒋先生，我把论文留下来，您慢慢看吧。'先生却摆摆手说：'没关系，没关系，再看一点吧。'这样一直到天色暗了许多，他才把论文放到了一边。"（1988年7月5日《复旦》校刊新编第218期）

3月25日夜，突发脑溢血，次日一早被送进华东医院。

刘青莲与吕开盛信："爸爸25日夜忽然得病，送进医院，确诊为脑溢血，不过比较轻，现情况好转，神志清醒……如果情况再有变化，我会通知你们，望不要轻易来沪。钟垣处，我也是通知了他们，并没叫他们立刻回来。我心很乱，不多写。"（1988年3月31日）

刘青莲："头天下午，秉南先是看研究生论文，累了，不知想到了什么，说要上阁楼看看。我说楼上风大，不想叫他上去。他不说话，还是往上走，在上边站了好长时间。我听到风吹得窗户响，喊了几次，他才下来，不知怎么回事，脸色很不好看，眼角还有泪痕。当天夜里就病倒了。"（1990 年 3 月 1 日访谈）

朱子方《忆舅父蒋天枢先生》："关于舅父的病情，舅母回忆说：'这次发病是在夜间，正睡着睡着，我突然听到响声，马上起来看他。他大概是想起而没有能起来，问他怎么样，他已神志不清，不能说话。病成这个样子，实在很突然，出乎意料。我马上求邻居帮忙，去找古籍所的同志。章先生等很快都来了，等送到长海医院，天已大明。经医生诊断，认为是脑溢血，立即进行抢救。但一直不能说话。神志有时清醒一点，我有一次问他：想不想让钟垣回来？他轻轻地摇了一下头。'"

注：文中所说长海医院，应为华东医院。

陈尚君《〈陈寅恪文集〉与近四十年学术转型》："蒋先生 1988 年送医院的时候，邵毅平和我一起去的。我记得到华东医院临走上车的时候，章培恒先生拿出一大叠十块钱的人民币，抽了好几张给我们，说是把蒋先生送过去。"

陈正宏："蒋先生住院后，一直昏迷，没知觉。三天后的夜里，他醒过来，看到守夜的，不认识，点点头。令我感动的，一次，蒋先生醒来，看到是我，就问'论文、论文'……我说，放心吧！章先生已经在指导我。"（1990 年 3 月 9 日座谈会上的发言）

吕开盛与朱浩熙信："先生（19）88 年生病住院后，我在他病逝前半月赶去上海，在华东医院病房见到他时，已不能言语，虽神志清楚，对我的到来和我招手，但已没法交流。"（1997 年 3 月 16 日）

5月26日，“纪念陈寅恪教授国际学术讨论会”在中山大学举行。

林亚杰《纪念陈寅恪教授国际学术讨论会综述》：“为纪念陈寅恪先生，把他的学术成就、谨严的治学态度和孜孜不倦地从事著述的献身精神发扬光大，由中山大学主办的“纪念陈寅恪教授国际学术讨论会”于1988年5月26日至8日在广州中山大学举行。”

据石茗《纪念陈寅恪教授国际学术讨论会综述》（中山大学出版，1989年版），会议由执行委员会主持，执委会主任为季羡林，成员另包括邓广铭、王永兴、石泉、刘大年、李侃、陈胜粦、周一良、林甘泉、金应熙、胡守为、唐长孺、蒋天枢、蔡鸿生等。

6月9日上午，先生逝于华东医院。章培恒主持治丧事。

安平秋《章先生与他的老师蒋天枢》：“那是在1988年6月上旬，我和章先生从上海躲到苏州的南林宾馆，审定《近代小说大系》的点校书稿，住在同一个房间。6月9日晚上，我到宾馆的主楼去给北京打长途电话，回到房间时看到他赤身裸体地躬身站在桌旁接电话，从他肃穆的神情和简洁的对话中，我知道是蒋天枢先生刚刚去世了。放下电话，他告诉我：正脱了衣服要洗澡，突然上海来了电话。第二天一早，我就陪着他一起回到上海，他去料理蒋先生的后事。多年之后，他在电话里说了什么话我都不记得了，只有他那像《史记·滑稽列传》里说的‘簪笔磬折’中的‘磬折’的形象偶尔闪现在我的眼前。我想，这种样子是装不出来的，事起仓促，是他对老师发自内心恭敬的自然表现。”（2021年6月9日夜）

6月10日，复旦大学古籍整理研究所蒋天枢教授治丧委员会发布讣告。

讣告：“复旦大学教授、我国著名的文史学家蒋天枢先生，因患脑溢血，于一九八八年六月九日上午十一时零五分逝世，享年八十六岁。”

6月16日下午3时，蒋天枢教授追悼会在上海龙华殡仪馆举行。

告别大厅挽联：“秉南兄千古：悲忆一灯与君研经常共迎惠山晓色 最难百卷为陈清稿能力回寒柳春光 弟王蘧常敬挽 时戊辰五月叹”；“秉南先生千古：风雨如晦霰雪无垠遍历坎坷见本色 学殖似海志节凌云广滋兰蕙传明灯 复旦大学古籍整理研究所敬挽”；“守先哲遗范何遽山颓木坏 贻后生谠论会看火尽薪传 陕西师大古籍所黄永年敬挽”；“天枢教授前辈不朽：潜修耻闻达 硕学出名门 后学陈从周拜挽”；“天枢先生大人千古：先生古人也举首秦时明月 淑世君子哉披襟颖上清风 晚吴广洋敬挽”；“名重德俭声播士林钦师长 志怀松菊芳流学府忆春风 天枢老师千古 学生周斌武敬挽”。

告别大厅挽诗词：“昔命东林驾，西溪一水通。传灯千载业，立雪几人同。舍瑟音犹在，乘桴道许从。望回吾岂敢，兀傲想深丛。水木清华地，陈门几辈登。礼堂得删定，古学独精能。岁在龙蛇厄，神伤狸豹乘。寝门未能到，雪涕一沾膺。天枢教授灵鉴 同门弟钱仲联敬挽”；“望之俨然即之温，长松千尺比精神。识荆四十年前事，名论依旧著耳根。青史洞观具只眼，葩经挥发古无伦。歌风英气依稀在，刚直一生式后生。天枢教授千古 刘季高敬挽”；“论著名山垂秘文，一庵老学早留痕。尊师寒柳成新谱，立雪情怀更仰君。桃李在，看盈门，卅年高府有传薪。薤歌咫尺江千路，邻笛声凄系梦魂。鹧鸪天 奉唁 天枢先生千古 潘景郑谨挽”。

陈小从《图记义宁陈氏·传薪人》：“1988年，纪念陈寅恪先生国际学术讨论会在中山大学召开之际，忽由沪上传来蒋天枢先生因病遽逝之噩耗，震悼之余，作七律一首相挽：史海书山探秘珍，瓣香长系义宁陈。立深寒柳堂前雪，坐揽清华苑里春。白鹿传薪成

《事辑》，屋乌推爱启芜榛。谆谆细雨无声润，遗札犹含绛帐温。”

8月17日，解放日报发布追悼会消息。

解放日报本报讯《蒋天枢教授追悼会举行》：“我国著名文史学家、复旦大学教授蒋天枢追悼会昨日在龙华殡仪馆举行。全国政协副主席苏步青，中共中央委员、市政协主席谢希德等送了花圈。市委宣传部长徐俊西等参加了追悼会。蒋天枢教授毕生从事教育及学术研究工作近60年，为国家培养了不少有影响的专家教授。蒋天枢教授治学谨严，见解精辟，所著《全谢山先生年谱》《楚辞论文集》，素养盛誉。在他晚年，不顾体弱力衰，夜以继日地整理编纂《陈寅恪文集》，撰写《陈寅恪先生编年事辑》，使一代学术大师陈寅恪的著作得以尽可能完整正确地公之于世。”

7月14日，先生葬于苏州凤凰山公墓凤凰池区1212号。

7月16日，次女蒋钟垣、婿杨国琛于先生墓前树碑，章培恒撰墓志铭，黄永年书石。

墓志铭：“蒋先生讳天枢，字秉南，江苏丰县人，弱岁入清华学校研究院，为陈寅恪先生高弟，继教授河南、东北、复旦诸大学。作育英才，绳以道义，清介自守，粪土贵显，屡处否悔而不易其操，所撰有全谢山年谱、论学杂著、楚辞论文集、楚辞章句校释，复编次寅恪先生遗文，谱其行事，存谠论於人间，为硕学所同钦已。先生生於清光绪二十九年十一月二十六日，一九八八年六月九日疾终。妻刘夫人讳青莲，江苏徐州人，生於清宣统二年三月十五日，二〇〇二年三月二十一日疾终，与先生合葬於江苏苏州凤凰公墓。有子钟琦、钟霖，悉殇；女钟堉适吕开盛，举子女各一；钟垣适杨国琛，举子一。钟堉亦已先卒。铭曰：哲人云亡，明者永悼，泰山梁木之悲，曷其有极！

受业章培恒撰文　受业黄永年书石”

注：1992 年 3 月下旬，刘青莲女士飞往澳大利亚。其时，蒋钟垣、杨国琛夫妇已定居澳大利亚悉尼。2002 年 3 月 21 日，刘青莲在悉尼病逝，同年 7 月 9 日，同先生合葬于苏州凤凰山公墓。墓志铭经修改重镌，此为重镌后文。

是年，周林提议在复旦大学古籍整理研究所设立“蒋天枢文库”。

安平秋《章培恒与他的老师蒋天枢》：“蒋先生去世不久，我在上海。一天，章先生对我说：蒋先生的家属想把蒋先生的书卖掉，上海书店给价 3 万元，家属希望是 4 万元，但谈不下来。言语间有些犯愁。我问他（章先生）：‘有没有书单子？’他说：‘有。’第二天我看到书单，对他说：‘书单子我拿走，我来想想办法。’我回到北京，在古委会秘书处开办公会讨论，并向古委会主任周林同志做了详细汇报，分析了这批书的价值和古委会收购下来的影响与作用，经反复评估和掂量，周林同志拍板：古委会以 8 万元的价格收购蒋天枢先生的这批图书遗产。同时，又决定不运至北京，而是存放在复旦大学古籍所，设立‘蒋天枢文库’。我把这一决定电话告诉章培恒先生，他的意外欣喜和充满感激溢于言表。事后，我到上海，他谈起这件事仍是表示：对蒋先生有个交代了！”（2021 年 6 月 13 日澎湃新闻）

2022 年 5 月 5 日立夏初稿

2023 年 2 月 28 日改定

2025 年 2 月 9 日校改

附　录

崇廉论

蒋天枢

世有以廉洁自持者乎？则举世必目之曰，此迂怪之伦，顽固之士，相共而非笑之。而持身不固者，亦惧流俗之非訾，而改步易行。廉耻之道微，礼义之坊溃，此天下后世之忧，非一人之私痛也。

呜乎！以廉洁为非，必以圆通为能，华嚣之风成，逆乱之祸积，相率而为寡廉鲜耻之行，相率而为攘夺僭窃之事，相率而为犯上作乱之争，呜乎痛哉！此不重廉之故也。

训曰：廉者，隅也，边幅也，亦即所谓位也。素富贵行乎富贵，素贫贱行乎贫贱，素夷狄行乎夷狄，素患难行乎患难，亦即所谓礼也，义也。行乎礼，适乎义，守之而不溢其分，所持愈重而所行愈危矣，而一世不敢干，而天下不能动矣。

天之苍苍，其远而无所至极也。其自处者高也，其视下也，雨露之润，风日之暄，未或少间阕也。君子立其节於万仞，其视天下也，亦若是而已。

泰山严严，嶙峋而不可向迩也。如彼其峭厉危栗也，草木生焉，货财殖焉，终古而无息焉。君子持其身如嶙峋之峻，其於人也，亦若是而已矣！

然而，廉，至迩也，亦至卑也，言动之间，取与之际，皆是也，亦曰义而已。义者，天地之秋也。一介不与，一介不取，廉也。而所以断之者，义也。千驷弗顾，天下弗视，廉也。其所以处之者，义也。守其在我，而利不足以诱之；持其在己，而物不能夺之矣！

是故君子之廉，非求其名而如此也。其视己甚重，而物甚轻；其所以待己甚高，而物甚微，故守己严而廉隅立。

小人之不廉，非不知有廉也。其视物甚重，而己不得不轻；其於外甚厚，而己不得不薄。外物之临，不惜其身躯以赴之，平日不能辨义利於中守其在我者，此其所以身败名灭欤！

廉者让之，从而争之，反也。廉则守己，争则夺人。不出於廉，必出於争。争则不夺不厌。故欲息天下之争，已天下之乱，必自家知廉耻，而人重廉隅始。

且夫廉也者，有大廉焉，有小廉焉。守己於白，惟恐其墨，早夜兢兢，慎於锱铢，此小廉也。功成万物而不居，名立天下而无与，此大廉也。小廉成己，大廉成物，成己下学，成物上达也。

注：此文录自民国十六年《无锡国学专修馆文集》二编第三册。原文未分段，未加标点。

参之离骚以致其幽参之太史以著其洁论

蒋天枢

夫文者情之所宣，而情则因文而著。物不得其平则鸣，情有所不能已，发之为声音，著之为文章，因文而有色，因声而有韵。

百谷草木之丽乎地，日月之丽乎天，天地之文也。风篁之萧簌，水石之琤琮，天地之声也。其发也有思，其著也有情。极其思，尽其情，渊乎其有声，邈乎其有韵，委乎其致，焕乎其文，昭昭乎行万古而不可灭，斯亦天地间之至文也。

有郊庙雍穆之文焉，有闾里歌谣之文焉，有孤臣孽子忧深思远之文焉，有侠士义夫磊宕光明之文焉。其为文也不一，故其致也亦不一。

柳子厚之言文曰："参之离骚以致其幽，参之太史以著其洁。"是欲为天地之至文而求其韵与色者欤？夫以遁世绝俗之为幽欤？而非惓惓君国呼天呼父母者之所能为也。以狷廉自守志孤行高之为洁欤？而非慷慨立朝受辱不顾者之所能为也。

而离骚何言幽、太史何言洁也？岂柳子厚之诬古人，抑柳子不识之邪？非也！其举类迩而见义远、其旨洁而称物芳，非幽欤？奋大辱之积志、著方世而共白，非洁欤？此非所以言其文也。

夫所谓幽者，非字縋幽而句绝险也，通难白之隐，达难显之情，幽独咀含而其意已申者也。读其文，如聆忠孝恻怛之忱，如挹兰茝芬芳之致也。夫所谓洁者，非字删句衍之谓也。敛光华於内而蕴精英於中，损外饰之纷华而归於洁白者也。读其文，如曝皎日之光，如餐大羹之味也。

将致其幽，必致其情，有离骚之志，斯有离骚之文矣。将著其洁，必敛其华，有太史公之志，斯有太史公之文矣！

然而天下之至幽者莫如文王，文王拘羑里而演易，易之彖辞，幽之极者也。天下之至洁者莫如孔子，孔子修诗书而赞周易，易之系辞，洁之至者也。

学者因离骚之幽，以寻易彖之幽；因太史公之洁，以寻系辞之洁，其庶於知道乎！

注：此文录自民国十六年《无锡国学专修馆文集》二编第四册。原文未分段，未加标点。

孙氏族谱序

年来作客他乡，岁恒不得一归，归亦匆匆去留。故乡父老，髫年旧知，踪迹阙然。即先人茔墓，宿草萋萋，已经年不亲祭扫。常中夜起立，徘徊怅恨，不能自已。

今岁二月，友人孙君敏卿驰书汴垣，以其孙氏族谱辑印将成，属为撰序。以余之荒落固陋，将何足以有言？顾孙氏为吾丰世德名族，族姓繁多，其耆年硕彦，固余幼日所亲接者也。

既不获辞谢，因思中国社会二十年来剧急之变，乃前古所无者。以家族为本体之社会组织，其历史已二千馀年矣！统治者虽有本族、外族之不同，而一切制度文物，固无不以此家族本位为基础，即兵戈摧残，铁骑践踏，喑呜叱咤之豪雄，其力足以排山倒海者，而曾不能损此制度之毫末。无他，一切思想之出发，均依此为根据也。

近二十年来，因国势之日蹙，国人怵於危亡将及，初则震於外人科学之声威，继则皇皇於他人制度之稗贩，终则又憬然於思想之移植，拔帜易帜，若将不及终日焉。於是最为众矢之的者，此依附於家族本位之一切社会组织也。

近数年来，乡村凋敝，一般生活日趋下落。举凡二十年前融融和乐之风，睦邻敦族之谊，行规矩而言淳谨者，已不啻在渺然皇古之前。虽大多乡村习惯仍如往昔，然所存者形骸，其精已消亡矣！倘执一稍受都市教育之青年，而告之曰木本云云，水源云云，其名词虽所知，其意则非所能喻矣。此虽非一单纯问题，然为家族制度一空前之厄则事实也。

窃谓各民族皆有其本身相沿之文化，积之久而始有一坚固之组织，其来也既非一朝一夕之故，则虽惊涛骇浪，亦绝非一旦所能铲除，此则可断言者。

中国家族之起，由於人类相亲相爱之天性。至亲者莫过於骨肉，推而及远，以次而分用情之等差，由是而构成思想之根核。倘能革其在历史上相沿之积弊，去其比附依赖之恶习，破除虚伪，归返真朴，不因家族而否认个人之存在，以发挥个人天赋为人生意义之真谛，以家族为运用人类亲爱之实施，以固结一家一姓始，以固结整个民族终，一念之亲爱精诚，固无施而不可也。则培植旧有之美德，正今日恢复民族意识之先务。亲亲睦族之谊，又乌可厚非？

今者孙君族谱之修，正值此沧海横流之时，其殷忧痛念当在此而不在彼。异日，孙君族人皆本此一家一族亲爱之念，扩而充之，则其於国家、於民族之意义固不远且大哉！

民国二十四年三月　同里后学蒋天枢谨序

注：此文录自《古丰孙氏族谱》一九三五年重修本。原文未分段，未加标点。

如何发扬中国固有文化

蒋天枢

（一）前论

中国文化在历史上既空无依傍，独立发展至三四千年之久；其间新陈代谢，自不能无滓渣尘垢附着其中，稗莠菌腐侵蚀其内。一旦遇有强力之文化与之接触，激荡澒洞，涤故纳新，排泄其滓垢，磨炼其精华，本亦应有现象。惟是人为之摧残破坏，应有限度；建设事业，尤应急起直追。试回溯二三十年来，先进导之以不学，后生习於肤浅，叫嚣是事；未得国能，尽失故行。论者犹复激扬颓风，喧詈不已，至谓中国文化“有惰性”，为“低等”，中国文化而果如此，则“保存”之亦不过供世界人类果腹后消遣之资，与堕落之中国人以悠闲送日之具而已。曾不知中国自有其立国之方，生存之要，乃根於中国民族所固有之特性，发扬於三千馀年之历史；先民以之抟结凝聚亿万之民族，扩拓亿万之疆土。今也因一肢之不能屈伸，乃自谓其曾无骨干焉，曾无生命焉，宁非自贱自诬之甚乎。追溯数十年间，前贤所以扶持教育失其翊赞之方者，厥有三事：“一曰自忘其为久弱积病之躯，上之无坚强之政治机构，下之无健全之国民为之基础；而盛倡学自为一事，行又自为一事，负污辱之行，而无碍其为最高师表。一曰自忘其二千年之帝制政体甫经推翻，民众间无诚笃信仰之宗教，社会中无健全之国民教育；而盛倡兼容并包之学术思想。一曰自忘其本身之历史，对固有文化尽情吐弃，遂至先哲先贤均为待罪之躬。”此种情况，在所谓“现代化”或根基已固之国家原至平常，而中国则民族革命初成，荆棘塞路，颠蹶堪虞之日也。奈何吾教育先进曾无小心翼翼，履安思危之怀；有时以现代国家自居，似自认有各种抵抗因素；有时又自侪於无文化之例，自惭自赧之不置焉。进退失所依据，独立自尊之信念消失，则所谓吸收他人文化者，亦只为断港绝潢。於以造成今日教育间之各种病象，社会间之各种舆论，学术界之各种风气；进步虽多而未能纳入正轨。末流所及，相习佻浅，此倡一议，彼起而阻挠之；此建一说，彼从而揶揄之。老成之见，绌於短识；向明之炬，灭於群盲；登高之呼，或报之以讽刺；忧危之言，或施之以冷笑。循此以往，即有良法美意，亦无从推行。教育效能，原在增长人类之德慧与术智，成德达材，事虽两耑，义本一致。有学而后可以从事，有识而后可以知事，有品而后可以任重致远，负担艰巨；然后能移植他民族之长，发展为吾民族所自有。即遇雷霆之压，众难之阻，精诚所在，万折必东。如不能造成如斯之学风，则"种一顷豆，落而为萁"，暴风一起，劳燕东西，尚须重利厚禄以羁縻之，与国家作育人才之意不大相背乎？欲矫学风之弊，必自培植其道德观念始，而道德观念之养成，应以恢复"民族信心"为第一义。二者相需而相成者也。欲培养民族信心，须以历史陶冶之，民族意识蓬勃，民族信心自然巩固。即一切道德条目有所附丽，一切学行督导有所遵循。凡此所需於固有文化之阐明者甚多也。

中国既处此往史所未有之变局，又遭逢二千年所未有之危难，所以使国人动心忍性，艰苦奋斗，以锻炼其生存能力者，亦较任何时代为艰巨。将如何以适应环境，渡越艰险，必使全国青年不以享受为目的，而以有所建树为志愿，以能贡献於国家民族为前提。训练以艰苦之生活以锻炼其体魄；陶冶其远大识器以担负民族使命。则今日教育所负之责任亦较任何时期为重大。教育事业，本在培养社会各方面健全人才；於以推进国家民族於光明坦荡之域。教育使命既如是其大，则树立正确之文化目标，而置整个教育於此目标之下，乃为教育事业之要图。所谓文化事业，虽属万端，而所以纲维机捩之者，实在於“无背於国家民族利益”一大前提之下。文化固无间於国籍，而文化之长成，皆有其民族之特性；言改革文化，固不必标“本位”之说，然要知系“以我吸取他人之长，非以他人以代我”。昔人有言曰：“知古而不知今，谓之陆沈；知今而不知古，谓之盲瞽。”古今之交通工具不同，而所以求速求利则一；古今之政治制度不同，而求其有组织便运用则一；古今人之生活方式不同，而其求安适求合理则一；时代虽有古今，环境虽相悬殊，而历史之使命则一。世人或震惊於西洋现代一切为中国所尽无，而自陋其“家丑”；或视新旧迥然为两种事物，而强欲“抽刀断水”，皆昧历史之事实者也。自文化或哲学之观点言之，各种科学能得合理的发展，人类乃能获益；自历史或民族之观点言之，各种文化事业能与历史发生联系，乃能作长足之发展。由是以言，举凡政治、经济、法律、军事，以及一切科学之应用与支配，皆应使之在文化总体之下“接轨”。轨躅既一，而后可以策动生命之洪流，为群策群力之供献。将来一切事业蒸蒸日上之时，亦即各种文化事业循其轨范猋发电掣之日。则中华民族，内之，对於自身为能担负其历史之使命，外之，对於世界能为提携弱小安定世界之动力。中华民族有如是之思想，中国文化亦有发展至是之可能；要在吾现代国人知所勉而已。爰本此义以言固有文化之研究与整理。

（二）适应需要

所谓“适应需要”，即使现代国人对於“固有文化”有正确之了解与服膺，而增进其国家民族意识是。固有文化在今日学术中之地位，由动摇而成为脱节现象。所谓“本国文化”，不特在一般人意识中已甚淡漠，即在“史地”“中国文学”各学科中，亦工具之准备多，钻探之功力少；往往肄其糟粕，而略其精华。普通观点，以为关於“中国知识”即是“中国文化”，於是所谓“文化”者，遂如塞草黄沙，无甚生机。即以知识言之，一般人对於中国史之知识，亦甚微薄，以普通大学生论，除朝代名号，片断故事，若存若亡外，其“历史意识”实甚模糊。一旦而责以激发民族信心，犹之不种因而索果，虽期之甚殷，收效难宏。顾旧籍浩繁，虽精言络绎，散见群书，欲使学校青年耗神其中，不特环境所不许，且亦能力所不逮。以无读书能力之人，问津於茫无涯岸之域，鲜有不望洋兴叹，因畏生厌。此其一。旧籍之有价值者，多为巨著，其中普通人之所需与专门学者所需，并无别择；如以原书介绍於读者，每苦扞格。即有分量较轻，而古今异言，难於领会。此其二。古人著书持论，皆有“由於时代环境所发生之成见”渗入其中，立言虽是，而所以立言者，未必尽适於今人。在有历史意识者观之，固易判别，而对於青年，或滋误解。此其三。以此三端，如何使固有文化“适应需要”诚为不可缓之工作。然需要虽切，尚有待於深思远虑以图之，而未可尽以浅近之观点操切从事，草草为之。为之而不得其方，则所谓适应需要者，或“削足以适履”，或“割履以就足”，不特不能良於行，甚且卤莽灭裂，为文化前进之障碍焉。各书局中所编著之书不为不多，而未能有大效果者此也。昔司马温公作《资治通鉴》、朱子为《四书集注》，两书影响至七八百年之久。於治道学术，关系甚大。今宜师仿其意，作适应於现代环境及普通需要之工作。上之可为一般受高等教育者之普通读物，次之可为一般国民知识活动之探讨。务使於其身心有所涵育，使之与现代人之生活步调密切配合，以作为文化新动向之准备；对文化之未来，树一坚固不拔之基，期其能吐纳众流，吸收改造，蔚为我民族文化之新果。并使其遭遇暴风侵袭，不至本实先拔。此等工作，虽似普通，然有两点首应注意：（一）对於本国文化，宜出以既客观而又有爱护与同情之态度，而不杂丝毫侮谩与夸大之意识。（二）宜完全抛弃个人功利见解，纯以服务於祖国为职志。思想识见求其高，工作步调求其密；外不衒人，内不欺己，惟冀成绩之良好，而不能“见卵而求时夜”。在此种条件下，然后可达於“适应需要”之目的。

研究文化问题而曰“适应需要”，在所谓专门学者视之，或以为浅近而不肯为，要知学问而真能达於“需要”，乃精力洽浃，专门研究之成果，而非仅具常识者所能从事。温公之於“通鉴”，朱子於《四书》，乍观如浅，实毕生心血之所聚。在今日各种专门研究甫在开始之时，求合於理想之“适应需要”，本属甚难，惟是国家民族处此危疑震撼之交，历史文化皆在承先启后、存亡绝续之关，如驰峻坂，缰索尤要，未可如承平之日，从容期待。苟驭以忧深念远之通识，奠以坚牢不弊之基础，树其纲领、疏其节目，以待他日之补充与改善，未尝不可能也。

一、健全之中国通史与中国文化史，二者为今日所最熟悉之名称。学者从事於此种著述亦丛见不一，然未足以担荷“适应需要”之使命也。所谓健全之意义，在能完全把握历史真象，给读者以历史意识，以启瀹其对於国家民族之挚爱。不离偏见，不逞浅识，不迎合风气而任情叙述，不引绳批根而纵其寻斧；运以卓识驭以深情，然后能有精深博大之作。旧日史籍浩如烟海，欲以数十卷通史括之，本属至难。如随手纂掇，则成之亦易。时贤为此者，或急就以充讲授，或草草以应书局；未能沈浸於繁赜之群籍，自难精湛。（通史宜以一般人之“读”为目的，而不以学校中之“教”为目的，盖适应於教，在於提挈纲领，材料有所限制；适应於“读”，贵在使人“抽绎”，以所启发，内容分量不有严格之限定也。於着手通史之外，即可为一揭举纲要之教本。）通史之意义，在陶冶读者识力，并养成其博大坚强之气魄。往日旧史，多偏重於景行与鉴戒，今宜策动其向前之意识。中华民族以何种人生观策动其大一统之伟业？既曰尊王攘夷，又曰夷狄而进入中国则中国之（小戴记上有“夷狄而进於中国，则中国之；中国而进於夷狄，则夷之”一句话）。汉之与唐，皆向此途迈进。如能以历史动向显示之，则吾人所处之历史阶段，刚达於古人理想中“天下”之初步（顾亭林所说“天下兴亡，虽匹夫之贱与有责”

的话，连旧民主的看法尚还没有，故说是刚达初步）。国内少数民族之文化水准，尚有待於齐一。而中华民族之事业，尚在起始过程之中。文化史之意义，在以实际史迹，征见文化吸收融合，抟结凝固之迹，小之衣食工艺尺度之微；大之政治组织所表现经国之方，外之四裔交通商业宗教之接触，内之音乐戏剧文学之新陈代谢，皆应揽括一体，使如挈领振裘。庶於民族文化发展之先后次第，表现民族文化之向心力。然后，进而为民族史之研究。远则殷周前之鬼方熏育，魏晋后之五胡契丹，金源，萌古，近则边远省区之种族纷错。擘肌析理，利用其仅存之语言文字，以求其融合混同之迹。庶所谓“中华民族”，成为不可分离之一体。此文化工作所以较政治军事之设施为尤要也。民族史之研究，国人从事於此者尚少，所需待於外人之材料者尤多，然有一根本不同之观念在，未可尽以他人之观点与结论神圣视之，此中华民族史所以需待於国人之自起努力也。

二、关于道德修养之读物。中国学术思想，本以济世致用为主，数千年来之学者政治家，无不本此以为归宿。虽所见有不同，其淑世利民之怀，初无二致。学风如是，故常有无官守言责之人，或讲学或著书毅然以拯衰起弊，觉世牖民为己任。虽其所谓用者不出於伦理、政治制度之间，而其意可师也。且往昔学术门户之见，今已悉成陈迹，无复禅障。精理名言，散见旧籍之各部，成为固有文化中之主潮。清代三百年间考据之业大盛，此类思想，虽间有提倡，其道不显。年来治旧学者汲承清学馀风，别有发展。关于思想方面，或视为哲学之史料，或归於政治之范围，钻探既少、声光阒寂。即有“抱遗篇而景慕，映馀辉以自烛”，或未脱理学家讲学风范，或浅尝附会，转失真旨。当学术现象颇为庞杂之今日，则历史上学术思想发展之实际情形，与其精要表现，均为今后树立正确之人生观所必须资考。由学术观点言，如何使学术思想趋向於“深湛”，以纳之於“研究”之途；由国家之观点言，如何使

“思想界”遵守“正轨”，限制其有害於国家民族之活动，不特为今后教育之事业，抑为今后文化之动向。在普遍推行各部门教育之下，尤应注意於使国民之“思想”在积极方面，增强其国家民族意识；在消极方面，使之有辨别是非之能力，与抵抗不正确言论之要素。以之表现於公私生活，形成国民意识与国民道德。有如是健全之国民，始可语於现代化之健全国家。在向此途迈进之历程中而言德育，不徒在使人知道德之意义，而在如何养成社会间之道德的生活，进而使社会间道德水准提高，可以制裁不道德之思想与行为，此虽有待於社会生活之改进与社会教育之普遍发达，而如何建树健全的人生观，由高等教育以推及於一般教育，使在社会中植立永久基础，不至为偶然间之兴衰，尤为急务。所谓道德，本以民族特性与生活环境为条件，远则历史所给予之秉赋，近则时代所发生之要求，合时间与空间，其道德的意义始行成立。以此对於先贤心血精诚之所寄托，应阐明其道德意义之规范。在昔学者推究性道，务极深研几；今宜揭之使其明、疏通使其浅，融贯精言，赋予新意。使案之有物，循之有轨，上之有哲理之根据，不至流於虚玄；下之平易近人，不至滞碍难施，材料之散见者，或须归纳演驿而后明，原文之有系统者，或须重行笺注而后可读。或作综合之叙述，或作个别之讨论。初步工作，举其纲不必尽其目，取其醇不必穷其变；务使受中等教育以上之青年，入其中而不茫然。国民之精神食粮有所仰给，社会愈有生气，道德观念乃能日益发扬。如是不特德育之目的赖此以达；即笃实之学风亦将由此期致。

三、传记。欲提高青年奋发有为之精神，扩大其胸襟怀抱，名人传记在所必需。试就受中等教育以上之青年，询其历史中所最敬佩之人，不特所知甚少，如进而叩询其敬佩之理由，类皆茫然不能置对。内心无确切之认识，即无以激发起迈往之情绪；於其人之生活品格志节思想均不了解，则所谓敬仰者，亦仅有概念而非真诚。中国传记文学向称发达，而传记文之体裁，足供专门学者研究之资，未可为启导青年之用。关于其人一生事迹，亦散见全史及私人文集，友朋著述。虽有辅助传记之年谱，亦限於形式，不能对青年发生最大影响。传记文学，效用大而收功远，往往一二人物之服膺，足以影响其一生事业。宜就本国史中分类别择（区为学者，政治、法律、军事等，更分为普通读物与通俗读物）。先将各人材料细密搜辑，然后采用西洋人传记方法，运以生动灵活之笔，以表达其精神心志之所在。作此等工作，不但须长於文笔，尤须有历史修养，於所传人物之性格意志，与其时代环境，思想来源，均深心体会，洞彻理解。以条鬯之笔，曲为傅会，不参私见，不附会抑扬，乃可得其真（其材料少者，采用旧史传记，稍加诠证说明）。世之为古人评传者，类多附会浅识，逞肆簧鼓，此类流弊，至宜戒除。传记对青年需要至切，为之较易，倘得较好之通史相辅而行，於增长国家民族意识一点，收效尤大。青年之鄙夷本国文化，蔑视先贤，卒由其先入之成见，读国风葛藟之诗，至可哀也。

四、文学。文学之为物，不特今与古异，古与古亦异，其表达形式有不同，而无所谓新旧。其对於读者之需要，视乎读者之知识范围与兴趣，而不必强分何者为贵族，何者为平民，在文学园地中，惟有能力大小，价值高下之判别，如佛之视众生，一律平等，而不必强谓之有阶级性。在今日旧学待研究开发，新知待培养之时，如何於过去文学中披沙选宝，以适应各方面之需要，亦甚急切。目前各书局所出版国文选本，及稍有专门性质之辑本，或迎合风气，展转传录，或各私所好，难适众口。倘能分别需要，按部甄择，以大规模之工作，为穷源竟委之寻讨（其范围不妨稍轶出纯文学之外：凡与学术、政治、军事等等有关系之文字，均所选录）。分就需要部门，辑为各种选本。於精审标点之外，并附简要之注释，此种工作既施，不但将来大中学之普通国文皆於此中取给，而一般青年课外馀业，各就性之所近，力之所及，获有良好健全之读物。此对於纯文学之发展虽无特殊贡献，而於增进一般人之固有知识，使之了解中国民族在情绪学术方面之所表现，以陶养其性灵，未为无补也。

五、军事地理与政治地理。近代地理学之发展，不特畸为各种专门科学，其进步之速，亦日以千里。今人对於地理之知识，有非昔人梦想所及者。然前人地理之学有未可率然土苴视之者。中国地理学向置重於政治军事有关处所，故特注意山川形势（政治军事之变化虽有种种条件，亦恒左右於地理形势）。读史而不知地理形势，故实际情形必多茫然；行军而昧於地理形势，不足以担任高级指挥。论今日地理形势而不征之於往史，无以鉴其成败得失之迹；且仅知今日之地理形势而不体念先民缔造之艰，无以长其捍国御侮之情。山川形势变迁至小，虽作战条件迥殊，而地理上之重要有历千年而无改者。他人之谋我者考索不厌其精，处心积虑以图之，患难虽起於一朝，而训练已行之积年。国人於此已不容漠然视之。更以政治之意义言之，中国疆域如此辽远，如仅恃学校中“横的讲授”，不与历史发生联系，未足增其休戚相关之情。尤其边远文化较后之民族，在一般人心目中，已不免於“秦人视越人肥瘠”之嫌。且进而言地方政治改革、省区改革、水利事业、古迹考察，均有待於“有政治性质”之地理书籍，谓宜将春秋汉志以下及历代舆地之书，迄於顾亭林群国利病书，顾祖禹读史方舆纪要，重勒为“军事地理”“政治地理”专书。更用近三百年之材料以补苴之，用现代测绘最新地图以纠核之。考校不厌其精。分析必求其是。此两书出，不特供专家之用，复可与通史相辅而行，为有志於社会事业者之需。近顷国人於地理之学进步甚速，而学者於“地理在历史中之地位”，多不甚留意。每有号称地理专家，而於水经注、方舆纪要等书，恒不能举其名，甚且以为无用，未必非学术之缺陷也。

六、通俗读物。中国下层社会，向无正常教育，随历史之变迁，政治之隆替，自然演进。文化虽有高度发展，而社会知识水准，未能提高。内之，於当前政治现象无了解，外之，一切暴力侵略，抵抗外侮，每只为少数人所发动。虽亦能以忠义相号召，风起云涌，然团结不固，散漫无力，一经大力冲盈，旋归分崩。盖教养之者无素，气血之感召，终不能持久也。此则时代与政体限之，而不能咎责於民众之愚昧。今欲发动广大普遍之民众教育，如仅注意於文字工具，以扫除文盲为目的，而不注意於所以教育之方，即无以发挥功能，持之永久，以逐渐革除社会中种种病态（甚或只供少数人之操纵与利用）。故今之社会教育，宜就治标治本分途并进。以改变社会观念，培植“健全国民之能力”为目的。试以目前兵役言之，政令宣传之力，或仍裹足不前，而迎神赛会之事，愚夫愚妇，裹粮徒步，冒风日雨露千里赴之。在今日旧社会中，所以支配一般人思想者，上焉者，《三国演义》《水浒传》宣讲拾遗之流，所谓忠烈节孝侠义之行为；下焉者，幽冥神怪，牛鬼蛇神等小人书而已。不特一般民众深受此等影响，即乡村中受中小学教育之学生，亦多出入此等读物之中。故木偶土偶之迷信易於扫除，而思想观念之革新，尚难一蹴而及。未可以“打倒迷信”了之也。此固需待於生活环境之改进，而推进社会教育，尤贵以适当读物，代替其旧有思想。宜就前所论通史文化史原则，采用旧有讲史演义小说之形体，而略变其格局，取本国史中适合於民众之材料，写为各种通俗史，通俗传记，通俗歌本剧本，通俗故事丛书。（其旧有题材简略枯燥者，不妨参以寓言，融以新资料。总之，无论何种形式，皆贯以新的生命，融以国家民族精神。并使不落於道德教条之方式）。以此种事业推行社会教育，始能收远大效果。此种工作，须统筹，须有计划，未可率然以能力不足思想未健全者为之也。（社会流行各种小书，宜全盘收集、统计、审核。将其尤为纰缪荒唐者，暂予停禁。较可节取者，在相当限期中暂准通行。则若干年后，所有旧日社会间流行各种小书，只为研究社会史者之材料，供陈列之用矣。)

以上就关於“固有文化”之“研究整理”，足以“培养民族信心”者言之。社会情势之转变大，学术研究之动向，亦贵能相与配合。则“适应需要”之工作，为文化事业，亦为教育事业。教育不但需理论，需方法，尤在所以教育之者，内容充实。庶教育效能日益广大，质与量作齐一之发展，内之庞杂歧趋可以渐息，外之接收其他民族文化事业亦可猛进。国人如仅侈然於四千年之文物而不知“利用厚生”，不能兴起其自尊自信之念，将终身低首歆羡，衣被於他人之发明，而为之舆抬与负贩，又岂徒一人之耻而已。

（三）专门发掘

前论“适应需要”，在恢复民族自信，以担负“现代国人”之“历史使命”。在文化的意义上，使新旧之间发生联络；在教育的意义上，使有健全体格，以吸取外来文化。然而其责任并不止此。吾人所希冀者，对於固有文化之整理，并不仅视为“彝器艺术品”之陈列，仅供人己之欣赏，而在发动其历史之洪流，恢复其潜在之创造能力，与伟大之胸襟气度，进而使中国文化开灿烂之新葩。则对於固有文化之研究，不仅求其“适应需要”，尚有待於“专门发掘”。固有文化并不如一般观念中之贫乏，其蓄深，其蕴厚，有非泛然吸取之所能尽。吾人观点，中国今日固应竭力吸收西方文化，吾人苟能彻底了解西方文化而移植之，精神上当感无限快慰，但所以能达此种目的，必其本身为“无依赖性”之民族，而性能中具有“创造能力”与“融合新知”之种种条件。且吾人尚当有进一步之感觉：“吾人如能以文化启迪他人，当较诸受他人启迪者尤为愉快。”且即以寻常交往言之，所受於人者为厚赐，则所以酬对之者，亦应为璠玙而非敝帚。然而珍宝重器，或蕴深岩，或尘封锈蚀，为之子孙者，诚宜利用科学方法发掘之，洗涤之，出以真诚之爱护情绪，而不宜为乞人之跳踉。此种工作，惟有中国人自己为之；其研究与报告，亦惟中国人宜於作之。如此，然后可言对於世界文化之贡献。所谓“贡献”必自本身彻底了解固有文化，以进而使世人能理解中国文化始。中国文化在三四千年之历史中，一任其自然演进，虽有时吸收增益，顾从未起绝大变化：上层水面虽时有波涛，海底迄在安流，巍然为独立之发展，直至今日，始成一大段落。内之，各民族之开发、同化已十达其八九；外之，突遇暴风，领土有局部之变色。此等局势，吾人一方感觉其历史使命之重，一方面感觉时代之伟大与艰险，凛然於所负责任之重且远。如何以承先启后，吾人所应“长图大念”“朝乾夕惕”以赴之。对过去历史，需要一总结算，取三四千年之文化而整理之，倒滤之，作彻底的发掘与分析，以崭新的认识洗炼之；对外，作“适应他人需要”之投报，以企求於正义之伸张，人类之相互提携，文化之交流焕采。此教育之伟大使命，与前论“适应需要”，异趋而同归。且后者之研究愈密，前者之需求愈能增进。顾其工作艰而事业广，势须策动众力而图之。在固有文化中，尚待解决之问题甚多，或前人已发其端，其功未竟；或在历史上纷争不决，而在今日视之，已不成问题；或前人视为无足轻重，今人乃知其历史之价值；或在历史上足以驰骋一世，而今日已成为砂砾粮粃。凡此，先民所缔造经营於千百年之中，吾人今日乃得运用历史观念，平心静气而陶炼之。然后，吾人乃可上以对历世绵延之祖宗，下告无罪於亿万年之子姓。吾人所处之时代，所负之责任，较诸往史任何时期为重大。明乎此义而后知术业虽各有部门，而使命同归一趣。则所谓整理旧文化不能视为少数人之兴趣，着缉故纸之工作也。

一、古代史问题。中国有史时期应自何时托始？近人对此问题，意见不一，谬悠之说，近於迷信；武断之见，又邻於荒唐，对於青年皆能发生不良影响。欲解决此类问题，古籍之研究固甚需要，而发动史前史之工作，亦当分途进行。如何运用现代考古学之方法，由史前时期以推及於人前时期，此先民未及注意之工作，而需待於后人之补苴者也。此类人才，不特需要现代考古学之科学知识，尤需要丰富深厚之中国史学与文字学之培植，中国固有文化以此为起点，此类工作愈发达，则固有文化之最初面貌愈能清晰，然后荒唐武断之云翳乃可逐渐清除。

二、语言学与文法学。清代三百年音韵之学精密绝伦，由上溯先秦古音之分部，以推及於汉唐后韵学之沿革，更推及於现代各地方言之研究与古代语法变化之研究。一流而数支，愈阐明而愈加详。在纵的方面，可帮助解决古书中语法及历代文学术语中种种问题；在横的方面，可帮助解决各地语言之复杂现象与其不同之关系，以进而树立正确之语文文法。此种工作，或有待於科学的工具，或有待於实际调查，而尤要有“旧知”的基础，如仅具新知而不培养其旧学，则如驭之失缰，不能与旧有文化发生联系，失其改进之效矣。（如为培养此项人才，设置此较专门科目，应在大学四年之后，且不必每校设置，因人才缺乏，势将流於敷衍塞责。）

三、中国开化较后之民族语言文学之研究。中华民族，融合多种不同之民族於一体。其本来之语言文字，今尚多有保存。学者对於隋唐辽金元以后之历史，尚有许多不能了解之问题，需待从各民族本身之文字语言中以求得答案。虽其语言文字或已成僵迹，在学者视之，其重要性应与学校中其他外国语等。此不仅为解决过去学术问题所需要，今之内外蒙古甘肃新疆以迄康藏，其种族问题，亦即未来之政治问题，非深通其语言文字，无以解决各种纠纷。一般风气，习於浅近之功利见解，对於语言不同之同胞，有如白种人之视黑奴，边裔问题，留意者遂少。在一般人意识中之边远省区，乃模糊黯淡。反之，外人之从事於此等研究者，多有其人。为国家及文化前途计，国人皆不应长此梦梦。将如何由了解认识，进谋永久解决之方，则首宜从研究此种语言文字入手。谓宜择定国内一二大学设置蒙文、回文、梵文、缅藏语比较研究等语文讲座；招收史地系政治系毕业学生，优予廪饩。预计一二十年后，可次第养成若干深通各种语言文字之专才，俾在文化上可以解决历史中许多问题，在政治上担负统一各民族之使命。应研究中国境内民族问题，不至永远仰给外人。

四、学术思想史之研究。所谓学术思想史，与近人所著哲学史之范围不同。著哲学史者以哲学发展之系统为主体，此则注意於一般学术之发展与普遍之思想现象，以求得学术思想在全部历史中所发生之因果关系，及其发展之实际情形为目的。先之以古籍中简单之人生观与信念，继之以儒家诸子之争鸣，而合流於一；继之以汉代经、子之研究，所发生之影响；再继之以道家之特殊派衍，与佛教之输进，衍而为道与佛两大宝藏；终经吸收改造之过程，以产生宋代以后之新儒家，派衍於宋元明清四代。其间，又衍为多数不同之小支派。“二千年来，华夏民族所受儒家学说之影响，最深最巨者，在制度法律公私生活方面；而关於学说思想，或转有不如佛道二教者。道教对输入思想，如佛教摩尼教等，无不尽量吸收，然仍不忘其本来民族之地位。既融成一家之说以后，则坚持夷夏之论，以排斥外来之教义。此种思想上之态度，自六朝时亦已如此。虽似相反，而实足以相成。宋明来新儒家即继承此种遗业而大成者。其真能於思想上自成系统，有所创获者，必须一方面吸收输入外来之学说，一方面不忘本来民族之地位。此二种相反而适相成之态度，乃道教之真精神，新儒家之旧途径，而二千年吾民族与他民族思想接触史所昭示也”（陈寅恪先生说）。今人兢言“创造新哲学”，窃谓“新哲学”之产生，应在此种研究已有端倪之后也。（如不经过此种阶段，则所谓“创造者”，非改头换面之“旧货”，即经过翻译而稍变质之“新知”而已。甚或截取一二旧说，附会以唯物史论，虽自谓“创造新哲学”，而实远有所宗主，此中华文化之蠹所应辞而辟之者。）

五、各种文物史之研究。中国衣饰、音乐、雕绘、建筑、文学，举凡实际生活所表现，亦即精神生活所寄托。产生於固有文化一总体之中，而形成各种形式与色相，以树立交辉互映、各种不同之支流。凡此，或因缘於中国所固有，或由中国境内其他民族所嫔变，或受外来之影响。因先民不甚注意此等材料，间归散亡。然其大体轮廓，尚有可考，爬梳董理之，未尝不可以考见蜕化演变之迹。此种工作，在昔贤视之，或以为“玩物丧志”之业，然正以其虽玩物丧志而终不能废，斯人类生活所以趋向於更美善之理想；亦惟其视为“玩物丧志”，而生活之改进未臻发达，然“玩物丧志”之说亦自有深意，世固有以一得自诩，玩其物而丧其志者也。

六、礼俗学之研究。中国向称重礼之国家。儒家尤以“礼之社会”为最高政治理想。政礼之义界，大之推极於社会民物之“秩然有序”；小之，则人事间之各种仪文。就个人之意义言，则合理的生活曰礼（礼者履也）；就群众之生活言，则国家社会之共同秩序亦曰礼。其意似谓，苟个人皆节制私生活使之合理，则可达於群众国家之安定。故颜渊问仁，子曰：“克己复礼，天下归仁焉。”其性质本甚积极。礼记中更阐明引申其义曰：“所贵於勇敢者，贵其能以立义也；所贵於立义者，贵其有行也；所贵於有行者，贵其行礼也。故所贵於勇敢者，贵其敢行礼义也。故勇敢强有力者，天下无事，则用之於礼义；天下有事，则用之於战胜。”儒家对於礼之企想，实欲包举政治法律而一贯之。故中国古书中之礼，不仅为狭义之礼；而战国后法家之政治观点，遂由此种意旨下嬗变而出。惟此种思想，在专制政体下，既无由提高国民文化水准，即无由改进下层社会之合理的生活。其意义遂黯而不章。所馀者仅为仪文之讲求。社会不可以一日无法，尤不可以一日无礼；社会之所以有秩序，法为之，亦礼为之。当法律之未施，所以维持人与人间之种种关系者，皆礼也。社会生活虽有种种变迁，而礼究为有文化之人类所不可一日离。在历史上，中国之所谓礼，不但“古今异宜”，亦“因地而变”。言礼而不征之俗，则所谓礼者，仅属狭义之礼；故先贤每有恢复古礼之主张，存其名而失其义。征俗而不本之礼，无由考见其源与流；时风象势之所趋，或且与礼背道而驰。故必兼礼与俗言之，其义始备。中国关於礼之材料最多，所难者在於考证；而民之材料，尚有待於钩稽。此种工作虽甚繁杂，要在循其迹而推其意。镜往以察来，为社会及文化觅取新途径。吾人日言改善社会“生活”，将如何以改善之，未可片言而决也。

七、政治法律史之研究。“古代典章制度之学，寄托於儒家。李斯受荀卿之学，佐成秦治，秦之法制，实儒家一派学说之所附系。”故秦汉以后之政治与法律，实儒法两家思想之所融合。研究中国之政治法律，而不明儒家法家之精神，无以考其原；谓秦汉以后之政治与儒家思想无关，亦皆昧其本。魏晋以后将儒家周官之学说悉采入法典，（晋武帝泰始初羊祜、杜预、荀最、郑冲等所定。汉代叔孙通所撰礼仪，亦与律令同藏於法官。）此可征之於史实者也。诸葛武侯政治家也，其行则儒者之醇笃，其治则申韩之严厉。持此以观，由李悝申商韩非以迄於明清两代之法典，由秦汉以迄於明清之官制，其递变因革之迹，尚厘然可考。今日之中国政治史与政治思想史一类书，率成於急就，徒为陈迹刍狗之供列，甚或附会武断以为说，实未足语於专门之研究。其他若古代经济、商业、交通等等，吾人所知或且远出於日本人之下，欲以片面知识侈言文化建设，岂不甚难？故文化事业之专门研究工作，其重要应与推行政治事业等。个人对此虽属门外，而甚企望有伟大之专门学者出，以为各部门之航海导师也。

八、专书之研究。时贤研治旧学，率趋重於专题研究：范围愈窄小，愈能有新的发明。倘每一种极小问题，皆经过种种材料之考证而获得解决，则历史上许多疑难自可迎刃而解。顾解决问题必须利用材料，而古书中之材料，实未可尽能随便使用。文字直义未尽明了，则材料之本身随时发生问题。古书中为今人所未能了解之部分不一而足，即前人之所谓了解，亦多未能至当。尤其经子两部，尚有从未经过精到之研究者。於此而言利用材料，岂非痴人说梦？故若干古籍，尚有待於利用文字音韵之工具为“实事求是”之工作。此“专书整理”所以未可忽也。譬如某种材料未经专家研核其真伪，分析说明其功能，即不能据之以下最后之判断。论者或欲贸然将问题未经解决之古籍，施以排比工作，供人利用，殊未见其可。纵令为之，有识者所掉头不顾，而予学力未成之青年以卤莽灭裂之资而已。

九、正史之整理校印。今欲对於固有文化作通盘整理，所需於旧史者甚多。正史为旧史中之骨干，尤研治各部门之所同需。必有完善省力之书，而后可增进各方面研究之效率，近者商务百衲本正史之印成，聚各种难得之善本於一编，其功至巨。然宋元旧椠中亦有舛误。今之治专史者，仍须就各种存本，施以精校之功，始能开始研究。或限於环境，力不能致；或各人闭户为之，互不相谋。虚耗精力，为文化专业计，至不经济。如就各正史中择一最善本为主，将昔人所校者荟集之，更校以现存所有各本，以补正前人校勘之所未及，则对於研究者可省无限精力。再各史中间有需要注释与考证者，前人从事於此者甚多，或勒为考史专书，或零星散见。近数十年来，时人亦多有发明，或有新出材料昔人所未及见。凡此不特求书不易，且亦检寻需时，在专治史学者已感心长力短，如研究其他部门者而欲读史，必更无此精力。如将前人校勘、注释、考证荟萃於一，（与古人笺疏例不同）则治专史者可以省其劳，治一般史亦可获其用，其裨益於文化者至大。学术之进步，以工力之减省而迅速，而此事非少数私人能力所可就也。

“固有文化”在历史上不特占有时间，抑占有各时代之空间。其中之所有，亦所谓“地大而物博”。在在蕴有各种丰富之矿苗，在在有沉薶翳封之重器，在在可以引出温泉甘醴，在在宜殖菽粟稻粱。所谓“专门发掘”，有非个人浅识之所能尽。浅言之，在一般人之观点，或以为过於繁赜，非当前实用之要图；而细察之，不能发动深层之洪流，即无以语於文化之改进。朱子谓：“学者即凡天下之物，莫不因其已知之理而益穷之，以求至乎其极。至於用力之久，而一旦豁然贯通，则众物之表里精粗无不到，而吾心之全体大用无不明。”朱子之所谓格物，本未达於现代人对於“物”之义界，且亦非“个人”能力之所能及，然其思想之透辟，实已达於现代人类分工集体之境界。研究固有文化，诚非“少数”与“一时”之所能尽，而在推进文化之意义上，实应集体分工以为之。则“专门发掘”之工作，虽为少数有能力者之事业，抑亦多数人之事业也。而且，历史上之爱憎云翳俱已消除，（苟不再制新枷锁）科学之方法予以辅助，公共图书之设备渐广，交通减其隔阂，学术消息之灵通增进其晤对。居今日而治旧学，其意义已扩大为世界的（但须以国家民族之立场研治之）。较之昔贤之入主出奴白首恒不能通一艺者，其难易已大悬殊。然而，徒驰骛於时代风气之下，追逐虚声，日事谩骂，不以精诚为之，亦难乎其有得也。

（四）输进食粮

文化之生命，以其传播之久与远而见其力，亦以其传播之久与远而伸缩力愈强，更以其富有弹性而愈能发扬光大。以此，固有文化遂锻炼成最强之抵抗因素与最能吸收之胃力。以其胃力之强，故能日进於变通久大之业；以其抵抗力之强，故虽大量吸收，仍不丧失其本来意志。赵武灵王胡服，议论纷然也，终则服变而地辟。秦始皇之变古，议论纷然也，终则其迹变而意行。六朝间之鲜卑化，程度至深也，终则迹泯形消，至於不可见。此征之於远古而皆然也。隋唐以后，其遇愈赜，其迹愈著。凡此，皆足征见中国文化抵抗力之强与吸收力之大。举凡外来文化，苟非策动於侵略野心之下，欲使我丧失其国家民族之独立自尊者，皆能兼容而包举之。论者或曰“中国人太守旧”，凡文化有独立性之民族，决不能只具有同化於他人之驯质。论者或又曰“沟通中西文化”，沟通之业，谈何容易？非对双方皆具真知灼见之理解，沟通之业无从期致。仅截取两说之相近者而比并之，未可云沟通也。且仅言沟通，犹为浅言之。吾人对於外来文化，应视之为食粮，由食粮而至於营养，尚须经过相当历程。而且，如何选择食粮，如何分配食品之先后，既须运动其脑力，亦须劳动其肢体；取得需要而不择手段，或掴而求食，可攘袂揎掌，或贪饕伤生，亦为理智之所不许。“迎头”“全盘”“本位”之说，其用心未尝不厚，而未免於意气之争也。吾人对於“固有”“外来”文化之研究，均非目的，吾之目的在使国家民族健强，获得独立，并使文化产生新果而已。中国今日所遭遇之新环境，诚所谓“投大遗艰於朕身”，亦所谓“若朽索之驭六马”，不可不加强其辔，不可不警惕聚精会神以赴之。如何以觅取坦途，如何以寻求广场纵横驰骤，均须诚心定虑深思密考。於“固有”於“外来”，皆不容任情抑扬，媚人侮人，或自甘暴弃。持是以观，“适应需要”非吾人之最终目的，“专门发掘”亦非吾人之最终目的。“吸收改造”以达於历史之远大使命，乃为吾人之目的。则吾人今日对於固有文化之研究与整理，必须继之以“吸取改造”此一贯之事业，宜分途以并进。先须恢复民族之自信以增强其意志，更以彻底的结算以考鉴其因果得失，继之以富有弹性之胃力觅取健康之食品，然后吾人之目的乃了然在望。此“输进食粮”与“研究固有文化”，所以如琴徽与琴弦也。

往者魏晋迄唐代印度思想之输入，因环境形势之不同，历时六七百年始发生重大因果。当其输进极盛时期，远自西北之姑藏（今甘肃武威）、长安、洛阳，以达於长江流域之庐山、建业，无不有最大之译场，从事於大规模之翻译，终则经过种种历程，融化於一体。今之教育制度与今人读外国书之能力，皆远非接受印度文化时期之比。然学者受完高等教育时，如服务社会，则求书受限制，如欲献身文化事业，未必皆有出国深造之机会，藉曰有之，而所需求之知识，或未必需要远涉异国。且今日各种语言文字之修习，已耗去精力大半，而学术之研究，在有深造与发明，两相衡较，未免用力多而收效少。且为一般读者计，为吸收外来文化使发生重大效果计，尤不能期之於人人有读各种外国书之能力。故为适应普通需求，须发动大规模之翻译工作以适应之。目前翻译事业尚在私人自由介绍与书局悬价征稿之状态中，书局既以销路之广狭为前提，译者又恒以能否获售为趋向，巨著名作，多付缺如。间或翻译技能薄弱，贻误滋深；或选择流行小册，徒长佻薄。亦间有译笔甚佳，且欲对翻译有所贡献者，每迫於生计，不克从事。以是，成绩虽多，仍嫌散漫。社会有至急切之需要，而尚无大规模之翻译机关以策动之，何以期其汇为巨流，获得成果；往者西行求法之役，其人皆冒万险殉生命以求之。读法显《佛国记》、玄奘《大唐西域记》，其艰险之阅历，有非今日所能想象者。往往一人赍归至数百种，一人手译至千百卷。玄奘归国后之第一日即开始翻译，中九年间，未尝一日停辍，直至圆寂前一月始行绝笔。其获得原书之艰难，视今日何啻霄壤，而译述之业，以视昔人，反有逊色。更以当时翻译情形论，初时多凭胡僧传译，后则必求梵文原本；初时仅译小品，后乃广译大经，兼及律论传记；初时仅私人一二，相约对译，后乃由国家大建译场，广罗才俊；初时多系一人传语，一人笔受，后则主译之人，必梵汉两通。证义勘文，一字一句，皆经四五人之手始著为定本。此种事业精神，尚有足令今人感动者。非今人之聪明不如古人，不能发大宏愿，无坚苦卓绝之行以赴之也。如国家不发动此种事业，则社会观念，永远耗敝於跋涉往返之中，或不必出国而亦以出国为名高，精力耗於无形，金钱掷於虚牝。接迹往来，展转贩说，外不能作深厚之移植，内不能树广大之基础，旧学既所厌闻，新知亦徒资粉饰。文化之发展，常无一定规律，任其自然演进，本亦可获得成果；然其进展迟缓，其利害相兼，有非中国国势与环境所能许。为吾人今日处境计，诚宜创设机关，罗集人才，以从事翻译。施以有计划有组织之工作，其收效必能庞大。个人於此本属门外，窃愿本其期望之殷，姑举两点言之。

一、树立翻译计划与统一译名。年来出版之译书，佳著甚夥。以之促进文化，犹嫌未足。尚有待於大规模有计划之输进。宜分就各部门详订方案，立定程限，何种宜急，何种宜缓，五年之内可有何种成绩，二十年之外可达何种步调。方案既定，如发现何种缺陷，随时改进。则翻译亦可由经验而得进步。当工作开始，旨趣既定，更须统一翻译名辞，详为审定，以利工作。近代翻译之事，远自明清之交，近则五十年内，不特旧译名辞已屡改，即新译亦人各为政。此固初期翻译应有现象，然不宜因循不改。倘能利用集体工作，促进审查划一，研讨所及，并将每一名辞翻译之变迁，及其由於原据文字而发生之异同，及其审核订正之义例，勒为译名辞典。不特公共事业可藉以顺利进行，社会私人翻译亦可有所遵循。十年之后，必有绝大成绩，较任其自然演变者进步为速矣。

二、外人关於中国之记载与研究。中国民族之已同化或未尽同化者，关于其生活迁徙之记述与研究，旧籍缺略，而外人之治此者甚多。推及於古代欧亚之交通，宗教商业之关系，边裔地理之考核，远自隋唐，近及明清，由疏远之关系，进而影响及中国之内政与外交。此类文献，外籍中至为繁夥。近数十年来，且有携其“大欲”，深入边地作各种研究与考查。倘将此项图籍古今时代各种文字之记载与研究，收罗一处，择国内最大之图书馆特辟一部陈列之，其数量必至可惊人。此类图籍，应视为研治中国历史之重要文献，而不宜视为“外人之专门学问”。一则，外人对於此等研究，其态度观念与吾人根本不同；二则，须使其与本国旧材料发生联系；三则，吾人对此不能永远仰教於他人，应有自动的发明与贡献也。以此，对此类材料，宜分别调查搜集，或传录，或采购，以国家之力，发动广泛之经画，俾材料渐能集中一处，分别部居，先编一简单提要印行，然后从事翻译。此类外籍，含有各时代各种文字之记录，各种身份人之叙述，不但非私人财力能力之所及，即远涉异国，亦难尽窥。如不由国家举办求其研究之有成绩，直俟河之清矣（近代西洋人研究中国文学哲学之书不妨从缓翻译）。

"输进食粮"意在於增加其抵抗之力，故必须注意於消化情形之良否。吾人今日处境之艰，历史上所未有，国人宜如何各竭其能力以扶持颠危之国运，尚容浅薄叫嚣，纷呶於意气之争乎？文化之为物，他人所有者，未必尽为我所需，吾人求生存，吾人亦当知选择，斯为合理的态度。诗云："螟蛉有子，蜾蠃负之，教诲尔子，或谷或之。"吾人今日接受外来文化，应有如是之深情与气度也。

民国二十七年十二月始草此文。间以杂事，时辍时止，至翌年一月十八日始全脱稿。潦草粗疏，苦无暇日修改清写，遂闭之箧中。今岁新年假期，取出检视，乃重修改一过，并寄付外甥朱子方为之清录。人事劳劳，大难未已，回视距原稿之写成又已经岁，而来潼已两度新年关。民国二十九年一月三日改旧稿讫记。

注：此文刊於一九八九年《中国文化》创刊号。

主要参考书目

陈寅恪文集　陈寅恪　上海古籍出版社　一九八一年九月

陈寅恪集　陈寅恪　生活·读书·新知三联书店　二〇〇一年六月

陈寅恪诗集　清华大学出版社　一九九三年四月

弅亭集（钞本）　蒋天枢　一九二五年

全谢山先生年谱　蒋天枢　商务印书馆　一九三二年十月

全谢山先生著述考　蒋天枢　国立北平图书馆馆刊　第七卷第一号第二号　一九三三年二月、四月

楚辞论文集　蒋天枢　陕西人民出版社　一九八二年七月

丁丑丙戌间论学杂著　蒋天枢　中州古籍出版社　一九八五年七月

楚辞校释　蒋天枢　上海古籍出版社　一九八五年七月

惜梦室主自订年表（钞本）　蒋天枢　一九五三年

陈寅恪先生编年事辑　蒋天枢撰　上海古籍出版社　一九八一年九月

陈寅恪先生编年事辑（增订本）　蒋天枢撰　上海古籍出版社　一九九七年六月

三反学习书面交代（钞本）　蒋天枢　一九五三年三月

蒋天枢信札　与高亨四十二通　与唐兰四十通　与朱子方四十九通　与蒋钟

堉六十八通　与李振杰十五通　与吕开盛十九通　与于为刚二通　与张凤箴五通　与朱浩熙二十八通　与周荷珍一通　与朱秀云一通　与林东海一通

忆舅父蒋天枢先生（钞本）　朱子方　一九九七年十二月

刘青莲访谈录　一九九〇年三月一日

朱子方访谈录　一九九〇年九月十九日

复旦大学古籍所座谈会记录　一九九〇年二月九日

吕伯子诗存　一九八六年印行

吕伯子遗书（钞本）　吕贞白

澹园诗词　黄润苏　学林出版社　二〇〇一年

同照阁诗集　陈隆恪　中华书局　二〇〇七年四月

全祖望集汇校集注　朱铸禹汇校集注　上海古籍出版社　二〇〇〇年十二月

唐文治文集　上海古籍出版社　二〇一八年十二月

无锡国学专修馆文集二编　无锡国专　一九二五年

无锡国专三十七年毕业生纪念刊　无锡国学专修学校编　一九三八年

无锡文史资料第二十九辑　政协文史资料委员会编　一九九四年

陈寅恪评传　汪荣祖著　台湾联经出版事业公司　一九八四年

史家陈寅恪传　汪荣祖著　台湾联经出版事业公司　一九九八年五月

陈寅恪的最后二十年　陆键东著　生活·读书·新知三联书店　一九九五年十二月

追忆陈寅恪　张杰　杨燕丽选编　社会科学文献出版社　一九九九年九月

纪念《陈寅恪文集》出版四十周年暨纪念版发布会在复旦大学举行　电子稿　二〇二〇年一月八日

纪念陈寅恪先生百年学术论文集　王永兴编　江西教育出版社　一九九四年八月

纪念陈寅恪先生国际学术讨论会综述　林亚杰　中山大学学报第四期　一九八八年

纪念陈寅恪先生诞辰百年学术论文集　北京大学中古史研究中心编　北京大学出版社　一九八九年十二月

追寻陈寅恪先生遗稿　徐庆全　人民政协报"春秋周刊"　二〇〇四年十一月二十五日

陈寅恪先生史学述论稿　王永兴　北京大学出版社　一九九八年二月

清华大学史料选编　清华大学校史研究室　清华大学出版社　一九九一年三月

瓜蒂庵文集　谢国桢　辽宁教育出版社　一九九六年九月

紫色清华　徐葆耕　民族出版社　二〇〇一年四月二日

河南省开封高级中学　开封高中编写　一九九一年五月

一九〇二——一九九二开封高级中学九十周年纪念册　开封高中编　一九九二年

辽宁高等学校沿革（一九〇二——一九八二）孙华旭主编　辽宁人民出版社　一九八三年十二月

三台县志（1905—1987）　四川人民出版社　一九九二年

三台县教育志　三台教育局编志小组　一九九一年

中华民国史事件人物录 黄美真 郝盛潮主编 上海人民出版社 一九八七年九月

中国近代史大事记 马洪林 郭绪印编纂 知识出版社 一九八二年十一月

徐州百年大事记 董献吉编著 复旦大学出版社 一九八九年

徐州文史资料第十五辑 徐州文史资料委员会编 一九九五年十月

丰县文史资料第一辑 丰县文史资料研究委员会 一九八三年十二月

复旦大学志 复旦大学校史编写组编 复旦大学出版社 一九八五年五月

新文学史料（一九九二—一九九五年） 人民文学出版社

文史资料选辑第六辑 上海人民出版社 一九七九年

古丰蒋氏族谱 排印本 一九六二年重修

古丰孙氏族谱 排印本 一九三五年重修

复旦的故事 陈麦青 杨家润编 江苏文艺出版社 一九九八年十二月

蒋天枢先生的治学道路简述（钞本） 何佩刚 一九八八年三月

蒋天枢先生与陈寅恪文集 陈正宏 中国典籍与文化 一九九六年 第一期

长河弄潮 倪振良 光明日报 一九八〇年十一月二日

一个品格高尚的学者——记复旦大学中文系蒋天枢教授 查志华 解放日报 一九八二年三月五日

一稿多投的另一种 隽雷 解放日报 一九八二年四月十二日

严师驾鹤去 师恩无尽期 何镇邦 中华读书报 二〇〇八年六月二十五日

师友风谊 林东海 人民文学出版社 二〇一〇年九月

臆说前辈 陈四益 人民文学出版社 二〇〇七年七月

蒋天枢先生散记 佚名 新浪博客 二〇一一年十一月十四日

陈寅恪先生年谱长编（初稿） 卞僧慧纂 卞学洛整理 中华书局 二〇一〇年四月

复旦校刊 新编第二一八期

回忆蒋天枢先生二三事（钞本） 手稿 萧立岩

中国文化 创刊号 一九八九年

蒋天枢、章培恒全作校点诗义会通纪事 陈正宏 中华读书报 二〇一二年九月二十六日

薪火学刊（第二卷） 复旦大学出版社 二〇一五年

图说义宁陈氏 陈小从 山东画报出版社 二〇〇四年二月

蒋天枢致陈小从未刊信札辑注 张求会 《中国文化》杂志第四十七期 二〇一八年春季期

解佩芬女士访谈 胡西林 东方网 二〇二一年十月十八日

文物杂志 一九六二年 一九六六年

王国维传 陈鸿祥著 人民出版社 二〇〇四年十一月

我与蒋天枢先生（代后记）[（1）]

朱浩熙

2002 年蒋天枢先生诞辰百年时，我在作家出版社出版了《蒋天枢传》。2024 年蒋先生百廿诞辰时，我在团结出版社出版了《蒋天枢传》增订本，并将出版《蒋天枢年谱》。为什么我要写蒋天枢先生呢？

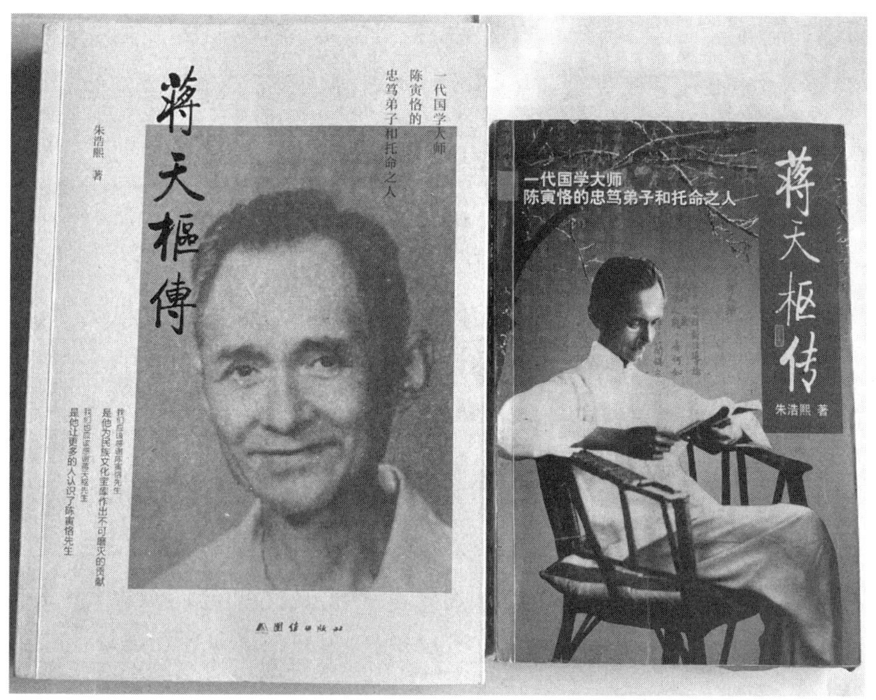

《蒋天枢传》再版增订本　　　　初版《蒋天枢传》

蒋先生是徐州丰县人，国学大师梁启超、陈寅恪的及门弟子，复旦大学著名教授，全国著名文史学家。他一生从教，对人和学术高度负责，不仅是一位严师，培养了许多优秀人才，而且治学严谨，对保存民族优秀文化作出巨大贡献，被誉为“治学做人并重、人品文品如一”“不重名利、品格高尚”的学人。(2) 他的学生们虔诚地称他为恩师，而且感慨地说，像蒋先生这样的老师，可谓凤毛麟角，现在哪里找去！因此，让更多的人认识蒋天枢先生，岂止是宣传徐州，更重要的是对于传承中国文化，引领学术正气，弘扬淳厚师风，培育报国良才，具有很强的现实意义。

蒋先生一生从教，在复旦大学任教45年。我曾经认为，复旦大学的师生或比较了解蒋先生。但后来的事实改变了我的认知：一是听蒋先生的关门弟子陈正宏说，《陈寅恪文集》在上海古籍社出版后，《解放日报》作了报道，复旦师生才知道蒋先生与陈寅恪先生的关系，才知道蒋先生为整理陈先生著述付出的心血；二是听蒋先生的学生、复旦中文系原主任章培恒说，一次论文答辩，很想请钱仲联先生，但却担心请不到，跟蒋先生一说，他一发话，钱先生欣然光临。原来蒋先生与钱先生不仅是无锡国专同学，而且一直交情甚厚。对此，师生们却无人知道。(3) 原来蒋先生平时低调、寡言，只问教学和做学问，一向不谈自己，即便是身边的人，也不了解他的行状和人际关系。有鉴于此，我便有意写蒋天枢先生，并且自认为能把蒋先生写好。

我的信心从哪里来？缘于我与蒋先生的关系，对蒋先生的了解。我与蒋先生的关系，既有历史渊源，也有现实的密切交往。

（一）五世联姻

蒋先生是丰县“三径堂”蒋氏，我是沛县人，“折槛堂·念祖堂”朱氏。二姓在当地都是名门望族。自清代乾隆时期至清末民初，朱蒋两家五世联姻。

蒋先生1987年9月所写《〈陈寅恪先生读书札记〉弁言》提到一位朱尊霖公：“他若《三国志》一书（陈寅恪先生批校书之一），昔年余假之师携往沈阳，‘九一八’之难失之。时余在沈阳北陵第三高中任教，事变发生后，须步行到皇姑屯车站始可乘火车，因将所携书并先生书及家藏朱尊霖公（枢祖母之曾祖父）手书册页及皮大衣等，装黑皮箱中，托友人庋存东北大学某幢楼三楼中，后为人破窗将箱盗走。”[4]

据《沛县志·选举表》（民国九年）：“朱尊霖，番禺知县。”据《古沛朱氏族谱》（十一修），朱尊霖生于乾隆二十二年四月十四日，太学生，曾任两淮、两广盐场大使，粤海关、粤盈库大使，升补广州府番禺知县，后升补广东布政司。[5] 尊霖公七子皆擅文：长子锡藩，拔贡，诗人，《徐州诗征》选其诗多首；次子锡巌，岁贡生；三子锡畴，庠生；四子锡均，拔贡，江西湖口等县知县；五子锡清，太学生，早卒；六子锡介，庠生；七子锡朋，庠生。[6] 朱尊霖擅长楷书，后裔多藏其手书册页、楹联等。

与尊霖公同时，丰县有一位蒋大纶。据光绪《丰县志》：“蒋大纶，（乾隆）辛卯科举人，（江西）龙南县知县。”[7] 又据《古丰蒋氏族谱》（六修）：蒋大纶“才华卓荦，案无留牍”，曾主修龙南县志，助修丰县文庙，后因忤逆当道，罢官家居。[8]

蒋大纶与朱尊霖相知有年，披诚抒素，遂结为儿女亲家。

《古沛朱氏族谱》（十一修本）和《古丰蒋氏族谱》（六修本）

第一世联姻：朱尊霖次子朱锡瓛娶蒋大纶之女。[9]蒋大纶是蒋天枢先生九世祖蒋大綵之堂兄弟。蒋先生是十四世。朱锡瓛，道光甲午科岁贡生，候选训导，曾于齐鲁间、萧县设馆讲学，后主讲丰县凤鸣书院，著有《砚耕堂文稿》，其子朱延恩、孙朱方曾皆为拔贡，号称“一门三贡”。[10]

第二世联姻：朱锡瓛将其四女儿嫁丰县蒋润之。蒋润之是蒋大纶之堂侄孙、蒋先生之曾祖父。蒋润之，字笠湖，号雨帆，邑庠生。[11]朱锡瓛娶于蒋，又嫁女于蒋，民间称亲上作亲，或骨血回门。

第三世联姻：蒋润之长子蒋长义娶朱绍恩之女、次子蒋长茗娶朱延恩之女；蒋润之长女嫁朱保宸。朱绍恩者，朱锡瓛之堂侄也。朱绍恩之女，亦即蒋天枢先生之祖母；朱延恩之女，即朱锡瓛之嫡孙女，蒋先生二祖母也；朱保宸，即朱尊霖族弟朱尊澍之曾孙。如此“一世多亲”。[12]

第四世联姻：蒋长茗之长女嫁朱敦秩；次女嫁朱森鼎。朱敦秩，即朱尊霖堂兄朱尊璋之玄孙；朱森鼎，即朱尊霖之玄孙、朱尊霖六子朱锡介之曾孙也。[13]

朱蒋两家的第五世联姻：蒋念洛之女嫁朱本洋。蒋念洛之女，即蒋天枢先生之同父异母姊也。朱本洋，即朱尊霖族弟朱尊宝之后，朱子方之父。[14]

五世联姻，蒋家闺女嫁朱家，朱家闺女嫁蒋家，世世婚姻，绵延不断，颇有古代朱陈村之遗风。朱蒋两家五世联姻，其中四世在蒋先生一门——高祖、祖父、姑母到姐姐，都与朱家作亲；在朱家，则集中在朱锡瓛及其近亲属。从蒋家十世至十四世，朱家十二世至十六世，娶来嫁去，亲情交错，辈分井然不乱。

正由于这种关系，我很早就听说朱蒋两家的不少故事。比如，蒋先生祖父蒋长义英年早逝，遗下三孤。蒋先生祖母二十五岁，为使家道复兴，延请胞弟朱希曾上门设馆，教出两位秀才，一位治家能手。三个外甥成才了，朱希曾却倒下了。蒋家不仅为其办理后事，树碑立传，而且把朱希曾孤子朱登鼎接到丰县，抚养成人，并请人教会他一门木工手艺。[15]

再如：蒋先生入读清华次年，父亲蒋念洛去世。蒋先生的姐姐家生活艰窘，靠磨豆腐、做粉条卖钱度日，却省出十八块大洋，供蒋先生读书。蒋先生到开封高中任教后，将外甥朱子方接到身边，费用全包，培养上大学、读研，并指导他学术研究，操持他结婚生子。后来，朱子方成为辽金史研究专家。[16]投桃报李、感人至深啊！

（二）绵绵亲情

我祖上原居沛县西北乡千秋集，咸丰元年黄河决口后，迁居栖山北一里司楼村。村中朱姓四大家，均是朱尊霖后裔。蒋先生祖母是我村人，是我曾祖辈姑奶奶。蒋先生的姑母（蒋长茗之女）嫁到我村，我称大奶奶。族家有个传统，不论哪家亲戚，都是老朱家亲戚。亲戚们对朱家也一视同仁。蒋先生与我父辈以表兄弟相称。我则称蒋先生为表伯父。

蒋先生最敬佩奶奶。先生视朱家为外家，对奶奶的娘家人自然高看一眼，加之姑母在我村，同栖山朱家走得很近，亲情绵绵。这从以下交往可以窥见一斑。

蒋先生与朱俊英——

朱俊英是我堂姑母，蒋先生读清华时，朱俊英读北平师范大学，表兄妹多有过从。[17]

朱俊英长子胡振绥在大连铁道学院任教，曾赴沪看望他称二舅的蒋先生，路过徐州，向我讲述家事，对蒋先生极为敬重和钦佩，称他不仅学问渊博，而且是一位有正义感的人。[18]

蒋先生与朱启昌——

朱启昌是朱森鼎之子，蒋先生称姑表弟，我称堂伯父。他天资聪明，幼时过目成诵，被誉为神童，可惜其父死于土匪之祸，小学毕业便辍学务农了。蒋先生很怜爱这位表弟，知他酷爱戏曲、传奇之类读物，便从上海买了唐宋传奇和《长生殿》《桃花扇》《关汉卿杂剧》等书籍寄他。提起蒋先生，启昌伯也总是天枢哥长、天枢哥短，感念不忘。

2013 年 5 月 25 日，作者（中）与胡振绥、王琴舫夫妇在栖山留影

1959 年 8 月，启昌伯五十四岁，老母和发妻都已相继亡故，膝下荒凉，无有子女。他为践行与亡妻早年南游人间天堂——苏杭之约，写下绝命书，离家南下，游罢苏州、杭州，又到钱塘江观潮，当晚便投海了。海潮退去，他却滞留沙滩上，一看明月当头，追逐潮头再投，幸为船家发现救起，送到收容站，后被送返原籍。蒋先生闻讯后，既惊悚，又揪心，激励他好好活下去，走完人生之路。“文革”初期“破四旧”，启昌伯因家藏古书，好讲历史，受到迫害。他无有生路，再度轻生寻死，却悬梁自缢绳断，投井水浅致残，晚年受尽磨难，1974 年 8 月八十岁时奄奄病死。[19]蒋先生闻讯，心情十分悲痛，感叹道：“启昌弟是那么聪明、自尊、自爱之人，天啊，怎么该遭受这种磨难呢！”

回忆我上小学时，启昌伯看“孺子可教”，忙一天农活，晚上一盏孤灯，还要为我讲《四书》。夜深人静，院竹萧萧，他却神采飞扬，毫无倦容。当年情景，历历在目。如今，他竟连一幅照片也没有留下。想来夫妇伉俪情笃，南游苏杭时，把夫妇照片都付与钱塘水神了！每每思之，至为心痛。今年是启昌伯逝世 50 周年，附记于此，权表寸心追思之意。

蒋先生与朱耀斌——

朱耀斌是我家长兄。1957 年 7 月，他从北京师范大学化学系毕业，到上海轻工业学校任教。学校在邯郸路，与复旦大学毗连，因而常到复旦一舍 11 号看望蒋伯父，与伯父母家长里短，无话不谈。

家兄学习刻苦，一边工作，一边科研，不久在《化学通报》发表两篇论文：《水的结构及其内部运动》《高分子溶液的形成》，并加入中国化学学会。蒋先生非常高兴，鼓励他多写，告诫他："写文章不要跟风，要有质量，不要与人合作。"并痛斥又长又臭的"烂草棒子文章"是为多拿稿费，浪费读者时间。一次深秋，蒋先生来到轻校，看到家兄床上铺着凉席，衣着单薄，赞叹道："这么俭朴，还保持着农民子弟本色。我很赞成！"

1963 年 8 月，蒋天枢与朱耀斌在上海合影

1961 年春，家父朱运昌粗布棉袄，头戴毡帽，到上海看望蒋先生。蒋先生格外热情，请进小房间，关门长谈，把家乡的亲人问个遍，还到国际饭店设宴相请，说从来没忘记老家的亲人，还给家乡的亲人带来点心和照片。

1963 年 9 月，家兄考取北师大化学系研究生，1968 年 6 月毕业后又回到上海。这时，蒋先生血小板减少，正住院治疗，1969 年 4 月出院后，以中药调理。家兄常登门看望。鸡内金等中药材在沪买不到时，家兄便嘱家人从沛县买了寄来。1972 年，家兄因夫妻分居，调北京一机部工作，蒋先生莫名惆怅，感叹道："自你去后，深感此间可长谈人之少。"(20)

1973 年 10 月，因长女蒋钟堉生病，蒋先生夫妇赴京看望，住翠微路四机部宿舍。当时，家母患肠胃病正在京就医，我也赶赴北京，住西单教育部宿舍。蒋先生到西单登门看望，并在成都饭庄宴请我们全家。亲情穆穆，令人难忘。

1982 年 9 月，家兄将赴南斯拉夫做访问学者。蒋先生写信指导说："此次，真希望你直接间接的见闻，多多益善。唯是所要学的当然头绪纷烦，但出国在外，恐时间亦有所限，似宜集中精力，专攻某些项目，而把精力所不能兼顾到的，节省去一些。"(21)

（三）我与先生

1963 年，我考取北京大学中文系。蒋先生得知后，说："既然能考上北大，考复旦应该也没问题！"并让家兄转告我，学习中遇到问题，可给他写信。所以，从上大学起，我就与蒋先生通信了。

1968 年 12 月，我大学毕业，到安徽龙亢农场劳动锻炼，1970 年夏调安徽生产建设兵团第二师政治部。蒋先生嘱我莫忘学业，并乘家兄回京探亲之便，赠我《钦定史记》和《四部丛刊》以及涵芬楼版本几十种古籍线装书。

1972 年初夏，我赴沪采购照相器材，与蒋先生通过电话后，乘 55 路公交车到国年路下。途中，看到一位老人，头着鸭舌帽，倒背着手，一边走，一边打量行人。我们同时认出了对方。蒋先生遂带我走进复旦一舍 11 号。他住的小楼，一楼被人占住，厨房合用。狭窄的木制楼梯半边放书，半边走人。二楼房间一大一小，大间放一张写字台，背后是码放整齐的《四部丛刊》和《二十四史》木函。桌前两张小床，床前床下，摆满一摞一摞的线装书。我坐床上同两位老人拉家常，倍感亲切。第三天上午，我正在旅馆双人床上给闪光灯充电，蒋先生来了。他带我去南京路逛书店，问我要什么书。我推说照相器材多，不好带，便没要。中午时，他带我来到外滩，执意要请我吃西餐，说让我换换口味。

1973 年 5 月，我因公又到上海，先看望蒋先生。他约我次日上午 9 点在外滩公交站等他。第二天，蒋先生由次女陪同，准时来了。他让我陪他理发，之后带我去照相馆合影，然后逛街、吃饭。我多次去上海，先生都很热情，虽也在家用餐，但每次都请我下饭馆。先生视我为晚辈，为家人，一些琐事在上海不好办，便委托我，如买木盆、小凳、樟木箱等。当时，我在安徽工作，乐得为蒋先生办事，买东西也方便。

1973 年 5 月，作者与蒋天枢先生在上海合影。

不仅如此，他连家中要事也委托于我：1981年5月14日，蒋先生生病一出院，就命次女代笔，给我写信，说想把清华建筑系毕业的大女儿调到离家近的苏南来。我先联系南京大学，但南大无土木系；之后联系苏州城建部门，苏州同意接收，但结果没有调成。蒋先生后来才如实相告："我们虽很同意，但她丈夫吕开盛坚持不肯去，故他讲单位不肯放。"(22)

1985年末，蒋先生写信问我："你苏州有熟朋友吗？如有，想将来去苏州时，请他介绍住的地方。"(23) 1986年春，又写信来："前函言想去苏州，并非是想去游玩。因我大女钟堉不幸前年三月病故，没前遗言交代孩子，将来她的骨灰要葬在父母墓旁。我漂泊一生，后顾茫然。去年令次女到苏州凤凰山山麓买得生圹一区，备三个穴位。拟於今年春暖后，将钟堉骨灰取回，葬於她的墓穴。算了却一桩心事。现特将此事原委奉告。"(24)

当时，徐州市委书记是郑良玉。他曾在复旦学习过西欧经济，并在苏州市政府做过副秘书长。郑书记一听是蒋先生的家事，立即给苏州市政府写了封信，请届时提供施工和建材。接着，我专程赴沪，向蒋先生秉报。后因凤凰公墓提供全程服务，没有再麻烦苏州市。(25)

1986年，蒋先生次婿杨国琛赴德国读博，因加学德文，延长学制，家属可去陪读。杨的导师提出要中国的茅台酒。蒋钟垣跑遍上海，也没买到。货很紧俏。蒋先生写信，嘱我想想办法。我找徐州市商业局长批条子，每瓶八元，从仓库提出两瓶。蒋钟垣遂于1987年4月20日飞往德国。

一次，蒋先生请我在外滩吃罢，带我乘公交去徐家汇，说拜访一位朋友，叫王瑗仲。进门后，王先生向蒋先生问到我，蒋先生回答："内侄。"王先生拿出一张手卷，说是给蒋先生写的，先打了个稿。我瞅了一眼，字很难认。出门后，我问："手卷上写的什么，我怎么不认识？"蒋先生笑笑说："我也认不全，他写章草。"后来才知，这位王先生，就是大名鼎鼎的章草书法家王蘧常。蒋先生把我看作至亲和家人，还向其外甥朱子方写信说："沛县施楼有位朱浩熙，你可称他弟弟。他现在徐州市委办公室，大概是任秘书工作。他是北大中文系毕业，对我很好。你将来有机会过徐州时可以找他谈谈。”[26]

蒋先生还把我当作学生，指导我学习《史记》和《汉书》。我读《史记》，从《五帝本纪》读起，常写信向先生问难。他每信必复，用小学生的习题簿纸解答，繁体字，竖写，正反面都写，有时一次多达一二十页。当时，我研究徐州历史文化。凡我需要的书，蒋先生一概不吝奉送。一次赴沪，住先生家一楼，先生交代：“架上的书，可以拿来看。”晚饭后，我翻检《众香词》，看到其中有清初徐州万淑修的几首词，便抄起来。这时，蒋先生进门了，一看书名，说：“不用抄，送你了。”闲聊时，我说想买钱钟书的《管锥篇》。先生说：“不要买，我这里有，送你！”说着，走到一摞书前，搬起上半摞，说：“把下边的书拿出来！”我抽出一看，果然是。他还送我一部《四书章句集注》，吴志忠校刊，大开本，首页钤“杭州王久峰旧庐藏书之章”。

一次，蒋先生带我走进古籍书店。一进门，店员就热情招呼，又看座，又沏茶。看来，他是这里的常客。蒋先生买了部段注《说文解字》送我，说：“这个本子不错，做学问用得着。”他自己挑了部《五代会要》，抱在怀里。我当晚要乘火车离沪，送他上公交车回家。临走，他又把《五代会要》递给我，说：“这部书也送你吧！家人反对我再买书。”

1980 年，我从安徽省委调徐州市工作，写信告诉蒋先生。蒋先生回信说，将寄我一部《陈寅恪文集》：“近年为昔年老师陈寅恪先生整理集子，今秋可开始出版第一册，拟寄给吾侄一部，先此奉告。当函出版社直接寄出，如已来不及，或晚些时由我处寄去。”[27]

蒋先生每出新书，或写了文章，也都寄我，有手抄稿，也有抽印本。1985 年，蒋先生的《论学杂著》在中州古籍出版社出版，寄我一册。1986 年春，我去上海。蒋先生问我：“《论学杂著》，你看了吗？你对书中哪篇感兴趣？”我说读了几篇，也没读懂。蒋先生笑着说：“我最满意的是那篇《〈三国志·魏书·陈思王传〉校记》。传中有一段话，前人都没弄清楚，我说清楚了。做学问就要认真。对于难点，不能绕开，不能一知半解，一定要下工夫攻克它。”

蒋先生鼓励我多读、多写，又严格要求。1975年批林批孔运动中，我与北京政法学院张佩霖老师合写了一篇评《孙子兵法》的文章，寄给蒋先生。蒋先生回信说，你们还没读懂《孙子兵法》，这篇文章不要发表。

1980年6月，我调徐州市工作。蒋先生一则为我调回家乡工作高兴，一则告诫我：“吾侄如有暇，盼加意锻炼写作。各种文体都可锻炼。同时，多读书，积累知识，对写作是用处很大的。以我的看法，读书千万不宜看标点本，标点好了，光溜溜滑下去了。用不标点的书，非思考不可，思考，才是人智慧的源泉。古今来大作家都是善于思考，而又善于积累材料的，如水浒传、红楼梦之类，不但有丰富的积累，同时还能用思入微，不知吾侄以为然否？切盼吾侄利用当前时间作自我培植。人生，是工作到老，学到老的。”(28)

1983年9月，我到江苏省委党校培训班学习，蒋先生写信说：“昔年，水西门外有清代袁枚‘随园’故迹。《袁子才全集》，您将来暇时，不妨涉猎一下。他的文章，是明白如话易懂的。即单是他的《随园诗话》，也可阅览一下，以增博识。”(29)

蒋先生要求中文系的学生会认会写繁体字，也这样要求我，他说：“近来印书喜用简体字。曾看到印本《辞海》，全用简体字。我对看简体字印书兴趣不大。我的看法，已简化的字数有限，省力有限，而对于截断中国文化的力量则很大，如要再进一步简化，所谓得者一而丧者百也。要知，纵横几万里，上下数千年，无文字上隔阂者，世界上只中国耳。”(30)

我在写作上有点进步，蒋先生就给予鼓励。1987年9月，我写了篇七言古风《秋风戏马长恨辞》，将剪报寄蒋先生。蒋先生回信说：“长歌一气呵成，用笔矫健，盼时为之以抒郁怀。有兴趣时，希时读元、白歌行。元、白均擅此道，读之既可赏心悦目，也可增长经验也。”(31) 1988年3月初，他看了我主编的《古今徐州》，写信说：“侄对徐州情况很熟悉，因而对《古今徐州》写得井井有条，阅之不啻往昔旧梦如在眼前，益我良多也。”(32)

这也是蒋先生给我的最后一封信。1988 年 6 月 14 日，我接到复旦大学古籍所的电报，得知蒋先生已于 6 月 9 日上午 11 时零 5 分逝世。6 月 16 日，我作为家乡亲人唯一的代表，在上海龙华殡仪馆参加了追悼会。

五世姻亲，通家之谊，我与蒋先生通信 25 年，相识 16 年之久，蒋先生视我为亲人，为晚辈，为学生，又是无话不谈的小友。所以，我了解一位真实的蒋天枢先生。不论出于亲情，还是出于责任，我都应该好好写蒋先生。

我的这种想法，得到蒋先生亲属的全力支持。1990 年初，我到上海，刘青莲伯母向我全面介绍了蒋先生的一生，谈了一个星期，并把家藏珍贵历史照片和书札给我；此外，她还关照章培恒召集蒋先生的学生，为我召开了座谈会。蒋先生的外甥朱子方听说我要写蒋先生，专程从沈阳来徐，住在花园饭店，同我谈了几天。回东北后，凡我需要的资料，他悉数提供。我有问题向他请教，他总是热情作复。朱子方、吕开盛、张凤箴、李振杰等蒋先生的学生和亲属，向我提供了蒋先生许多信件的复印件。我又搜集到蒋先生朋友和学生的回忆文章，同时乘工作之便，跑了蒋先生工作过的一些方，查阅了四川三台县志、三台教育志、东北大学和复旦大学校史、徐州和丰县文史资料，对蒋先生的一生有了比较全面的了解。

1997 年，我调徐州市教育委员会主任，工作繁忙，我经常利用晚上写作，到外地出差常带上电脑，见缝插针，挤时间写作，这才有了蒋先生百年诞辰的《蒋天枢传》。历时十多年，终于完成了心愿，堪称“十年磨一剑”啊！2022 年，我利用后来陆续搜集到的材料，对《蒋天枢传》修订，同时撰写《蒋天枢年谱》，在团结出版社出版，作为对蒋天枢先生永久的纪念。

2023 年秋于徐州星光大厦

注：

（1）此文写于2023年秋，2024年6月27日曾在徐州南湖童学会秀水轩雅集时作过演讲。于《蒋天枢年谱》行将付梓之际，现附于书后，作为代后记，也是我为蒋天枢先生写传作谱的一个交代。

（2）见查志华《一个品格高尚的学者——记复旦大学蒋天枢教授》，1982年3月5日《解放日报》第2版。

（3）据1990年3月复旦大学古籍整理研究所座谈会上的发言。

（4）见《陈寅恪读书札记》，上海古籍出版社，1989年4月。

（5）《古沛朱氏族谱》（十一修）第六卷1页："尊霖，字雨田，号霁峰，太学生，由内廷方略馆议叙盐大使，分发两淮，署石港场盐大使，调两广，历署小靖、电茂、茂晖、碧甲盐场等盐大使，借补粤海关、粤盈库大使，大计卓异，升补广州府番禺县知县，军功随带加二级。配岁贡生蔡以祺女，生子锡藩、锡瓛、锡畴、锡均、锡清、锡介、锡朋，女一，适丰邑岁贡生、军功议叙盐提举袁廷一。生于乾隆二十二年四月十四日，卒于道光十年十一月三十日。"

（6）《古沛朱氏族谱》（十一修）第十八卷40页："雨田公，讳尊霖，号霁峰，衣点公四子。公生而聪颖，读书数行下，过目成诵。好诗文，工绘画，喜交士，弱冠补博士弟子员，由国学考取方略馆誊录，历署两淮石淹盐场及两广小靖、电茂、长晖、碧甲等场盐场大使，借补粤海关、粤盈库大使，大计卓异，升广州府番禺知县，军功随带加二级。公知番禺后，修书院，励读书，崇尚文明，使民明礼义，知廉耻；建义仓，兴水利，扶贫弱，济鳏寡，造福百姓；微服私访，扫除三霸，为民除害。政声鹊起，遂迁广东布政司。爱端砚，年老旋里，赠六子田各一区，砚各一方，砥砺辛勤耕作，刻苦学文，遂获‘六砚斋’之称。公晚年书画自娱，尤楷书精羡，潇洒飘逸，出神入化，求之者若鹜，曾书‘茧纸有书皆晋字，锦囊无句不唐人’联，公自况也。子皆邑庠生，长子锡藩、四子锡均及孙延恩均拔贡；次子锡瓛岁贡，孙普恩贡生。”

(7) 据光绪《丰县志·科举》：“蒋大纶，(乾隆) 辛卯科举人，(江西) 龙南县知县。”

(8) 据《古丰蒋氏族谱》(六修) 卷一乾隆己卯科举人小华张广绪《蒋氏家谱序》：“黼堂 (蒋大纶字) 公以名孝廉，出宰百里，才华卓荦，案无留牍。”朱延恩《蒋氏重修谱序》：“外祖黼堂公。公以孝廉出宰江右，有政声，以忤当道，罢官家居。矗伤宗法之废，爰集族人，勒为家乘。”

(9)《古沛朱氏族谱》(十一修) 卷六 1 页：“锡瓛，霖次子，字梦岩，号梅舟，道光甲午科岁贡生，候选训导，**配丰邑辛酉科举人、江西龙南县知县蒋大纶女**，生子延恩，女四；长适丰邑仇本湘，次适丰邑监生渠逢午，三适丰邑武生史明试，**四适丰邑增生蒋润之**，卒于道光己酉四月十三日。”

(10)《古沛朱氏族谱》(十一修) 卷六 1 页：“梦岩公，讳锡瓛，号梅舟，尊霖公次子。道光甲午科岁贡，候选训导。自幼秉性端方，举止厚重，刻苦读书，精通六经，长以诗词，早年即以文才闻名。待人以至诚，与之交如坐春风，如饮醇醪。读其文，如衣布帛而食菽粟。独行君子之德，而受其薰染者众，一时名士多出其门。先设馆于嗣设帐萧邑，后主讲丰邑凤鸣书院，晚年性冲淡。或以书画籀篆自娱，或于松竹间赏花饮酒，赋诗明志，著有《砚耕堂文稿》。”

（11）见（8）及《古丰蒋氏族谱》（六修）卷二679页：“润之，字笠湖，号雨帆，邑庠生，生于道光二年七月初三日，卒于同治十一年十月初五日，享年五十一岁；**配朱氏，沛邑岁贡生锡瓛公女**，生于道光元年，卒于光绪二年七月初十日，享年五十七岁，葬于寨门西南里许，坤山艮向林主穴。子长义、长茗；女四，长适沛芦楼监生朱化保宸，次适朱庄朱公东川，三适白腊园王公景伦，四适渠家寨渠公金镛。”

（12）见（10）及《古丰蒋氏族谱》（六修）卷二679页：“**长义，字集（辑）生**，生于道光二十五年六月十四日，卒于同治十二年六月初七日，享年二十九岁，葬于寨门东南里许艮山坤向林主穴。**配朱氏，栖山施（司）家楼绍恩公女**，生于道光二十七年，子念濂、念洛、念溪，女一，少亡。”683页：“**长茗，字仲茝，号仙九**，从九品职，生于咸丰元年腊月十三日，**配朱氏，沛邑王家庄道光乙酉科选拔贡生延恩公女**，生于道光三十年。子念洙、念泗、念彬；女四，长适朱家庄朱公敦秩，次适栖山北施家楼朱公森鼎，三适小阁子李公道平，四适包挫楼包公信臣。”又，《古沛朱氏族谱》（十一修）卷六3页：“绍恩，锡朋子，字德闻，配监生阎峻标女，生子希曾、步曾、右曾、武曾，女一，适丰邑蒋长义，葬祖茔昭一穴，丰邑蒋氏于民国初年为立墓碑。”卷六1页：“延恩，瓛子，字芝珊，号小岩，道光己酉科拔贡生，候选教谕。配庠生王试女，生子方曾，女二，长适武生卫守备衔邓彩彰，次适丰邑蒋长茗。卒于光绪五年十月十三日，氏卒于光绪二十八年正月十六日，合葬祖茔昭一穴。”

（13）见（11）及《古沛朱氏族谱》（十一修）卷五：“**敦秩，字礼斋，号五典，配丰邑监生蒋长茗女**，生子价、昌、健，女一……”卷六：“**森鼎，宗曾长子，字立亭，配丰邑蒋长茗女**，生子启昌；女二，长适汪家桢，次适李传濯。卒于民国元年十二月十六日，氏卒于一九五三年三月，合葬司楼北新茔主穴。”

（14）见《古丰蒋氏族谱》（六修）卷二 680 页：“念洛，字子程，号东甫，邑庠生，生于同治九年八月十五日，卒于民国十六年二月二日，配砀邑杨氏锡龄公女，生于同治六年三月五日，卒于光绪二十五年九月初二日，享年三十二岁，葬附祖茔侧，子天桂；女一，适朱公本洋，继配窦家集周氏家鹤公女，生于光绪八年六月十七日，卒于民国十五年，子天枢、天格，女一，适张公麟伯。”及《古沛朱氏族谱》（十一修）卷五 95 页：“**本洋，（敦）豫次子，字静波，配丰邑庠生蒋子程（念洛）女**，生子（广）义、（广）全。”“广义，（本）洋长子，字子方，大学毕业，任辽宁省博物馆馆长。配仇集仇氏，生子信一，继配江苏医学院毕业生孟宪英，生子洪军等。”

（15）见《蒋天枢传》再版修订本第二章“古丰蒋氏”。

（16）据朱子方《忆舅父蒋天枢先生》（未发表）附录“作者介绍”。

（17）据朱俊英长子胡振绥《深切的怀念》：“我母亲出身于两汉文化之乡江苏省沛县的大户人家，虽然家境较好，但由于封建旧礼教的束缚，女子外出求学受限，生性刚烈的母亲毅然冲破封建保守民风的羁绊，于 1930 年考入北平师范大学。她不仅学习成绩优异，而且很有抱负，与父亲结婚后随父亲单位由北平迁往南京。”

（18）据胡振绥 2020 年 7 月 2 日致朱浩熙来信：“抗战胜利后，经顾颉刚夫人张静秋（母亲的同乡同学，时任徐女师校长）的邀请，母亲决定暂留母校教书。1947 年初，父亲到上海，请二舅蒋天枢、友人丁山等人，经复旦大学历史系主任周谷城推荐，聘父亲为历史系教授。父亲到复旦任职后，母亲带着我和振宁于 1947 年春二三次到上海，每次都住在复旦大学 4 号天枢舅家。由于母亲反对父亲独吞家产，拒绝离婚，二人没完没了地争吵。天枢舅对父亲的背信弃义非常愤慨。在无可挽回的情况下，母亲面对现实，1948 年 8 月，恰巧有一个机会，她就决定带着振宁与挚友、徐女师教务主任景生然女士同去台湾台南女中教书。"1991 年 9 月 28 日致朱浩熙信："1982 年出差到上海，见到分别多年的天枢舅。他当即拿出一个存款单，户名朱俊英，上有 190 元存款。原来是母亲留给天枢舅的一点钱，作为几次住在他家的酬谢。天枢舅坚决不收，把母亲的钱变成 50 美元，给她存起来。'文革'后，又把这些钱变成人民币存入银行。他说，要一直等到我母亲回来时再还给她。1982 年见到我后，说这笔钱无法给我母亲，于是把这笔钱给了我。我取出时，连同利息已达 210 元。"

(19) 见《古沛朱氏族谱》(十一修) 十八卷《士行》。

(20) 见蒋天枢 1982 年 9 月 8 日致朱耀斌信。

(21) 蒋天枢 1982 年 9 月 8 日致朱耀斌信。

(22) 蒋天枢 1983 年 5 月 22 日致朱浩熙信。

(23) 蒋天枢 1985 年 12 月 6 日致朱浩熙信。

(24) 蒋天枢 1986 年 2 月 22 日致朱浩熙信。

(25) 蒋钟垣 1987 年 3 月 31 日致朱浩熙信："我和妈妈 3 月 8 日已去苏州凤凰公墓，将姐姐的骨灰安葬好了。因为天气冷没让爸爸去（从北京带来的骨灰，我直接放在三楼，也免得他们伤心）。复旦到汽车公司是挤车去的，那边是进口大巴士，一切路途还舒适。妈妈对墓地的方向等都满意，所以也就没去麻烦你认识的熟人了。这件事办得还顺利，二老满意就好了。”

（26）蒋天枢 1981 年 9 月 15 日致朱子方信。

（27）蒋天枢 1980 年 10 月 2 日致朱浩熙信。

（28）蒋天枢 1980 年 10 月 18 日致朱浩熙信。

（29）蒋天枢 1984 年 3 月 7 日致朱浩熙信。

（30）蒋天枢 1980 年 12 月 22 日致朱浩熙信。

（31）蒋天枢 1987 年 9 月 30 日致朱浩熙信。

（32）蒋天枢 1988 年 3 月 12 日致朱浩熙信。